Diagnose da
CONTRIBUIÇÃO SINDICAL RURAL

B227d   Barros, Wellington Pacheco
           Diagnose da contribuição sindical rural / Wellington
        Pacheco Barros, Jane Berwanger. — Porto Alegre: Livra-
        ria do Advogado, 2003.
           155 p.; 16x23cm.

           ISBN 85-7348-260-5

           1. Contribuição sindical rural. 2. Sindicato.
        I. Berwanger, Jane. II. Título.

                                        CDU – 331.105.44

           Índices para o catálogo sistemático
           Sindicato
           Contribuição sindical rural

        (Bibliotecária responsável: Marta Roberto, CRB-10/652)

Wellington Pacheco Barros
Jane Berwanger

Diagnose da
CONTRIBUIÇÃO SINDICAL RURAL

livraria
DO ADVOGADO
editora

Porto Alegre 2003

©
Wellington Pacheco Barros
Jane Berwanger
2003

Capa, projeto gráfico e composição
Livraria do Advogado Editora

Revisão
Rosane Marques Borba

Direitos desta edição reservados por
Livraria do Advogado Ltda.
Rua Riachuelo, 1338
90010-273 Porto Alegre RS
Fone/fax: (51) 32253311
livraria@doadvogado.com.br
www.doadvogado.com.br

Impresso no Brasil / Printed in Brazil

Sumário

Introdução 9

1. Sindicatos e liberdade sindical 11
    1.1. Antecedentes históricos 11
    1.2. Contradições que limitam a liberdade sindical 14
2. A história sindical nas Constituições brasileiras 19
    2.1. Considerações iniciais 19
    2.2. No Brasil Colônia 20
    2.3. Na Constituição de 1824 20
    2.4. Na Constituição de 1891 20
    2.5. Na Constituição de 1934 21
    2.6. Na Constituição de 1937 22
    2.7. Na Constituição de 1946 22
    2.8. Na Constituição de 1967 e Emenda nº 1 de 1969 24
    2.9. Na Constituição de 1988 25

3. Contribuição sindical 29
    3.1. Considerações gerais 29
    3.2. Argumentos de sua legalidade 30
    3.3. Argumentos de sua ilegitimidade 36

4. Contribuição Sindical Rural 41
    4.1. Gênesis da Contribuição Sindical Rural 41
    4.2. Autonomia legislativa plena pelo Decreto-Lei nº 789/69 42
    4.2.1. Enquadramento sindical 43
    4.2.2. Conceito de trabalhador rural 44
    4.2.3. Conceito de empregador rural 45
    4.2.4. Processo de dúvida no enquadramento sindical 45
    4.2.5. Base de cálculo 46
    4.2.6. Remuneração pelo lançamento e cobrança ao IBRA 47
    4.2.7. Percentual de 20% da Contribuição destinado à União 49
    4.2.8. Lançamento e cobrança pelo IBRA 51
    4.2.9. Conclusões quanto à legitimação da Contribuição Sindical Rural na
        vigência do Decreto-Lei nº 789/69 52
    4.3. Regime legal da Contribuição Sindical Rural atualmente 53
    4.3.1. O Decreto-Lei nº 1.166/71 frente às Constituições de 1969 com a
        Emenda nº 1 e a de 1988 53
    4.3.2. Enquadramento sindical 54
    4.3.2.1. Conceito de trabalhador rural 55
    4.3.2.2. Conceito de empresário ou empregador rural 58
    4.3.2.2.1. Empregador rural 58
    4.3.2.2.2. Empresário rural I 60

4.3.2.2.2.1. O que é módulo rural 63
4.3.2.2.3. Empresário rural II 65
4.3.3. Processo administrativo de dúvida no enquadramento sindical 67
4.3.3.1. As dúvidas 67
4.3.4. Lançamento e cobrança 68
4.3.4.1. Pelo INCRA 69
4.3.4.2. Pela Secretaria da Receita Federal 70
4.3.4.3. Diretamente pelas Confederações 70
4.3.4.4. Pressupostos formais do lançamento 72
4.3.4.4.1. Multa aplicável 72
4.3.4.4.2. Juros de mora 74
4.3.4.4.3. Correção monetária 75
4.3.4.4.4. Decadência 75
4.3.4.4.5. Prescrição 75
4.3.5. Base de cálculo 75
4.3.5.1. Quando o contribuinte é o trabalhador rural 76
4.3.5.2. Quando o contribuinte é o empresário ou empregador rural 77
4.3.5.2.1. Valor da terra nua 77
4.3.6. Despesas com sua cobrança. Ilegalidade 79
4.3.7. Percentual destinado à União. Ilegalidade 79
4.4. Contribuição Sindical Rural como instrumento fiscal de implementação da
política agrícola 82
4.5. Entendimento do STF quanto ao instituto 82
4.6. A Contribuição Sindical Rural como instituto de Direito Agrário 84
4.7. Críticas à existência da Contribuição Sindical Rural 85
4.8. Propostas legislativas de mudanças da Contribuição Sindical Rural 90

5. Processos que envolvem a Contribuição Sindical Rural 93
5.1. Processo administrativo de registro sindical 93
5.2. Processo administrativo de dúvida no enquadramento sindical 95
5.2.1. Aplicação subsidiária da Lei nº 9.784, de 29.01.1999 97
5.3. Processo Administrativo Tributário 99
5.3.1. Generalidades 99
5.3.2. Necessidade de lançamento 102
5.3.3. Rito do processo administrativo 102
5.4. Processo Judicial Tributário 104
5.4.1. Ação monitória 105
5.4.2. Rito do processo tributário 108
5.5. Processos de defesa do contribuinte 108
5.5.1. Embargos do devedor 109
5.5.2. Exceção de pré-executividade 109
5.5.3. Mandado de segurança 110
5.5.4. Ações ordinárias declaratórias e anulatórias 111
5.5.5. Consignação em pagamento 111
5.5.6. Repetição de indébito 111

6. Legislação aplicável 113
6.1. Constituição Federal de 1988 113
6.2. Código Tributário Nacional 113
6.3. Consolidação das Leis do Trabalho 114
6.4. Lei nº 1.533/51 123
6.6. Lei nº 5.889/73 125
6.7. Lei nº 6.830/80 125
6.8. Lei nº 8.213/91 131

6.9. Lei nº 8.847/94 134
6.10. Lei nº 9.701/98 135
6.11. Lei nº 9.784/99 135
6.12. Decreto-Lei nº 789/69 143
6.13. Decreto-Lei nº 1.166/71 145
6.14. Decreto nº 70.235/72 146
6.15. Decreto nº 82.935/78 153
6.16. Decreto nº 1.703/95 154

Bibliografia 155

Introdução

Apesar de a Constituição de 1988 estabelecer, como princípio geral, a liberdade sindical, em verdade, o sindicalismo brasileiro vive um grande conflito porque admite o conúbio perverso de também manter-se atrelado a dogmas que contextualmente negam o próprio princípio orientador, como é a obrigatoriedade da Contribuição Sindical cobrada concomitante com a contribuição confederativa, assistencial, além das mensalidades. Essa situação contraditória, até admissível no *sindicalismo de estado* calcado no modelo mussoliniano importado por Getúlio Vargas em 1937 e implantado a fórceps no direito brasileiro, já vigora há mais de 60 anos. Esse modelo tem contribuído para manutenção de castas sindicais que se eternizam no poder porque não sofrem questionamento da base, que é mantida à distância, como se o sindicalismo fosse criado por administradores, e não por sindicalizados, seus verdadeiros donos. Dessa forma, é relativamente fácil manter-se um movimento sindical nestes moldes, porque não existe a preocupação de obtenção de receitas, já que elas são dádivas estatais, e não esforço sindical.

A idéia do livro *Diagnose da Contribuição Sindical Rural* surgiu, portanto, calcada na premissa de se apresentar um quadro do doente sistema sindical brasileiro vinculado a uma parcela importante da vida nacional, como é o campo, buscando-se com isso demonstrar que as regras que sustentam a Contribuição Sindical Rural são abusivas, quer porque não recepcionada pela nova ordem constitucional, quer porque embute parcelas que são cobradas sem o devido respaldo material ou desrespeitando o princípio do devido processo legal.

Assim o livro, no primeiro capítulo, trata a liberdade sindical e dos sindicatos, procurando levar o leitor a visionar o quadro hoje dominante no País a respeito do sindicalismo. O segundo capítulo trata da história sindical nas nossas Constituições, procurando fixar como o sindicalismo foi disciplinado pelas constituições brasileiras. O terceiro capítulo faz um retrospecto sobre a contribuição sindical na Consolidação das Leis do Trabalho e um estudo comparativo de sua recepção na atual Constituição. No quarto capítulo, os autores procuram demonstrar aquilo que é a verdadeira estrutura do livro, analisando desde o momento que a Contribuição Sindical Rural se independizou da CLT e passou a ter regramento próprio, até como se encontra atualmente estruturada. E o quinto capítulo introduz o leitor nos processos que envolvem a Contribuição, para terminar na apresentação do rol de leis que, direta ou indiretamente, se vinculam ao tema.

O Brasil ingressa num novo governo que teve origem no sindicalismo urbano e, portanto, sabe das mazelas que hoje impregnam a vida sindical do País. Assim, os autores oferecem sua contribuição aos novos governantes, já que sustentam a necessidade de mudar o sindicalismo nacional. Mesmo que seu eco não chegue tão longe, este livro também procura demonstrar, primeiramente, aos administradores sindicais, o que pode ser feito no sistema legislativo atual para dar um rumo às desorientadas confederações sindicais rurais quanto ao trato do tributo e, por fim, procura resguardar os direitos dos contribuintes sindicais rurais, trabalhadores, empresários ou empregadores rurais, que caracterizam a verdadeira preocupação de ele ter sido escrito, já que num sistema que prima pela liberdade de associação, nunca se foi tão compelido a pagar tanto tributo, nem mesmo quando vigente o sindicalismo de estado obrigatório, como agora. O campo, sempre esquecido, foi e é o mote dos autores.

1. Sindicatos e liberdade sindical

1.1. Antecedentes históricos

Para que se possa estabelecer uma diagnose completa da Contribuição Sindical Rural, detectando-se os seus defeitos e apresentando as respectivas soluções jurídicas, é necessário que se proceda a um estudo antecedente amplo sobre os elementos que lhe servem de estrutura, como são os sindicatos e a liberdade da qual eles devem gozar.

Não é tranqüila a sustentação de que os sindicatos teriam surgido na antiguidade através de organizações sociais criadas pelos gregos, romanos, egípcios, indianos e chineses. Mais razoável é a sustentação de que as corporações de ofício medievais mais se aproximem do conceito atual de sindicatos, com uma distinção importante: todas elas eram corporações patronais.

No entanto, é com a revolução industrial, quando a máquina substituiu com grande vantagem econômica o homem, desdenhando, por conseqüência, a mão-de-obra abundante, e com isso criando mazelas sociais enormes, que os trabalhadores tomaram consciência da necessidade de se agruparem em defesa de seus interesses.

Com esta introdução, é possível afirmar-se que a história do sindicalismo passa por três estágios importantes: da *proibição*, da *tolerância* e do *reconhecimento*.

O primeiro estágio surgiu quando o individualismo e o liberalismo econômico, especialmente na França e na Inglaterra, criaram leis, inclusive penais, para impedir a formação de grupos sociais. Na França, surgiu o *delito de coalisão* e, na Inglaterra, o *crime de sedição ou conspiração*. Em verdadeira rebelião surda, é neste período que surgem as associações secretas, também chamadas de *socorro mútuo* e de *resistência*.

O estágio de tolerância residiu quando aqueles países revogaram as leis penais permitindo, de forma implícita, a existência de organizações sociais.

No entanto, na Inglaterra, em 1871, e na França, em 1884, é quando surge o direito de associação que ganhou mundo.

Entre nós, vale a pena transcrever a lição de Orlando Gomes e Elson Gottschalk[1] sobre o sindicalismo no Brasil:

"Pela mesma época em que as corporações de ofício dominavam o regime de produção e de trabalho na Europa, as imensas áreas brasileiras eram descobertas, no início do século XVI. Por mais de três séculos viveu a nação mergulhada no mais sombrio cativeiro, dominado pelos donatários das capitanias, senhores feudais, que para conquistar as imensas terras selvagens preavam o índio ou comprava o braço do negro na longínqua costa d'África. Quando a nação se tornou independente, e, dois anos após, teve a outorga da Constituição Imperial (1824), lia-se no seu texto esta significativa disposição 'ficam abolidas as corporações de ofícios, seus juízes e mestres'. Mais tarde a investigação histórica revelou, porém, que num regime de trabalho escravagista não teria sido possível vicejar, o sistema corporativo de produção e trabalho, que pressupõe o trabalho livre, embora submetido a estritas regras regulamentares. As escassas e episódicas aparições de corporações, num ou outro centro mais populoso, não chegavam a caracterizar um sistema corporativo à feição do europeu.

Com a lei denominada do 'ventre livre' (1871) e mais tarde com a 'abolição' (1888), é que surgiram as condições para a formação do Direito do Trabalho no campo das relações coletivas. Proclamada a República, um dos primeiros cuidados dos republicanos, no puro estilo liberal, foi o de eliminar quaisquer entraves á liberdade de contratar, provendo, por um decreto semelhante à Lei Chapelier a revogação das lei de 1830, 1837 e 1870, relativos aos contratos de locação de serviços agrícola.

A Constituição de 1891, liberal e individualista, e fidelíssima a esses princípios, assentou a regra de que a *todos é lícito associarem-se e reunirem-se livremente e sem armas; não podendo intervir a polícia senão para manter a ordem pública*. Tal permissão, aparentemente contraditória com os princípios (em França, com a queda da monarquia, a Lei de 2/17 de março de 1791 suprimiu o regime corporativo), entre nós não causava pânico, exatamente por que não tínhamos uma tradição corporativa, não se enxergava, portanto, no isolamento do indivíduo em sociedade o fim para atingir a felicidade natural. Daí porque nos ter sido possível, uma dúzia de anos após, dar um passo adiante, passando da associação civil (esta em França só foi regulada em 1901) à regularização da associação profissional.

Assim, surge, numa sociedade de economia essencialmente agrícola, o primeiro estatuto regulador dos profissionais da agricultura e indústrias rurais. Curioso neste estatuto é que o sindicato nele previsto podia cumprir funções mercantilistas, pois lhe era facultado exercer a intermediação no crédito a favor dos sócios, adquirir para estes tudo que fosse mister aos fins profissionais, bem como vender por conta deles os produtos de sua exploração em espécie, beneficiados, ou de qualquer modo transformados. Como nos é hoje, óbvio, tal estatuto não poderia ter eficaz execução, e, de fato, não deixou traços assináveis na organização das nossas profissões rurais."

Depois de um sindicalismo incipiente e voltado quase com exclusividade para a atividade rural que durou até o início do século XX, em decorrência daquilo que passou a ser chamado de *revolução econômica brasileira*, houve uma certa agitação trabalhista que ganhou importância depois de 1930 com a tomada do poder por Getúlio Vargas, chegando-se, anos depois, ao outro extremo da liberdade sindical, com o *sindicalismo de estado*.

A verdade é que, hoje, embora vigorem a autonomia e a liberdade sindical, inclusive como garantias sociais na Constituição Federal de

---

[1] GOMES, Orlando; GOTTSCHALK, Elson. *Curso de Direito do Trabalho*, 5ª ed. São Paulo: Forense, p. 506.

1988, leis criadas na regência de sindicatos atrelados ao Estado, ainda teimam em se dizer vigentes, em flagrante afronta aos princípios constitucionais.

Assim, não se deveria mais, desde então, falar em intervenção do Estado nos sindicatos. Autonomia e liberdade são conceitos que significam ação sindical livre com a possibilidade de recepcionar quem quer, por livre e espontânea vontade da maioria e de outro lado, deixar ao arbítrio da pessoa de integrar ou não a vida sindical.

José Augusto Rodrigues,[2] ao sustentar que a liberdade sindical é um princípio básico da própria existência sindical, diz que:

"O ponto de partida essencial do sindicalismo é a liberdade, o mais nobre sentimento do ser racional, consolidado na consciência do 'poder de agir, no seio de uma sociedade organizada, segundo a própria determinação, dentro dos limites impostos por normas definidas'".

Amauri Mascaro Nascimento,[3] sobre o significado das declarações e tratados internacionais sobre a liberdade sindical, relata que:

"As declarações e tratados internacionais contribuíram, de modo significativo, no sentido da afirmação da liberdade sindical, incorporando-se no patrimônio cultural da humanidade. Essa é a importância maior do Tratado de Versailles (1919), por meio do qual foi fundada a Organização Internacional do Trabalho, e reconhecido 'o direito de associação visando alcançar qualquer objetivo não contrário às leis, tanto para os patrões como para os assalariados' (art. 427, item 2º); da Declaração Universal dos Direitos do Homem (1948), da Organização das Nações Unidas, que preceitua: 'todo homem tem direito de organizar sindicatos e a neles ingressar para proteção de seus interesses'; do Pacto dos Direitos Civis e Políticos e pelo Pacto dos Direitos Econômicos, Sociais e Culturais, ambos aprovados pela Assembléia Geral da ONUJ (1966), este último assegurando 'o direito de toda pessoa de fundar, com outras, sindicatos e de filiar-se ao sindicato da sua escolha, sujeitando-se unicamente aos estatutos da organização interessada, com o objetivo de promover seus interesses econômicos e sociais'."

Por isso, não há que se falar em regulamentação estatal sobre a vida sindical, pois a liberdade, por sua natureza, não pode ser regulamentada. Se o for, já não será liberdade. Será controle. O que está proibido pela Constituição Federal de 1988.

A Convenção 141 da Organização Internacional do Trabalho – OIT – ratificada pelo Decreto 1.703/95, tratando especificamente das organizações dos trabalhadores rurais, no seu artigo 3º, vem reforçar o disposto na Constituição, quando ordena que:

"todas as categorias de trabalhadores rurais, tanto de assalariados como pessoas que trabalhem por conta própria deverão ter o direito de constituir, sem autorização prévia, organizações de sua própria escolha, assim como o de se afiliar a essas organizações, com a única condição de se sujeitarem aos estatutos das mesmas."

E no seu artigo 2º reitera o disposto constitucionalmente:

---

[2] RODRIGUES, José Augusto. *Direito Sindical e Coletivo do Trabalho.* São Paulo: LTr, 1998, p. 76.

[3] NASCIMENTO, Amauri Mascaro. *Compêndio de Direito Sindical,* 2ª ed. São Paulo: LTr, 2000, p. 94.

"os princípios da liberdade sindical deverão ser respeitados plenamente, as organizações de trabalhadores rurais deverão ser independentes e de caráter voluntário e não deverão ser submetidas a qualquer ingerência, coação ou medida repressiva."

Dessa forma, a ordem institucional global veda qualquer ingerência do Estado nas organizações dos trabalhadores rurais, entendendo-se, obviamente, o Estado não como apenas o Poder Executivo, mas o Legislativo e o Judiciário. Estabelecer comandos estatais em qualquer dimensão ao trabalhador rural, especialmente para aquele que trabalha em regime de economia familiar, sem utilização de empregados, a contribuir para uma entidade sindical de empregadores, como possibilita o Decreto-lei nº 1.166/71, é ferir o princípio da razoabilidade que norteia todo o ordenamento positivo. Os vários projetos de lei ou até mesmo de emendas à Constituição que tramitam no Congresso Nacional servem de exemplo da inconformidade reinante no campo.

Vozes do Judiciário já se levantam contra esta situação. No Estado do Paraná, a 9ª Vara Federal de Curitiba, em Ação Civil Coletiva proposta pelo Ministério Público Federal, foi decidido que:

"ou se dá efetividade às normas constitucionais, dentre elas os princípios, em especial, e para tanto é forçoso permitir-se a mencionada opção, ou então se as relega ao descaso com a solução fácil de deixar tudo como está".

1.2. Contradições que limitam a liberdade sindical

Não se pode, no entanto, deixar de reconhecer que a liberdade sindical almejada não é a estabelecida pela Constituição Federal. A par de consagrar a autonomia e a liberdade sindical, também conceituou que as categorias sindicais deveriam se agrupar em representações de profissionais ou de atividade econômica (art. 8º, inciso II), na mesma base territorial, nunca inferior à área do Município. Trata-se de uma verdadeira contradição às aspirações sindicais. É, como a doutrina tem dito, uma liberdade relativa. E esta, por resquícios do sindicalismo de estado criado por Getúlio Vargas ainda muito presente especialmente pelas administrações sindicais.

O conceito de categoria previsto na Constituição Federal é uma dessas reminiscências do sindicalismo de estado fixado na Consolidação das Leis do Trabalho - CLT -, que no seu art. 2º, conceitua o empregador como sendo aquele que "admite, assalaria e dirige a prestação pessoal de serviços".

Não resta dúvida de que a Convenção 141 da OIT conceitua expressamente os trabalhadores rurais. Só que o faz como norte para a organização sindical, e não como regra obrigatória, e o mais importante: como preceito constitucional. O artigo 2º da Convenção citada diz:

"para os fins da presente convenção, o termo 'trabalhadores rurais' significa quaisquer pessoas que se dediquem em áreas rurais, as atividades agrícolas, artesanais ou outras conexas ou assemelhadas, que como assalariados, quer como pessoas que trabalhem por conta própria, tais como parceiros-cessionários, meeiros e pequenos proprietários residentes".

Amauri Mascaro Nascimento,[4] ao comentar a organização sindical no Brasil, diz:

"É bilateral nossa organização, uma vez que os trabalhadores são agrupados em seus sindicatos e os empregadores, de outro lado, também terão os seus próprios sindicatos. Não há no Brasil sindicatos mistos, como os preconizados pela doutrina social católica, com o propósito da integração das classes sociais. Não há um órgão de unidade de trabalhadores e empregadores como a corporação medieval e a corporação fascista".

Russomano,[5] no mesmo sentido, se manifesta:

"o esquema de todo o processo da sindicalização obedece ao paralelismo, reunindo-se em campos opostos os trabalhadores e os empregadores, o que faz supor o reconhecimento de interesses divergentes e contrapostos".

Ao tratar da conceituação de categoria à luz da Constituição Federal de 1988, João José Sady[6] pondera:

"no sistema da CF/88, é preciso pensar a categoria profissional como o conjunto de trabalhadores com interesses específicos similares, que tenham tornado grupo organizado através da formação de um sindicato que o exprima".

De forma unânime, a doutrina brasileira se posiciona no sentido de conferir a devida diferenciação de interesses das categorias econômica e profissional, sendo a primeira defensora dos empregadores, e a segunda, dos trabalhadores. Destarte, a finalidade do sindicato, desde o século XVII, na França, e no século XIX, na Inglaterra, é defender os trabalhadores na histórica luta de classes "capital x trabalho".

O que é mais grave é que o Decreto-Lei nº 1.166/71, ao regulamentar a Contribuição Sindical Rural, o faz de forma confusa, como se analisará no momento próprio, pois tenta colocar no mesmo sindicato empregadores e trabalhadores, em pura afronta ao preceito constitucional. Como o decreto-lei é de 1971, anterior, portanto, à Constituição, que é de 1988, porque agride neste ponto e em vários outros, a liberdade sindical, não pode ser considerado recepcionado. Ademais, este decreto-lei fica na contra-mão de toda a legislação correlata de aplicação subsidiária (CLT, Estatuto do Trabalhador Rural, Lei de Benefícios da Previdência Social, Decreto 1.703/95 e outras), que soube distinguir nitidamente as categorias. Não é desproposital afirmar-se que o Decreto-Lei nº 1.166/71 é um atraso histórico na estrutura sindical brasileira porque vai de encontro à finalidade do sindicalismo, que é defender interesses comuns.

---

[4] NASCIMENTO, Amauri Mascaro. *Direito Sindical.* 2. ed. São Paulo: Saraiva, 1991, p. 167.

[5] RUSSOMANO, Victor. *Direito Sindical, princípios gerais.* Rio de Janeiro: Konfino, 1975, p. 89.

[6] SADY, João José. *Curso de Direito Sindical.* São Paulo: LTr, 1998, p. 69.

Não bastasse isso, a utilização do módulo rural como critério de enquadramento sindical para efeitos de Contribuição Sindical Rural, estabelecendo que alguém pode integrar a categoria do trabalhador ou do empresário ou empregador rural, tendo como base a quantidade de módulos rurais, fere a boa lógica, porque estabelece um fator que nada tem a ver com trabalho ou quem dele se utiliza. O enquadramento sindical assim fixado destoa da ótica dos demais temas de direito sindical, trabalhista, previdenciário e fiscal, já que todos utilizam critérios que têm como similitude interesses de classes, de realidade, como é a forma de trabalho e outras peculiaridades de cada categoria, e nunca a área de terra.

Também fere o primado da liberdade sindical a disposição legal que coloca em categorias diferentes pessoas que comungam com interesses idênticos, como possibilita o já citado Decreto-Lei nº 1.166/71, porquanto é fato público e notório a divergência de interesses sindicais dos empregadores rurais e dos trabalhadores, incluindo-se nestes os que trabalham em regime de economia familiar. Isso porque, enquanto aquelas defendem os interesses econômicos dos proprietários, consistente em política agrícola com ênfase voltada para a exportação, política agrária de resguardo ao direito de propriedade, redução de tributos para o campo, previdência social rural, flexibilização da legislação trabalhista rural e mercados internos e externos, conforme proclamação feita pela CNA no endereço *http://www.cna.org.br*, os agricultores familiares buscam metas completamente diferentes como são a reforma agrária, políticas específicas para a agricultura familiar e produção de alimentos, os assalariados rurais, o combate ao trabalho infantil e ao trabalho escravo e a ampliação dos direitos do trabalhador rural, conforme metas estabelecidas pela CONTAG no seu endereço *http://www.contag.org.br*, apenas convergindo, grosso modo, quanto à previdência social rural, já que, na prática, as aposentadorias se operam diferentemente.

Não bastassem essas diferenças estatutárias das organizações sindicais confederadas, e que se refletem nas entidades por elas abrangidas, questões pontuais têm demonstrado a necessidade imperiosa de se modificar o enquadramento sindical para efeitos de Contribuição Sindical Rural. Enquanto a CNA e suas entidades travaram uma acirrada luta política e jurídica pelo perdão ou revisão do crédito rural que diziam desvirtuado na sua concessão, pagamento e remuneração, a CONTAG e suas entidades sustentaram, especialmente no campo político e de mobilização social, a luta pela fixação dos pequenos produtores expulsos do campo por falta de política agrícola concreta.

Outro fato que atenta contra a liberdade sindical é o de que o Decreto-Lei nº 1.166/71 estabelece como base de cálculo o valor da terra nua, que é o mesmo utilizado para fins do imposto sobre a propriedade territorial rural – ITR. Alan Martins e Eduardo Marchetto,[7] ao analisarem esta questão, assim se manifestam:

"Por fim, se não bastasse a ofensa ao princípio da legalidade tributária, como última consideração acerca da legalidade da contribuição sindical rural, tem-se como óbice intransponível à sua validade perante a ordem constitucional vigente, o fato de constituir a mesma um inadmissível *bis in idem*, ou seja, uma hipótese de bitributação totalmente vedada pela CF de 1988.

Nesse sentido, é de se expor que as contribuições sociais, face à característica parafiscal que lhes é peculiar, ora revestem-se da natureza de imposto (tributo vinculado), ora assumem as características atinentes às taxas e contribuições de melhoria (tributos não vinculados).

Coadunando-se com este entendimento, podemos mencionar uma série de ensinamentos doutrinários, dentre os quais selecionamos os seguintes:

'(...) as contribuições parafiscais não constituem uma natureza jurídica de tributo *sui generis*, mas tributo de natureza mista, porque em determinados casos, são simples impostos com destinação determinada e, noutros, verdadeiras taxas'.

E mais:

"Assim, se a h.i. corresponder a uma atividade estatal específica relativa ao contribuinte, como a contribuição social devida pelo empregado, a contribuição subsumir-se-á na espécie tributária de taxa. Se, no entanto, a h.i. referir-se a uma situação estranha à atuação estatal, a contribuição será posicionada na espécie de imposto, como queremos deixar claro que a contribuição parafiscal não existe autonomamente como espécie de tributo. Daí, dependendo de sua hipótese de incidência, a contribuição parafiscal pode subsumir como taxa ou imposto.

Segundo esse raciocínio, a contribuição sindical, face à sua característica de parafiscalidade, não poderá ter base de cálculo própria do imposto já definido na CF. Isto de acordo com o que dispõem os arts. 145, I, da CF/88, que abaixo permitimo-nos transcrever:

Art. 145. (...)

§ 2º As taxas não poderão ter base de cálculo própria de impostos.

Art. 154. A União poderá instituir:

I – mediante lei complementar, impostos não previstos no artigo anterior, desde qeu não sejam cumulativos e não tenha fato gerador ou base de cálculos próprios dos discriminados nesta CF.

Trata-se, pois, de uma vedação constitucional à bitributação, ou bis in idem, isto é, à exigência de uma única entidade tributante, do mesmo contribuinte, de dois ou mais tributos, com mesmas bases de cálculos e através de normas jurídicas distintas.

Assim, uma contribuição social nunca poderá ter base de cálculo coincidente com a de qualquer imposto, pois quer a tenham como uma daquelas contribuições sociais que possuem natureza de imposto, quer entendamos assume ela a natureza de taxa, se a base de cálculo for idêntica à de imposto previsto na CF, será inconstitucional, com fundamento no disposto nos arts. 145, § 2º e 154, I, da CF/88. E é exatamente neste ponto que reside a inconstitucionalidade por bitributação da contribuição sindical rural, pois a base de cálculo da contribuição sindical rural das pessoas físicas é o valor da terra nua no lançamento do Imposto Territorial Rural.

Como leciona o Professor Zelmo Denari, referindo-se ao Imposto Territorial Rural nos termos do art. 30 do CTN, base de cálculo do imposto é o valor fundiário da gleba rural entendendo-se por valor fundiário o valor da terra nua, razão pela qual conclui-se, de modo inequívoco, que a contribuição sindical rural possui a mesma base de cálculo do Imposto Territorial Rural, o que é expressamente vedado pelos arts. 145, § 2º e 154, I, da CF/88, que consagram o instituto jurídico-tributário da proibição à bitributação ou bis in idem."

---

[7] MARTINS, Alan; MARCHETTO, Eduardo. *Contribuição Sindical Rural?* Síntese Trabalhista nº 142, abril de 2001, p. 24.

Diagnose da Contribuição Sindical Rural

2. A história sindical nas constituições brasileiras

2.1. Considerações iniciais

Não se pode falar em contribuição sindical no Brasil sem que não se perpasse pela história do sindicalismo nas nossas constituições. A imbricação existente entre aquela outrora *corporação de ofício*, constituída pela conjunção livre de pessoas com trabalho comum, e seu momento mais agudo, que é o gerenciamento pelo Estado de forma coativa e direta na direção dos destinos sindicais, caracterizam os extremos de uma intrigante contradição. Assim, embora se pregue a liberdade sindical com uma mão, com a outra, no entanto, se impõem contribuições obrigatórias em maior extensão do que aquela existente no período mais negro da história sindical brasileira, como é a coexistência da *contribuição confederativa* com a *contribuição sindical*.

Dessa forma, a Constituição de 1988, dita *Constituição Cidadã*, que pela primeira vez na história do constitucionalismo brasileiro antepôs os direitos e garantias fundamentais às coisas do Estado, apontando o norte para o intérprete do *quem é quem* no campo da exegese constitucional, quando tratou da liberdade sindical, introduziu uma verdadeira sanção nunca antes existente para aqueles que, ao final e ao cabo, deveriam ser os beneficiários da ação sindical, muito mais do que a sindicalização obrigatória imposta pelo *sindicalismo de estado* criado pela Constituição de 1937. Lá, embora a sindicalização fosse uma imposição, o sindicalizado para isso contribuía apenas com o então *imposto sindical*. Agora, embora os sindicatos não mais se atrelem ao comando estatal, e os integrantes de qualquer categoria econômica ou profissional possam exercer a liberdade de não se sindicalizem, no entanto são obrigados a pagar como verdadeiro imposto a rotulada *contribuição sindical* (art. 149 da CF) e, se sindicalizados, também pagam a *contribuição federativa* (art. 8º, inciso IV, da CF). Ou seja, no berço de um sistema político-institucional que primou por proteger o cidadão, constitucionalizando princípios antes meramente processuais, como é o do contraditório, a Constituição de 1988 sucumbiu ao puro interesse de dirigentes sindicais, esquecendo-se que, ao proteger esta parcela minoritária de cidadãos, estava desprotegendo e penalizando todo trabalhador brasileiro. Nunca os sindicatos, as federações e confederações se viram tão financeiramente protegidos.

A história do sindicalismo nas constituições brasileiras e a respectiva contribuição sindical podem assim ser narradas:

2.2. No Brasil Colônia

Embora na Europa dominasse o regime das *corporações de ofício*, no Brasil Colônia existia um regime fechado e sombrio criado pelos donatários de capitanias sobre o índio e o negro, onde a tutela tirânica impedia qualquer agrupamento profissional, como já foi salientado no capítulo de abertura deste livro.

2.3. Na Constituição de 1824

Independente o Brasil, veio a Constituição Imperial e no seu art. 179 taxativamente estabeleceu:

"Ficam abolidas as corporações de ofícios, seus juízes e mestres".

Somente com a denominada "Lei do Ventre Livre", de 1871, e mais tarde com a "Abolição da Escravatura", em 1888, é que começa a embrionar no País o surgimento de um movimento sindical.

2.4. Na Constituição de 1891

Próprio dos albores que levaram à Proclamação da República, prenhe de puro sentimento liberal, cai por terra a vedação anterior, quando a Constituição de 1891, no seu art. 72, estabelece:

"A todos é lícito associarem-se e reunirem-se livremente e sem armas, não podendo intervir a polícia senão para manter a ordem pública".

Com essa abertura aparentemente contraditória, já que a liberdade sindical ficava à mercê do conceito subjetivo que lhe outorgasse a autoridade policial, o certo é que a possibilidade de surgimento do direito de associação sindical pesou mais do que a implícita tutela estatal. E assim surgem os primeiros sindicatos evidentemente integrados por profissionais da agricultura ou de indústrias rurais diante da natureza agrícola do Brasil de então, que centrava nessa atividade toda sua produção econômica. É bom que se diga que as idéias inovadoras embaladas numa Europa inflamada por uma Revolução Industrial ainda não tinham aportado no País. Enquanto lá, o Código Civil de Napoleão, que fora gestado na ideologia liberal do pensamento econômico e que tinha dominado todo o continente europeu, sofria duras críticas por tratar o rico e o pobre com a mesma igualdade, aqui, todo seu arcabouço era plantado de galho, vicejando uma frondosa árvore que durante vários anos norteou o pensamento jurídico e político do País.

Mas, embora a superfície aparentasse calma com a existência de sindicatos rurais, havia uma agitação de outros profissionais por sindicalização diante do desenvolvimento industrial que o Brasil passou a conhecer nas três primeiras décadas do século XX e, numa guinada de cento e oitenta graus possibilitada pela Revolução Liberal de 1930, a liberdade sindical passou a ser a filosofia de um novo estado emergente que entendia de submeter às associações de classes ao seu comando com tamanha força que possibilitava a agentes públicos assistir às assembléias, examinar a situação financeira, destituir a sua diretoria, suspender seu funcionamento pelo prazo de seis meses ou dissolver a instituição. Este sindicalismo de estado aconteceu por força do Decreto nº 19.770, de 19.03.1931.

2.5. Na Constituição de 1934

Com a constituição social democrática de 1934, parecia que novos ventos passariam a soprar no sindicalismo brasileiro por intermédio do art. 120, que assim estabeleceu:

"A lei assegurará a pluralidade sindical e a completa autonomia dos sindicatos".

No entanto, apesar da boa-nova criada pela Constituição Federal em favor da liberdade sindical, quatro dias antes de sua promulgação, o Presidente Getúlio Vargas, que detinha o poder de baixar decretos, antecipou-se ao ato de vigência constitucional e editou o Decreto nº 24.694, de 12.07.1934, que, entre outras coisas, condicionou a vigência dos estatutos à aprovação do Ministro do Trabalho. Tratava-se de um passo adiante do que prescrevia o Decreto nº 19.770/31. Apontado como inconstitucional, mereceu uma peculiar interpretação dos juristas simpatizantes com a nova ordem política no sentido de que a submissão da aprovação do estatuto pelo Estado não impunha um controle hierárquico, mas apenas administrativo. Essa discussão grassou por algum tempo e, apesar da pouca razoabilidade jurídica, calou mais forte o pensamento jurídico-político, tornando-se vencedora.

2.6. Na Constituição de 1937

Com a Constituição de 1937, carta outorgada por Getúlio Vargas nos moldes corporativistas da italiana, estabeleceu-se no Brasil a obrigatoriedade do enquadramento sindical, sistema típico e idealizado por uma visão política de um estado administrado por trabalhadores, retomando-se às mesmas idéias do Decreto nº 19.770/31, só agora com força de princípios constitucionais. O art. 138 conferiu aos sindicatos poderes de impor contribuições e exercer funções delegadas de Poder Público.

Com a nova ordem constitucional, o sindicado passou a ter funções típicas de estado, já que, embora representasse os interesses dos sindicalizados, obrigava-os a se sindicalizarem. Essa intervenção era de tamanha força que forçava os sindicatos a não só estipularem contratos coletivos de trabalho como também fiscalizarem as atividades profissionais de todos os sindicalizados. E isso foi o que estipulou o Decreto-Lei nº 1.402/39.

É em decorrência desta forte ingerência pública, criando um sindicato à imagem do estado, quase como um ente público direto, que foi criada a necessidade de, reciprocamente, retribuir-se pela atividade realizada, surgindo dessa forma o *imposto sindical* através do Decreto-Lei nº 2.377, de 8 de julho de 1940, depois consolidado na CLT (Decreto-Lei nº 5.452, de 1º de maio de 1943, artigos 578 a 610).

2.7. Na Constituição de 1946

Com a queda do Estado Novo, sobreveio a Constituição de 1946, que, no seu art. 159, estabeleceu:

"É livre a associação profissional ou sindical, sendo regulados por lei a forma de sua constituição, a sua representação legal nas convenções coletivas de trabalho e o exercício de funções delegadas pelo poder público".

Embora o texto constitucional primasse pela liberdade sindical, o certo é que a disposição contida na CLT passou a ter vigência abrandada, deixando o sindicato de ser instrumento político governamental para ser exclusivamente órgão de classe.

De outro lado, essa mesma Constituição, no seu art. 141, § 34, consagrou o princípio da legalidade tributária, nestes termos:

"Art. 141. *omissis.*

§ 34. Nenhum tributo será exigido ou aumentado sem que a lei o estabeleça; nenhum será cobrado em cada exercício sem a prévia autorização orçamentária, ressalvada, porém a tarifa aduaneira e o imposto lançado por motivo de guerra."

À luz da interpretação histórica, já se observa que *somente por lei* poderia ser criado tributo frente à Constituição de 1946, o que afastaria, por óbvio, a sua instituição por *decreto-lei*, uma vez que este, editado de forma excepcional pelo chefe do Poder Executivo, não mais vigia perante a ordem constitucional vigente. Este tema deveria merecer uma análise isenta, especialmente quando se sustenta que o Brasil vive num verdadeiro *estado de direito*, e que por isso mesmo é possível se pensar, sem rótulo maniqueísta ideológico de integrar uma direita reacionária ou uma esquerda ideária, *porque, tecnicamente, o decreto-lei anterior à constituição que estabeleceu tributo não teria sido recepcionado pela nova Carta que estabelece a necessidade de lei, que pressupõe discussão congressual ampla.*

Porém, depois de 20 anos, fato que só demonstra que o decreto-lei não foi recepcionado pela Constituição de 1946, é restaurada sua possibilidade de edição, embora de forma excepcional e menos abrangente que na Constituição de 1937, pelo art. 9º do Ato Institucional nº 4, de 07 de dezembro de 1966.[8] Assim, repete-se, quando criado o então *imposto sindical* por decreto-lei (Decreto-Lei nº 2.377/40) e refundido na CLT agora com a nomenclatura de *contribuição sindical* também por decreto-lei (Decreto-Lei nº 5.452/43), deixando esta forma de expressão legislativa de existir na nova ordem institucional, deixaram aqueles comandos de existir no contexto do direito porque não recepcionados.

Alan Martins e Eduardo Marchetto,[9] com compreensível veemência, dizem:

> "Dessa forma, a possibilidade do Presidente da República baixar decretos-Leis restringia-se às matérias financeiras e administrativas, o que o impedia de instituir tributos através desta espécie normativa. Além disso, somente a título de esclarecimento que serve para o mais utópico hermeneuta, ainda que fosse possível cometer-se o absurdo de incluir o Direito Tributário no âmbito da expressão 'finanças públicas', teríamos que a contribuição sindical constitui um tributo em benefício de categorias econômicas ou profissionais (*in casu*, o Sistema Sindical Rural), e não em benefício das finanças públicas.
> Portanto, afigura-se como totalmente infundada a teoria da recepção de uma norma pela atual CF, se tal norma é inconstitucional e ilegal desde a sua origem em ordem jurídica anterior à referida Carta. E assim, o DL 229/67 não poderia ter instituído a contribuição sindical, pois esta, pela ordem constitucional vigente em 28.02.1967, só poderia ter sido criada por lei forma *strito sensu*, face à incidência do princípio da legalidade e à restrição à expedição de decretos-Leis pelo Poder Executivo.

---

[8] O Ato Institucional nº 4, de 07 de dezembro de 1966, tem este teor:
"Art 9º - O Presidente da República, na forma do art. 30, do Ato Institucional nº 2, de 27 de outubro de 1965, poderá baixar Atos Complementares, bem como Decretos-Lei sobre matéria de segurança nacional até 15 de março de 1967.
§ 1º - Durante o período de convocação extraordinária, o Presidente da República também poderá baixar Decretos-Lei sobre matéria financeira.
§ 2º - Finda a convocação extraordinária e até a reunião ordinária do Congresso Nacional, o Presidente da República também poderá expedir decretos-Leis com força de lei sobre matéria administrativa e financeira".

[9] MARTINS, Alan; MARCHETTO, ob. cit., p. 23/24.

Diagnose da Contribuição Sindical Rural

Temos, então, como patente a impossibilidade de recepção do DL 229/67 pelas ordens constitucionais que sucederam à CF de 1946 e o Ato Institucional nº 4, especialmente pela CF atual, que consagra o princípio da legalidade tributária".

Apesar de tudo isso, e ainda com o primado de que não mais se podia constitucionalmente atrelar à obrigatoriedade sindical, o certo é que os dispositivos da CLT continuaram a ter aplicação, embora com flagrante ajuridicidade, tamanha a força gerada pelo apego de normas não mais vigentes.

Isso na estrutura de um país que se dizia defensor de um estado de direito era uma negação, já que normas não recepcionadas pela nova ordem institucional não são nada, senão meros escritos que não impõem qualquer respeito. É o não-direito.

2.8. Na Constituição de 1967 e na Emenda nº 1 de 1969

A Constituição de 1967, no seu art. 159, e a Emenda Constitucional de 1969, art. 166, mantiveram a mesma estrutura de liberdade sindical contida no Constituição de 1946, nestes termos:

"É livre a associação profissional ou sindical: a cuja constituição, a representação legal nas convenções coletivas de trabalho e o exercício de funções delegadas de poder público serão reguladas em lei."

No mesmo diapasão da Constituição de 1946, embora o princípio constitucional pregasse a liberdade sindical, a contribuição sindical continuou a ser cobrada, em flagrante desrespeito à ordem constitucional vigente.

Ao tratar do sistema tributário, esta constituição, no seu art. 21, § 2º, inciso I, facultou à União instituir contribuições, *tendo em vista intervenção no domínio econômico e o interesse da previdência social ou de categorias profissionais*. Com esta redação, travou-se uma grande discussão no sentido de entender-se se a contribuição sindical prevista na CLT teria ou não sido recepcionada.[10]

A Emenda Constitucional nº 8, já de 1977, deu nova redação ao dispositivo citado para deixar claro que as contribuições, embora tivessem como sustentação a intervenção no domínio econômico ou de interesse de categorias profissionais, serviriam, e aqui a modificação, *para atender diretamente à parte da União no custeio dos encargos da*

---

[10] A redação do inciso I do § 2º do art. 21 dada pela Emenda Constitucional nº 8, de 1977, foi a seguinte:
"Art. 21 ...
§ 2º - A União pode instituir:
I - contribuições, observada a faculdade prevista no item I deste artigo, tendo em vista intervenção no domínio econômico ou o interesse de categorias profissionais e para atender diretamente à parte da União no custeio dos encargos da previdência social;"

previdência social. A nova redação não deixou qualquer dúvida, que a faculdade de criar contribuição pela União seria em benefício próprio para custear as despesas assumidas com a previdência social das categorias profissionais. Não possibilitava a instituição de contribuição em benefício exclusivo de entidades sindicais. Diante da força da norma constitucional, apesar de emenda, não teria recepcionado a contribuição sindical prevista na CLT, já que esta foi imposta por decreto-lei de força obrigatória menor.

2.8. Na Constituição de 1988

A Constituição Federal de 1988 promoveu verdadeira revolução no campo dos direitos sociais e restaurou, fundamentalmente, o Estado Democrático de Direito externado pela Constituição de 1946, com sensível ênfase na democracia social.

Após anos de um estado tutelado pelos militares, desvio institucional gerado por um movimento armado de 1964 que combatia exatamente a quinada socialista proposta pelo Governo de João Goulart, o certo é que os constituintes de 1988 apanharam muitas das idéias defendidas por este Governo e que já tinham sido propostas por Getúlio Vargas, especialmente no campo das relações de trabalho. Relutante no início, a verdade é que, aos poucos, a Nação voltou a conviver com uma nova realidade e aculturou a sociedade para novas concepções jurídicas. Basta que se analisem temas como função social da propriedade urbana ou rural.

No campo dos direitos sociais, muitas estruturas foram modificadas a partir da nova Carta Magna. Certamente uma delas é a sindical.

Embora a Constituição de 1946 tivesse outorgado a liberdade de associação em sindicatos, tema que não foi modificado pela Constituição de 1967 e pela Emenda Constitucional nº 1, de 1969, o certo é que a ingerência estatal nos sindicatos criada pela Constituição de 1937 e que foi transportada para a CLT, de 1943, na prática não sofreu muita modificação, embora no campo formal se pudesse observar um descompasso entre o art. 511 da CLT e os preceitos constitucionais.

Assim, apesar de o princípio reger que havia liberdade sindical, a prática respondia negativamente, porquanto a tutela do estado era efetiva especialmente no tocante à contribuição sindical que continuava a ser cobrada ainda nos moldes da Constituição de 1937. Portanto, durante um longo período, os balanços, os relatórios e até mesmo as composições das diretorias sindicais eram rigorosamente fiscalizados pelo Ministério do Trabalho.

Hoje, com os ventos gerados pela nova carta de direito, restou tão-somente a competência de verificar a unicidade sindical. Porém, por decisão do Supremo Tribunal Federal, nem mesmo lhe compete dirimir a controvérsia porventura existente na disputa por uma base territorial ou categoria a ser representada.

Ao tratar sobre a representação profissional, a Constituição Federal de 1988 assim dispôs:

> "Art. 8º - É livre associação profissional ou sindical, observado o seguinte:
> I – a lei não poderá exigir autorização do Estado para a fundação de sindicato, ressalvado o registro no órgão competente, vedadas ao Poder Público a interferência e a intervenção na organização sindical;
> II – é vedada a criação de mais de uma organização sindical, em qualquer grau, representativa de categoria profissional ou econômica, na mesma base territorial, que será definida pelos trabalhadores ou empregadores interessados, não podendo ser inferior à área de um Município;
> III – ao sindicato cabe a defesa dos direitos e interesses coletivos ou individuais da categoria, inclusive em questões judiciais ou administrativas;
> IV – ninguém será obrigado a filiar-se ou a manter-se filiado a sindicato."

O que era uma obrigação, antes da Constituição Federal de 1988, após seu advento, tornou-se uma faculdade. Ou seja, teoricamente o trabalhador não está obrigado a se ligar a nenhuma entidade associativa ou profissional como acontecia no *sindicalismo de estado* de 1937.

No entanto, quanto à contribuição sindical, perdura uma razoável dúvida em se fixar e definir se o art. 149 da CF represtinou ou recepcionou a contribuição sindical contida na CLT, já que possibilitou à União instituir contribuições sociais, de intervenção no domínio econômico e de interesse das categorias profissionais ou econômicas, como instrumento de sua atuação nas respectivas áreas. E diz o artigo citado:

> "Art. 149 – Compete exclusivamente à União instituir contribuições sociais, de intervenção no domínio econômico e de interesse das categorias profissionais ou econômicas, como instrumento de sua atuação nas respectivas áreas, observado o disposto nos arts. 146, III, e 150, I e III, e sem prejuízo do previsto no art. 195, § 6º, relativamente às contribuições a que alude o dispositivo."

Ocorre que os pressupostos que ensejaram a criação da contribuição sindical, através do Decreto-Lei nº 2.377, de 08 de julho de 1940 (*instituição obrigatória para todos, limitação a uma categoria econômica ou profissional certa e que fosse representada por sindicado legalmente constituído*), estavam condicionados a requisitos objetivos, cuja base era a obrigatoriedade de associação sindical e tutela deste aos cânones legais estabelecidos pelos estado, porque isto caracterizava a satisfação de uma política governamental que via nesta vinculação legitimidade da prestação laboral, proposta institucional imposta na Constituição de 1937.

Numa análise comparativa do art. 21, inciso I, da Constituição de 67, emendada em 1969, com a redação que lhe deu a Emenda Constitucional nº 8, de 1977, com o art. 149 da Constituição de 1988, observa-se que o texto atual possibilita uma melhor interpretação quanto à recepção da contribuição sindical prevista na CLT do que o texto anterior que só possibilitava a instituição de contribuição com finalidade específica de retribuir à União pelo custeio dos encargos da previdência social gastos com as categorias profissionais. Como a Constituição de 1967 não permitia uma contribuição nos moldes da prevista na CLT, ela teria perdido seu caráter de instituto jurídico válido e, como conseqüência, afastada do mundo do direito por aplicação extensiva do art. 2º da Lei de Introdução do Código Civil (*a lei revogada não se restaura por ter a lei revogadora perdido a vigência*), não podendo ser restaurada a sua vigência pela Constituição de 1988.

Sob o ângulo eminentemente político, Gisele Santoro Trigueiro Mendes,[11] embora sustente a recepção da contribuição sindical prevista na CLT pela Constituição de 1988, também admite que:

> "Há, entretanto, diferença de contexto histórico, já que a contribuição compulsória foi mantida porque os parlamentares foram sensíveis às ponderações dos dirigentes sindicais que temiam um enfraquecimento do sindicalismo com o corte abrupto de sua principal fonte de receita."

Por via de conseqüência, a contribuição sindical criada pelo Decreto-Lei nº 2.377/40 e depois consolidada nos artigos 578 e 579 da CLT, não teria sido recepcionada pela Constituição de 1967 e, por isso mesmo, por ser instituto inexistente, não poderia merecer a interpretação de ter sido recepcionada pelo art. 149 da Constituição de 1988.

E mesmo na análise histórica para aceitação de sua legalidade foi considerada tão-só a circunstância momentânea de possível vácuo prejudicial econômica e financeiramente às entidades sindicais até a entrada em vigor da outra contribuição chamada de *confederativa*, inexistente na constituição anterior.

Não fosse essa manutenção uma justificativa meramente temporal para o vácuo de vigência de um novo tributo sindical, conclusão razoável mais descontextualizada pela tônica maior do princípio da liberdade sindical que a Constituição procurou fixar, seria difícil admitir-se, como embasamento contrário válido, que em plena democracia sindical pudessem co-existir duas contribuições impositivas, pois isso negaria a própria idéia sindical proposta na nova ordem política brasileira.

---

[11] MENDES, Gisele Santoro Trigueiro. *Contribuição Sindical e Confederativa* – art. 8º, inciso IV, da CF. – Em Estudos da Consultoria Legislativa da Câmara dos Deputados, no endereço www.camara.gov.br/internete/diretoria/conleg/estudos/20/141.pdf

3. Contribuição Sindical

3.1. Considerações iniciais

O Estado, como criatura social viabilizada através do direito, adquire autonomia política e administrativa, entre outras circunstâncias, pela possibilidade de lançar e arrecadar tributos. Portanto, é por intermédio dos tributos que o Estado cria suas fontes de renda para existir e, por via de conseqüência, atingir o bem comum.

O sistema tributário brasileiro é integrado por impostos, taxas e contribuições.

Imposto é uma contribuição obrigatória e individualizada paga em dinheiro, de interesse geral, destinada a cobrir as despesas do Estado. Não há no imposto determinada contraprestação a ser fornecida. Sua existência é genérica, já que todo imposto tem finalidade de manter o estado.

Taxa é uma contribuição que se destina a custear certo serviço empreendido pelo Estado e de exclusivo interesse dos indivíduos. Diferentemente do imposto, a taxa pressupõe uma contraprestação específica.

Contribuição é uma espécie de taxa fixada pelo Estado com destinação específica de custear determinados interesses estatais. Enquanto a taxa é cobrada como forma de contraprestação por um serviço prestado pelo Estado, a contribuição se destina a criar rendas para uma determinada atividade considerada de interesse público. As contribuições podem ser de vários tipos, como são exemplos as contribuições de melhoria, previdenciária, confederativa e sindical. Paulo de Barros Carvalho,[12] sustentando a natureza jurídica tributária da contribuição, diz o seguinte:

> "Não é de agora que advogamos a tese de que as chamadas contribuições sociais têm natureza tributária. Vimo-las como figuras de impostos ou de taxas, em estrita consonância com o critério constitucional consubstanciado naquilo que nominamos de tipologia tributária no Brasil. Todo o suporte argumentativo calcava-se na orientação do sistema, visto e examinado na sua integrida-

---

[12] CARVALHO, Paulo de Barros. *Curso de Direito Tributário*. São Paulo, Saraiva, 2002, p. 544.

de estrutural. Assim, outra coisa não fez o legislador constituinte senão prescrever manifesta-mente que as contribuições sociais são entidades tributárias, subordinando-se em tudo e por tudo às linhas definitórias do regime constitucional peculiar dos tributos."

No que interessa ao bom desenvolvimento do tema proposto neste livro, afirma-se que a *contribuição confederativa* não se confunde com a *contribuição sindical*. Esta existe desde 1940, enquanto aquela é criação da Constituição de 1988, através do art. 8º, inciso IV, que instituiu, desta forma, mais uma fonte de receita para o sindicalismo, numa contradição muito forte frente ao princípio maior da liberdade sindical, que veio a lume para instituir uma nova ordem institucional do país. Sobre esta modalidade de contribuição, Celso Ribeiro Bastos[13] tece forte crítica quando diz:

"É curioso que um imposto, que no passado já recebera severas críticas, saia reforçado pela cobrança de outra contribuição, com propósitos idênticos, é dizer, custear despesas sindicais. É certo que se limitou ao custeio das confederações e, de outra parte, conferiu-se liberdade às assembléias para deliberarem sobre o assunto.

Uma interpretação otimista poderia vislumbrar aí uma tímida tentativa de preparar o terreno para uma supressão futura do próprio imposto sindical. Na medida em que funcione a contento o sistema voluntário de financiamento, ficará muito difícil às lideranças sindicais tentarem legitimar a atual cobrança compulsória. Parece ser, pois, uma solução intermediária, com propósito de ganhar tempo, inclusive de molde a propiciar ao sindicalismo ocasião para adaptar-se à nova sistemática.

Por enquanto, todavia, o que existe de concreto é o mesmo antigo imposto sindical, mais a possibilidade de criação de outra contribuição da mesma natureza, tudo conforme decidirem as assembléias sindicais."

A contribuição sindical, na sua contextualização de tributo, tem presença constante na estrutura do direito brasileiro desde sua institui-ção pelo Decreto-Lei nº 2.377, de 8 de junho de 1940, apesar das mudanças sofridas no regime de sua vinculação ao sistema sindical brasileiro, como se demonstrou nos tópicos *Sindicatos e liberdade sindical e a história sindical nas Constituições brasileiras*. E, apesar disso, sua legalidade tem sido duramente discutida no campo da doutrina e da jurisprudência exatamente diante das modificações impostas pelas Cartas constitucionais que advieram.

3.2. Argumentos de sua legalidade

A Contribuição Sindical não tem sustentação pacífica quanto à sua legalidade. Originária da Constituição de 1937, que criou o *sindicalismo de estado*, segundo a corrente que sustenta sua vigência legal, teria sido ela recepcionada pela Constituição de 1988.

---

[13] BASTOS, Celso Ribeiro. *Comentários à Constituição do Brasil*, 2º volume. São Paulo: Saraiva, 1989, p. 520.

O primeiro argumento desta corrente é de que o art. 8º, inciso IV, da Constituição de 1988, ao estabelecer a contribuição confederativa, ainda no artigo que trata da liberdade sindical, teria não só relativado esta liberdade, já que impunha a obrigatoriedade contributiva, como, na sua parte final, abria a possibilidade de instituição de uma outra contribuição "prevista em lei". O dispositivo mencionado está assim redigido:

"Art. 8º.
§ 4º - a assembléia geral fixará a contribuição que, em se tratando de categoria profissional, será descontada em folha, para custeio do sistema confederativo da representação sindical respectiva, independentemente da contribuição prevista em lei."

E a ressalva feita na parte final do artigo citado, segundo ainda esta corrente, teria sido explicitada exatamente pelo art. 149 da mesma Constituição, que se insere no Capítulo que trata do Sistema Tributário Nacional, e fixou a possibilidade de a União instituir contribuições sociais, de intervenção no domínio econômico e de interesse das categorias profissionais ou econômicas, como instrumento de sua atuação nas respectivas áreas, desde que:

a) fosse viabilizada por lei complementar;

b) não retroagisse para incidir sobre fato gerador anterior a sua instituição;

c) não incidisse sobre o mesmo exercício de publicação da lei;

d) não fosse utilizada como confisco e

e) respeitasse as imunidades tributárias estabelecidas na própria Constituição.

O dispositivo, como já referido em outra parte, tem esta redação:

"Art. 149 – Compete exclusivamente a União instituir contribuições sociais, de intervenção no domínio econômico e de interesse das categorias profissionais ou econômicas, como instrumento de sua atuação nas respectivas áreas, observado o disposto nos arts. 146, III, e 150, I e III, e sem prejuízo do previsto no art. 195, § 6º, relativamente às contribuições a que alude o dispositivo."

Esta corrente, procurando adequar as exigências do artigo constitucional citado ao ordenamento preexistente, argumenta que a lei complementar de que fala a Constituição seria o próprio Código Tributário Nacional que, no seu art. 217, inciso I, (artigo este acrescido pelo Decreto-Lei nº 27, de 14.11.66), expressamente, dá legitimidade de lei complementar aos arts. 578 e seguintes da Consolidação das Leis do Trabalho, nestes termos:

"Art. 217 ...
I – da 'contribuição sindical', denominação que passa a ter o imposto sindical de que tratam os arts 578 e seguintes, da Consolidação das Leis do Trabalho, sem prejuízo do disposto no art. 16 da Lei 4.589, de 11 de dezembro de 1964".

E, com tais argumentações, a corrente sustenta que os artigos 578 e seguintes da CLT teriam sido legitimamente recepcionados pela nova ordem constitucional. A legalidade da cobrança da Contribuição Sindical, portanto, estaria nestes dispositivos:

"Art. 578 - As contribuições devidas aos sindicatos pelos que participem das categorias econômicas ou profissionais ou das profissões liberais representadas pelas referidas entidades serão, sob a denominação de 'Contribuição Sindical', pagas, recolhidas e aplicadas na forma estabelecida neste Capítulo.
Art. 579 - A contribuição sindical é devida por todos aqueles que participarem de uma determinada categoria econômica ou profissional, ou de uma profissão liberal, em favor do sindicato representativo da mesma categoria ou profissão ou, inexistindo este, na conformidade do disposto no artigo 591.
Art. 591 - Inexistindo Sindicato, o percentual previsto no item III do art. 589 será creditado à Federação correspondente à mesma categoria e econômica ou profissional.
Parágrafo único. Na hipótese prevista neste artigo, caberão à Confederação os percentuais previstos nos itens I e II do artigo 589."

No entanto, como interessadas maiores na sustentação desta corrente, estão as confederações nacionais que, além dos argumentos citados, ainda aliam como base material de sua legitimação jurídica o recebimento por delegação do direito de, beneficiárias deste tributo, poder cobrá-lo de forma indistinta, como se se tratasse de uma dívida qualquer. Pode servir de exemplo desta sustentação o que se tem feito com a Contribuição Sindical Rural, cobrada por simples boleto bancário. Ocorre que o disposto no art. 24 da Lei nº 8.847/94 transferiu a sua cobrança, inicialmente atribuída ao INCRA (art. 4º do Decreto-Lei nº 1.166/71), para a Secretaria da Receita Federal por força de dispositivo legal (art. 10 do ADCT e da Lei nº 8.022/90), e, depois, para a CONTAG e CNA.

A força de sustentação maior desta corrente é o acórdão da Primeira Turma do Supremo Tribunal Federal, proferido no Recurso Extraordinário nº 180.745-8/SP, datado de 24 de março de 1998, em que foi relator o Ministro Sepúlveda Pertence, ementado nestes termos:

"SINDICATO. CONTRIBUIÇÃO SINDICAL DA CATEGORIA. RECEPÇÃO.
A recepção pela ordem constitucional vigente da contribuição sindical compulsória, prevista no art. 578 da CLT e exigível de todos os integrantes da categoria, independentemente de sua filiação ao sindicato resulta do art. 8º, IV, *in fine*, da Constituição; não obsta à recepção a proclamação, no *caput* do art. 8º, do princípio da liberdade sindical, que há de ser compreendido a partir dos termos em que a Lei fundamental a positivou, nos quais a unicidade (art. 8º, II) e a própria contribuição sindical de natureza tributária (art. 8º, IV) – marcas característica do modelo corporativista resistentes -, dão a medida da sua relatividade (cf. MI 144, Pertence, RTJ 147/868, 874); nem impede a recepção questionada a falta da lei complementar prevista no art. 146, III, CF, à qual alude o art. 149, à vista do disposto no art. 324, §§ 3º e 4º, das Disposições Transitórias (cf. Re 146733, Moreira Alves, RTJ 146/684, 694).
O ACÓRDÃO CITADO TEM ESTE INTEIRO TEOR:
O SENHOR MINISTRO SEPÚLVEDA PERTENCE – (Relator): No que interessa, assim relatou a controvérsia o acórdão recorrido, do Tribunal de Justiça de São Paulo (fls 219):
A r. sentença de fls 157/168, complementada à fls 172, condenou os réus a pagar a contribuição sindical referente ao ano de 1992, com correção monetária e acrescido dos juros e da multa prevista nos artigos 579 e seguintes da Consolidação das Leis do Trabalho...!
(...)

Apelaram os réus. O Décimo Sexto *Cartório de Notas, argüiu nulidade da sentença, que teria decidido extra* petita: quanto ao mérito, postula a improcedência da ação, sustentando que os preceitos da Consolidação das Leis do Trabalho invocados pela apelada não mais vigoram, uma vez que a cobrança imperativa da contribuição sindical a não sindicalizados fere o princípio da liberdade de associação expresso nos artigos 5º, inciso XX, e 8º], inciso V, da Carta Magna.

O acórdão negou provimento à apelação, afirmando recebido pela Constituição o art. 578 CLT, onde prevista a contribuição sindical questionada.

O RE, *a*, do Cartório vencido, pretende, ao contrário, ser dita norma legal incompatível com o princípio da liberdade sindical (CF, art. 8º) da Constituição, que reclama a observância das normas gerais de Direito Tributário estabelecidas em lei complementar (art.146, III), para a instituição pela União de contribuições de interesse de categorias profissionais ou econômicas (fls228)

A Procuradoria-Geral – parecer do II. Dr Roberto Gurgel – invoca os acórdãos dos RREE 198;092 e 180.624, da lavra do Ministro Carlos Velloso, nos quais se entendeu que '*ao contrário da contribuição confederativa, a contribuição sindical, que é instituída por lei e de interesse das categorias profissionais, tem caráter tributário, sendo, portanto, compulsória para os empregados filiados ou não ao sindicato*', e opina pelo desprovimento do recurso.

É o relatório.

A recepção pela Constituição de 1988 da *contribuição sindical* - denominação desde o DL 27/66 ao velho imposto sindical ao Estado Novo (DL 2.377/40 – creio ser conclusão unânime de toda a doutrina (v.g. Amauri Mascaro, *Direito Sindical*, Saraiva, 1989, p. 209; Aluysio Sampaio, *As Fontes de Receita dos Sindicatos*, em J.L. Teixeira Filho (coord), *Relações Coletivas de trabalho*, em homenagem a A. Sussekind, LTr, 1989, 336, 341); Sussekind, Maranhão, Legadas e Teixeira, *Instituições de Dir. do Trabalho*, Ltr 1996, 1.114), incluídos os mais ilustres e radicais adversários do instituto (Evaristo de Moraes Filho, *O Sindicato no Dir. Const. Brasi*leiro, em homenagem ao Min. Orlando Teixeira da Costa, LTr 1996, 61/73; Orlando Gomes e E. Gottschalk, *Curso de Dir. Trabalho*, 1990, p. 661).

A mim, a recepção de contribuição sindical sempre pareceu indiscutível: afirmei-a incidentemente na Adim MC 1.076, 15.6.94 – para, a partir de sua natureza tributária, reputar válida a proibição de contribuir o sindicato no financiamento de campanhas – Lex 195/158, 163:

De minha parte, não tenho dúvida, à vista do art. 8º, IV, *in fine*, da recepção sob a ordem constitucional vigente, do instituto da contribuição sindical compulsória, exigível, nos termos dos arts. 578 da CLT, de tosos os integrantes da categoria, independente de sua filiação ao sindicato.

É ler o art. 8º, IV, Da Lei Fundamental:

Art. 8º ...

§ 4º - a assembléia geral fixará a contribuição que, em se tratando de categoria profissional, será descontada em folha, para custeio do sistema confederativo da representação sindical respectiva, independentemente da contribuição prevista em lei.

A ressalva final teve o sentido inequívoco de preservar a possibilidade da contribuição parafiscal, instituída em lei para o custeio do sistema sindical.

Em trabalho que compõe preciosa coletânea referida na homenagem ao Ministro Orlando Teixeira da Costa – sem favor, figura exemplar da doutrina e da Justiça do Trabalho – o il, Juiz do Trabalho Sérgio Pinto Martins (*Receita Sindical: Contribuição Sindical Compulsória e Contribuição Federativa*) traça a história da revivescência à undécima hora dos trabalhos constituintes do velho '*imposto sindical*' e do custo da sua ressurreição. Vale a pena recordar – *Curso*, cit. P. 135, 141:

mencionava o Projeto da Comissão de Ordem Social (art. 6º, I que a assembléia sindical iria 'fixar a contribuição da categoria, descontada em folha, para o custeio das atividades da entidade'. No projeto da Comissão de Sistematização estava consignada a seguinte redação: 'a assembléia Geral é o órgão deliberativo supremo da entidade sindical, competindo-lhe deliberar sobre a sua constituição, organização, dissolução, eleições para os órgãos diretivos e de representação; aprovar o seu estatuto e fixar a contribuição da categoria, que deverá ser descontada em folha para custeio das atividades da entidade'. O substitutivo do Relator da Comissão de Sistematização rezava: 'A assembléia geral fixará a contribuição da categoria que, se profissional, será descontada em folha, para custeio do sistema confederativo de representação sindical' (parágrafo 4º, do art. 9º. Foi este o texto aprovado pela Comissão de Sistematização (parágrafo 4º do art. 10). Posteriormente foi aprovada a Emenda n. 31.327 do Deputado Geraldo Campos, que estava assim redigida: 'a assembléia geral do sindicato fixará a contribuição da categoria, que será descontada em folha para custeio das atividades da entidade sindical, independentemente da estabelecida em lei'. A expressão 'independentemente da contribuição prevista em lei' foi acrescentada em função das emendas apresentadas a em Plenário no primeiro turno de votação da constituinte. Com a fusão das várias emendas temos a atual redação do inciso IV, do art 8º, da Constituição. Decidiu-se por fuma situação intermediária, qual seja, a manutenção do desconto compulsório da contribuição sindical, transferindo para a assembléia geral a possibilidade de fixar a contribuição para o custeio do sistema federativo, fazendo com que não houvesse qualquer ingerência ou interferência governamental em relação à última contribuição. Como havia interesses em certos grupos na manutenção da contribuição sindical, utilizou-se a expressão 'independentemente da contribuição prevista em lei' para ressalva-la, em troca da supressão da estabilidade no emprego, conforme a redação ofertada ao inciso I, do artigo 7º, da Constituição, prevendo apenas que a lei complementar estabeleceria uma indenização compensatória pela despedida arbitrária ou sem justa causa.

Se non è vero, o certo é que o episódio faz lembrar Bismarck e suas salsichas. Mas, *legem habemus:* mais que lei, a própria Constituição.

À recepção opõe o recorrente duas objeções: o princípio da liberdade sindical e o art. 149 da Constituição.

Esse último é de descartar-se logo.

Dispõe o preceito constitucional que *'compete exclusivamente à União instituir contribuições sociais, de intervenção no domínio econômico e de interesse das categorias profissionais ou econômicas, como instrumento de sua atuação nas respectivas áreas,, observado o disposto nos arts. 146, III, e 150, I e III, e sem prejuízo do previsto no art. 195, § 6º, relativamente às contribuições a que alude o dispositivo'.*

Assim, é certo – como resulta da alusão ao art. 146, III – que a criação das contribuições *'de interesse das categorias profissionais ou econômicas'*, tributos que são, hão de observar as normas gerais de Direito tributário, matéria de lei complementar.

Mas, à objeção daí extraída contra a recepção da contribuição sindical, responde o acórdão recorrido com a inovação do art. 34, e §§ 3º e 4º, das Disposições Transitórias, já aplicadas pelo Tribunal em situação semelhante para afirmar a validade da instituição pela L. 7.689/98, malgrado inexistente a lei complementar de normas gerais, da contribuição social sobre o lucro das pessoas jurídicas, no RE 146.733, Plenário, 29.6.92, em cujo acordão, da lavra do em. Ministro Moreira Alves, se assentou (TRJ 143/684, 694):

... para que se institua a contribuição social prevista no inciso I do artigo 156, é mister que a lei complementar, a que alude o artigo 146,estabeleça as normas gerais a ela relativas, consoante o disposto em seu inciso III? E, na falta dessas normas gerais , só poderá ser tal contribuição instituída por lei complementar?

Impõe-se a resposta negativa a essas duas indagações sucessivas.

Tendo em vista as inovações introduzidas pela Constituição de 1988 no sistema tributário nacional, estabeleceu ela, nos parágrafos 3º e 4º, do art. 324 do Ato das Disposições Constitucionais Transitórias, que 'promulgada a Constituição, a União, os Estados o Distrito Federal e os Municípios poderão editar as lei necessárias à aplicação do sistema tributário nacional nela previsto' e que 'as leis editadas nos termos do parágrafo anterior produzirão efeitos a partir da entrada em vigor do sistema tributário nacional previsto na Constituição'. Ora, segundo o *caput* desse artigo 34, o primeiro dia do quinto mês seguinte ao da promulgação da Constituição (ou seja, o primeiro de março de 1989), exceto – de acordo com o disposto no parágrafo 1º desse mesmo artigo – os artigos 148, 149, 150, 154, I, 156, III e 159, I, c, que entraram em vigor na data mesma da promulgação da Constituição. Essas normas de direito intertemporal, portanto, permitiram que, quando não fossem imprescindíveis as normas gerais a ser estabelecida pela lei complementar, consoante o disposto no artigo 146, III, que a União, os Estado, o Distrito Federal e os Municípios editassem leis instituindo, de imediato ou com vigência à partir de 1º de março de 1989, conforme a hipótese se enquadrasse na regra geral do *caput* ou nas exceções do parágrafo 1º, ambos do artigo 34 do ADCT, as novas figuras das diferentes modalidades de tributos, inclusive, pois, as contribuições sociais. Note-se, ademais, que, com relação aos fatos geradores, bases de cálculo e contribuintes, o próprio artigo 146, III, só exige estejam previstos na lei complementar de normas gerais quando relativos aos impostos discriminados na Constituição, o que não abrange as contribuições sociais, inclusive as destinadas ao financiamento da seguridade social, por não configurarem impostos.

É manifesto que, *mutatis mutandis*, o mesmo raciocínio legitima a recepção pela nova ordem constitucional tributária da legislação ordinária pré-constitucional regente da contribuição sindical, que a Constituição preservou.

Resta o fundamento – extraído pelo RE da afirmação, pelo art. 8º, CF, do princípio da liberdade sindical (fls231):

Jamais poderia ser recepcionada por uma Constituição fundada no Estado Democrático de Direito, dispositivo legal marcadamente autoritário, como é o caso do malsinado imposto sindical, obrigatoriamente descontado dos salários dos empregados, ainda que discordantes dos rumos e decisões adotadas pelos sindicatos que em tese os representam. Assim fosse, não haveria de se falar em liberdade sindical, no caso, representada não apenas pela faculdade de associar-se ou não, mas também pela completa dependência de tais entidades em relação ao Estado, que não mais se sujeitam nem mesmo à necessidade de registro.

O argumento tem mais de retórica que de densidade dogmática.

Precisamente a respeito da liberdade sindical, no MI 144 (RTJ 147/868, 874), já pude observar ser indispensável precatar-se o intérprete constitucional, mormente quando se cuida de textos novos, contra a tentação de ver na Constituição o que nela se deseja ver, independentemente do que efetivamente esteja ou não esteja na letra ou no sistema.

Creio que, no tema de que cuidamos, muitos se têm deixado seduzir a emprestar o seu próprio conceito ideal de liberdade sindical à investigação objetiva do que efetivamente tenha sido acolhido pelo Constituição.

Nela, uma vez desmistificada, o que, na verdade, se pôs foi um sistema de liberdade sindical mais que relativo, onde o caminho da aproximação aos parâmetros internacionais da Convenção 87, da OIT, se viu significativamente obstruído pela força cinqüentenária da resistência do modelo corporativo do Estado.

Pessimista, o notável Evaristo de Moraes Filho *(A Organização Sindical Perante o Estado)* LTr 52-11/1302, 1305), entende que o art. 8º da Constituição, *quis tudo prever e prevenir, mas, em realidade, pouco se adiantou ou progrediu em relação aos textos anteriores. Em alguns pontos retroagiu até...*

A história narrada por quem viu – testemunha, alias, José Washington Coelho (Sistema Sindical, cit., pág. 29), com a graça de seu estilo - , *pode afirmar que o art. 8º da Carta Magna é soma algébrica composta pela necessidade de alcançar equilíbrio de forças antagônicas. Correntes vigorosas em choque dramático, pedindo demais e cedendo de menos, lutaram palavra por palavra, no declarado anseio de impor sua solução. O constituinte, pressionado e espremido, compôs heterogêneo, muito próximo da técnica 'uma no cravo, outra na ferradura'.*

A relatividade da 'liberdade sindical' como efetivamente concretizada na Lei Fundamental deriva sobretudo da preservação de duas marcas características do modelo corporativista resistente: a unicidade (art. 8º, II) e a contribuição sindical de natureza tributária (art. 8º, IV, *in fine*), que só com a unicidade poderia subsistir.

Anota com ênfase o grande Evaristo de Moraes Filho (ob. Loc. cits., p. 73), que essas alíneas II e IV *como que desmentem a afirmativa do caput que considera livre a associação profissional ou sindical.*

Na mesma linha, Orlando Gomes e Elson Gottschalk, depois de observar que *a contribuição sindical representa no fundo, uma deformação legal do poder representativo do sindicato e de* recordar a responsabilidade do instituto na *tragédia do sindicalismo que o sarcasmo popular intitulou de peleguismo*, concluem que

Se todas as modalidades de controles, que o sistema sindical pátrio impõe ao sindicato, deixassem de existir, por uma reforma completa da lei sindical, bastaria a permanência deste tributo para suprimir-lhe qualquer veleidade de independência. Nenhum Estado pode dispensar-se da tutela às pessoas jurídicas, quando fornece os recursos que lhes mantêm a sobrevivência. Pensar de modo diferente é raciocinar em termos irreais, fantasiosos, quando não o seja de má fé. Em síntese: se a inequívoca manutenção do regime tributário da contribuição sindical (arts 8º, IV, 149) é que dá, na Constituição, as dimensões reais da muito relativa liberdade sindical afirmada, não se pode tomar isoladamente de afirmação desta, no caput do art. 8º e tentar negar o que,k no inciso IBV, *in fine*, está patente e há de ser levado em conta para reduzir o alcance efetivo da proclamação retórica da liberdade do sindicato.

De tudo, não conheço do recurso: é o meu voto."

3.3. Argumentos de sua ilegitimidade

O STF formulou indicativo de que a contribuição sindical prevista na CLT teria sido recepcionada pela nova estrutura constitucional vigente, alinhando vários argumentos, inclusive de doutrina nacional, conforme fundamentos analisados no tópico anterior. Esta posição, embora merecedora de respeito, não acalma nem responde às várias indagações daqueles que sustentam a sua ilegitimidade, subsistindo mais como argumento de autoridade.

A contribuição sindical foi criada sob a égide da Constituição de 1937, que instituiu o *sindicalismo de estado,* como forma de respaldo financeiro para custear as despesas decorrentes das atribuições que o Estado delegava às entidades sindicais. Inexistindo liberdade sindical mais obrigatoriedade sindical era compreensível que se instituísse uma forma de receita para que o sindicalismo desenvolvesse as pretensões estatais de se instituir uma república administrada pelos sindicatos. A idéia era uma cópia do que ocorria na Itália de Mussolini.

Com o advento da Constituição de 1946, foi abolido o *sindicalismo de estado,* permitindo-se a plena liberdade sindical. Com a vigência da nova ordem institucional, teria deixado de ser recepcionada a estrutura da contribuição sindical prevista na CLT, já que imprevista a competência da União de instituir contribuição em benefício de entidades sindicais e a imposição de que os tributos ficariam vinculados à existência de prévia lei. Mais por acomodação política do que por interpretação jurídica, entendeu-se, então, que, apesar da omissão constitucional, a contribuição sindical prevista na CLT ainda continuava vigente. As dúvidas da legitimidade da contribuição sindical, na época de vigência da Constituição de 1946, já eram enormes.

A Constituição de 1967, na sua redação originária, apesar de manter o princípio da liberdade sindical de 1946, permitiu que a União instituísse contribuições próprias para a intervenção no domínio econômico e de interesse da previdência social ou de categorias profissionais, no art. 21, § 2º, inciso I. Portanto, se duvidosa era a recepção da contribuição sindical prevista na CLT pela Constituição de 1946, com a nova estrutura institucional, embora não de forma expressa, era razoável entender-se que a contribuição se adequava ao novo comando constitucional.

Ocorre que a contribuição sindical na previsão da CLT embutia 20% para o *Fundo Social Sindical* que, por malversação, foi derivado para a *Conta Especial Emprego e Salário*, administrada pela União, sem qualquer destinação específica, como se fora um verdadeiro imposto. Dessa forma, a recepção pela nova estrutura constitucional era apenas parcial. Legitimava-se a cobrança da contribuição sindical tão-somente no tocante aos interesses de categorias profissionais.

Numa quinada brusca e no sentido inverso de ser possível a cobrança de contribuição destinada às entidades sindicais, a Emenda Constitucional nº 8/77, que deu nova redação ao art. 21, § 2º, inciso I, da Constituição de 1967, expressamente fixou a competência da União para instituir contribuições que tivessem como fundamento a intervenção no domínio econômico ou no interesse de categorias profissionais e, de forma categórica, *para atender diretamente à parte da União no custeio dos encargos da previdência social.* Sem sombra de dúvida que a contribuição sindical, criada como seu próprio nome revela, em proveito das entidades sindicais e para aplicação especificada no art 592 da CLT, foi afastada por não recepção pela nova estrutura constitucional. Surgindo a contribuição sindical como tributo em decorrência de um permissivo constitucional, inexistindo este, sua disposição como instituto jurídico válido deixava de existir. Sua permanência na CLT era apenas estrutural, e não cogente. Diferentemente da revogação ou da inconstitucionalidade que caracterizam retiradas objetivas de leis do ordenamento jurídico, a não-recepção de uma lei anterior frente à constituição posterior se opera por omissão desta última a instituto jurídico regrado por aquela. Tomemos o seguinte exemplo que, apesar de drástico, serve para fundamentar o raciocínio: uma nova ordem institucional imposta por uma assembléia constituinte socialista omite o estatuído no art. 5º, inciso XXII, da Constituição vigente (*é garantido o direito de propriedade*) e todos os demais que se refiram ao tema, impondo, ao contrário, que todos os imóveis existentes são bens do Estado. O Estatuto da Terra, o Estatuto da Cidade e o Código Civil ou outras leis que regram sobre o direito de propriedade teriam deixado de existir por não mais viger no País tal instituto.

Como já foi dito, o art. 590 da CLT, na sua redação originária, ao tratar de distribuição do então imposto sindical, destinava 20% das importâncias recolhidas a título de contribuição sindical a uma conta

Diagnose da Contribuição Sindical Rural

especial chamada *"Fundo Social Sindical"*, sem especificar qual a sua verdadeira destinação, apenas que seria gerido pela Comissão do Imposto Sindical. O malbaratamento das importâncias creditadas neste fundo levou a sua extinção e substituição pela hoje *"Conta Especial Emprego e Salário"*, constante do inciso IV do art. 589 e, a partir de 1966, transferida para o Tesouro Nacional para acréscimo orçamentário das verbas destinadas ao Ministério do Trabalho. Tem-se, desta forma, que um quinto da contribuição sindical não se destinava especificamente às entidades sindicais mais receita da União, caracterizando-se mais como um imposto do que como uma contribuição. É possível entender-se, portanto, que, numa reviravolta da situação anterior, embora a contribuição sindical como prevista na CLT não tivesse sido recepcionada na parte tocante às entidades sindicais, agora também não o seria com relação ao percentual porque este já não mais existia frente à Constituição de 1967. O art. 21, § 2º, inciso I, na sua redação original, recepcionou apenas a contribuição sindical no tocante às entidades sindicais, não o fazendo quanto à contribuição à União. E a Emenda Constitucional nº8/77, dando nova redação ao mencionado art. 21, § 2º, inciso I, embora possibilitasse à União instituir contribuição em benefício próprio para custear as despesas com a previdência social, não poderia ser aplicada porque não recepcionada originariamente. Mesmo que se admitisse uma recepção tardia da CLT naquilo que destinava o percentual de 20% para a União, nos termos do art. 21, §. 2º, inciso I, da Constituição de 1967, com a redação dada pela Emenda Constitucional nº 8/77, ainda assim esta conclusão seria razoável tão-só durante a vigência desta Constituição. Não, porém, que este dispositivo tivesse sido recepcionado pela Constituição de 1988 que não trata de contribuição com tal envergadura.

No raciocínio que se pretende desenvolver, deve ficar claro que a contribuição sindical como prevista na CLT, embora duvidosa na Constituição de 1946, teria sido recepcionada pela Constituição de 1967 através do art. 21, § 2º, inciso I, especificamente quanto às entidades sindicais beneficiárias, e não quanto à destinação de parte de sua arrecadação para o Fundo Social Sindical, deixando de existir como regra jurídica a contribuição destinada à União. Mas, com a Emenda Constitucional nº 8/77, de uma vez por toda, teria sido afastado do mundo jurídico como norma cogente por não-recepção. E, mesmo que se outorgasse a interpretação de ser possível a recepção por repristinação, verdadeiro absurdo na teoria hermenêutica, ainda assim a cobrança parcial da contribuição sindical no tocante à União só teria legitimidade durante o período de vigência que durou a Constituição de 1967.

Mesmo que fosse possível isolar-se a conclusão de que a contribuição sindical prevista na CLT já não mais tinha legitimidade de cobrança porque afastada pela ordem constitucional criada a partir de 1967, e se fizesse uma ponte direta entre a CLT de 1943 e a Constituição de 1988, desconsiderando todo esse período com o argumento de autoridade de simplesmente ser inaplicável, ainda assim, ela não encontra argumento para dizer-se válida, pois o art. 149 da Constituição Federal, que seria a base legitimadora de sua recepção frente aos preceitos incertos na CLT, não se apresenta tão claro quanto à corrente que a sustenta afirma existir.

Em primeiro lugar, porque como circunstância típica da contribuição (ao contrário do imposto que não tem vinculação específica alguma entre a sua cobrança e aplicação), o art. 149 da CF estabeleceu a possibilidade da criação de uma contribuição pela União, como forma de intervenção do estado no domínio econômico protetiva dos interesses profissionais ou econômicos de determinada categoria e, com aplicação específica de ser *instrumento de sua atuação nas respectivas áreas*. O permissivo constitucional de instituição de uma tal contribuição tem contrapartida: ela pode ser instituída desde que o que for arrecadado seja aplicado na melhoria de atuação das categorias profissionais respectivas. Diante disso, e pelo que já foi sustentado, algumas indagações podem ser levantadas:

a) a contribuição instituída pela Constituição Federal dever ter uma destinação específica. Ora, como se explica, portanto, que a contribuição sindical, como prevista na CLT, tenha 20% do seu valor destinado a uma *conta especial emprego e salário* do Ministério do Trabalho e Emprego (art. 589, inciso IV), sem especificidade legal alguma?

b) de que forma este percentual considerável é aplicado na melhoria de atuação da categoria profissional ou econômica beneficiária da contribuição cobrada, consoante a idéia disposta no art. 149 da CF?

c) pelo princípio da legalidade tributária, pode uma contribuição vir travestida de verdadeiro imposto, já que a destinação dos 20% ingressa na conta única do Tesouro Nacional sem qualquer especificidade de retorno?

d) se a cobrança da contribuição sindical é feita pela entidade maior da estrutura sindical por razões compreensíveis de se destinarem à melhoria de uma categoria econômica ou profissional, por que um quinto desta contribuição, cobrado por uma entidade privada, deve se destinar ao ente público que a instituiu, como é o Ministério do Trabalho e Emprego, órgão juridicamente despersonalizado porque integrante União?

e) pelo princípio da liberdade sindical, que é o primado buscado pelo constituinte de 1988, a exegese da recepção das regras da CLT pela Constituição Federal legitimando a existência da contribuição sindical

Diagnose da Contribuição Sindical Rural

39

conjugado com a obrigatoriedade da contribuição confederativa prevista no art. 8º, inciso IV, não seria uma negativa desta liberdade, já que passaria a coexistir uma bi-contribuição sindical numa sistemática pior do que a criada pelo sindicalismo de estado da Constituição de 1937?

A todas estas indagações só resta uma resposta: o art. 149 da CF não recepcionou a contribuição sindical prevista na CLT.

4. Contribuição Sindical Rural

4.1. Gênesis da Contribuição Sindical Rural

A contribuição sindical criada pelo Decreto-Lei nº 2.377, de 8 de julho de 1940, e posteriormente consolidada com outros dispositivos referentes à relação de trabalho na CLT de 1943, apesar das severas críticas sofridas no sentido de ter sido ou não recepcionada pela Constituição de 1946, teve aplicação uniforme durante 20 anos. Nesse período não houve distinção entre esta ou aquela categoria profissional ou econômica a possibilitar uma aplicação diferenciada do tributo. Todas se regiam pelo sistema único preconizado pela CLT.

Como o direito positivo brasileiro é, de regra, uma posposição legal de um fato político anterior, circunstância típica de um sistema fechado de criação desta regra de comportamento, onde o Estado surge como criador quase exclusivo da ciência jurídica, deixando ao costume tão-só como forma de colmatação da omissão legal, o certo é que os movimentos sociais rurais eclodidos e protegidos pelo Governo Federal de 1963 e o contra-pensamento militar de 1964 contra o mesmo Governo fizeram surgir de forma legalmente autônoma um direito novo que, entre seus institutos, implementou uma nova modalidade de contribuição sindical específica para o campo. Nascia nesse caldeirão político a Contribuição Sindical Rural.

É de se ter presente, no entanto, como base de uma boa exegese jurídica que se estruture no rastreamento histórico de um conceito de direito, que a criação da Contribuição Sindical Rural como instituto integrante de *direito agrário* não surgiu como mero apêndice aos já existentes Direito do Trabalho ou mesmo do Direito Tributário, mas, pela importância que se queria atribuir ao campo, este componente importante na estrutura da sociedade, é que o estado procurava impor um novo ramo jurídico que viabilizasse a nova visão do campo com a estrutura de proteção social ao homem que ali desenvolvia sua atividade econômica ou profissional. Foi nessa *seara político-jurídica que surgiu o Estatuto do Trabalhador Rural*, regrando de forma diferenciada as relações de trabalho no campo e, nele, esta modalidade de contribuição sindical, chamada de *Contribuição Sindical Rural*. Iniciava-se ali, de forma autônoma, o regramento deste discutível tributo.

Portanto, como irmã mais nova ou espécie do gênero contribuição sindical, a *Contribuição Sindical Rural* surgiu no bojo da Lei nº 4.214, de 2 de março de 1963 (Estatuto do Empregado Rural), que estendeu o então *imposto sindical* previsto na CLT aos empregadores e trabalhadores rurais, no mesmo parâmetro das demais categorias profissionais ou econômicas, inclusive quanto a seu valor, processo de arrecadação, distribuição e aplicação. O dispositivo legal foi assim redigido:

"Art. 135 – É criado o imposto sindical, a que estão sujeitos os empregadores e trabalhadores rurais, regulando-se o seu valor, processo de arrecadação, distribuição e aplicação pelo disposto no Capítulo III, do Título V, da Consolidação da Lei do Trabalho."

Demonstrando que a Contribuição Sindical Rural se caracterizava como estrutura autônoma de direito com vinculação apenas subsidiária com sua raiz prevista na CLT, a Lei nº 4.755, de 18 de agosto de 1965, no seu artigo 1º, fixou como base de cálculo para sua cobrança quanto aos empregadores rurais não organizados sob forma de sociedade com capital registrado, aquele adotado para lançamento do imposto territorial das terras do imóvel explorado. Começava aqui uma série de modificações que percorreria a fixação de base de cálculo para o empregador rural não organizado sob forma de sociedade de capital registrado, que até hoje persiste.

O dispositivo mencionado teve esta redação:

"Art. 1º - Para efeito de cobrança do imposto sindical dos empregadores rurais não organizados sob forma de sociedade com o capital registrado entender-se-á como capital o valor adotado para lançamento do imposto territorial das terras do imóvel explorado, aplicando-se sobre estes as percentagens da tabela progressiva de que trata o art 580 da Consolidação das Leis do Trabalho, aprovado pelo Decreto-Lei nº 5.452, de 1º de maio de 1943, e modificado pelo art. 1º da Lei nº 4.140 de 21 de setembro de 1962, ressalvado o disposto no art. 16 da Lei nº 4.589, de 11 de dezembro de 1964."

4.2. Autonomia legislativa plena pelo Decreto-Lei nº 789/69

Demonstrando a plenitude da autonomia legislativa, a Contribuição Sindical Rural, depois do advento da Constituição de 1967, passou a ter legislação específica através do Decreto-Lei nº 789, de 26 de agosto de 1969, que redimensionou o seu conceito, definindo o que deveria ser entendido como trabalhador e empregador rural para o enquadramento sindical, dentre outras coisas, revogando as disposições da Lei nº 4.214/63.

A Contribuição Sindical Rural trilhava caminho próprio e independente da CLT. Sem razão, por via de conseqüência, a sustentação feita por Alan Martins, e Eduarto Marchetto e Juliana Canaan Almeida Duarte Moreira, por eles citada, que atribuem a origem da Contribuição Sindical Rural como estrutura autônoma ao Decreto-Lei nº 229/67 ou à Lei nº 4.214/63.[14]

É de se observar que, apesar do desvio político-institucional imposto em 1964, a preocupação com as coisas do campo continuava merecendo preocupação muito ativa e presente do estado legislador, tanto é assim que neste mesmo ano surgiu aquele que seria a nova carta do campo: o *Estatuto da Terra (Lei nº 4.504, de 30 de novembro de 1964)* que procurou, de maneira incisiva e forte, impor estruturas novas que pudessem regrar de forma social e protetiva as relações jurídicas ali ocorridas. É daí que surgem conceitos como função social da propriedade rural, desapropriação por interesse social para fins de reforma agrária, contratos de arrendamento e parceria dirigidos absolutamente pelo Estado, imposto territorial rural como instrumento de política agrária, formas de colonização nas áreas ociosas ou de aproveitamento inadequado e crédito rural incentivado. A ruptura na vida política e institucional do país não esmaeceu a preocupação com o campo; apenas mudou de rumo.

4.2.1. Enquadramento sindical

Na esteira dos novos institutos agrários criados pelo *Estatuto da Terra*, o Decreto-Lei nº 789/69 também criou várias nomenclaturas que merecem análise mais demorada porque continuam vigentes, sofrendo apenas pequenas modificações até o momento presente.

Uma destas inovações reside na abrangência que o decreto-lei dispõe sobre o *enquadramento sindical*, especificamente no componente para que se possa estabelecer a diferença entre o pequeno proprietário rural enquadrado como trabalhador rural e empregador rural típico. Inovando do que fora estabelecido pela CLT, a distinção residiu, além do tamanho da área que o decreto-lei fixou em *módulo rural*, medida agrária criada pelo art. 4º, inciso II e III, do Estatuto da Terra, que o definia como *imóvel rural, direta e pessoalmente explorado pelo agricultor e sua família, lhes absorva toda a força de trabalho, garantido-lhes a subsistência e o progresso social e econômico, com área máxima fixada para cada região e tipo de exploração, e eventualmente, trabalho com a ajuda de terceiro,* no resultado econômico obtido com a exploração. O decreto-lei ainda inovou, fixando competência delegada para suprimento de questões referentes ao tamanho da área. Tratava-se de verdadeira norma em branco, a possibilidade que este parâmetro pudesse ser substituído por

---

[14] MARTINS, Alan; MARCHETTO, Eduardo. Ob. cit., p. 18/26.

qualquer outro da pura conveniência e oportunidade administrativa do então Ministério do Trabalho e Previdência Social.

4.2.2. Conceito de trabalhador rural

Como já foi dito, o Decreto-Lei nº 789/69 inovou frente à CLT, estabelecendo duas categorias sindicais bem distintas, agrupado-as em *trabalhador rural* e *empregador rural*.

Na categoria denominada de *trabalhador rural*, o legislador executivo acondicionou dois subgrupos: o do empregado rural típico e o do proprietário ou não que explorasse área rural só ou em regime de economia familiar.

Na qualidade de trabalhador rural *empregado rural*, o legislador definiu como sendo aquela *pessoa física que presta serviço a empregador rural, mediante remuneração de qualquer espécie*. Esta definição é diferente daquela preconizada no art. 3º da Consolidação das Leis do Trabalho. Para o conceito de empregado definido pela CLT, há necessidade de que a prestação de serviço seja não-eventual e haja subordinação ao empregador. A conceituação do decreto-lei foi muito mais abrangente porque omitiu estes dois dados diferenciativos. Portanto, a pessoa física que preste qualquer serviço, e nisto se inclui o eventual ou de safra, deveria ser considerada trabalhador rural para efeitos de enquadramento sindical rural. De outro lado, demonstrando a amplitude do conceito, a remuneração pelo serviço prestado poderia ser de qualquer espécie, de onde se concluiu que poderia ser exclusivamente em produto.

O segundo conceito de trabalhador rural é bem abrangente, pois engloba todo aquele que, sendo proprietário ou não (que pode ser compreendido como possuidor a qualquer título), explore, só ou com sua família, área rural, dela retirando os ganhos indispensáveis à própria subsistência, ainda que com a ajuda de terceiro. É importante frisar que neste conceito não está fixado o tamanho máximo da área explorada. Este tema vai ser enfrentado com maior profundidade quando da análise do Decreto-Lei nº 1.166/71. Fica aqui como exemplo da inovação produzida.

O dispositivo tinha estes termos:

"Art. 1º - Para efeitos de enquadramento sindical, considera-se:
I – trabalhador rural:
a) a pessoa física que presta serviços a empregador rural, mediante remuneração de qualquer e espécie;
b) quem, proprietário ou não, assim entendido o trabalho dos membros da mesma família indispensável à própria subsistência e exercício em condições de mútua dependência e colaboração, ainda que com a ajuda eventual de terceiros."

4.2.3. Conceito de empregador rural

O Decreto-Lei nº 789/69, como já foi dito, criou uma estrutura jurídica inovadora para a Contribuição Sindical Rural, diferentemente daquela prevista na CLT. Uma dessas inovações é o *conceito de empregador rural*, que dividiu em dois grupos bem distintos.

O primeiro deles poderia ser chamado de *empregador rural típico*: aquela pessoa física ou jurídica que, tendo empregado, empreende a qualquer título atividade econômica rural. Na mesma lógica ampliativa dada ao conceito de empregado rural, o legislador executivo também procurou conceituar o empregador rural típico não exigindo que seu empregado executasse trabalho não-eventual e em regime de subordinação, ficando condicionado apenas que o trabalho fosse de exploração de qualquer atividade econômica rural. Esta matéria será melhor enfrentada quando da análise do Decreto-Lei nº 1.166/91.

O segundo conceito de empregador rural deixou muitas dúvidas. Primeiramente porque, embora admitisse a exploração em regime de economia familiar, como para o trabalhador rural, limitava o tamanho da área a *um módulo rural*, medida de área criada pelo Estatuto da Terra, como afirmada e, segundo, porque deixava ao alvedrio do então Ministério do Trabalho e Previdência Social a dicção de manutenção ou não desse limite. A complexidade desse enquadramento sindical levou a sérias discussões, razão pela qual foi modificado na regência do Decreto-Lei nº 1.166/71, como se verá mais adiante.

O dispositivo foi assim redigido:

"Art. 1º Para efeitos de enquadramento sindical, considera-se:
II – empregador rural:
a) a pessoa física ou jurídica que, tendo empregado, empreende a qualquer título atividade econômica rural;
b) quem, mesmo em regime de economia familiar, e ainda quem sem emprego, *explora área que exceda o módulo rural ou outro limite que venha a ser fixado, para cada região, pelo Ministério do Trabalho e Previdência Social.*"

O mesmo decreto-lei ainda estabeleceu que seria da competência do *IBRA (Instituto Brasileiro de Reforma Agrária)*, autarquia federal criada também pelo Estatuto da Terra, o lançamento e a cobrança da contribuição sindical rural (art. 4º), que seria paga juntamente com o Imposto Territorial Rural do imóvel (art. 6º).

4.2.4. Processo de dúvida no enquadramento sindical

O enquadramento sindical definido pelo Decreto-Lei nº 789/69, como já se pôde observar, deixava muitas dúvidas. Consciente disso, o legislador monocrático dispôs como dirimi-las, prevendo um procedimento administrativo apropriado, consoante se observa no art. 2º.

Assim, os diretamente interessados (trabalhador, empregador ou mesmo a entidade sindical), tendo dúvidas sobre o enquadramento sindical, poderiam suscitá-la perante o Delegado Regional do Trabalho. Embora não dispondo sobre a forma dessa suscitação, era de ser compreendido como escrita, já que a tomada por termo não é procedimento muito usual na administração.

O interessado poderia demonstrar documentalmente as razões de suas dúvidas, mas o Delegado Regional do Trabalho, na condução do procedimento, poderia determinar diligências de ofício.

Embora a decisão sobre a dúvida de enquadramento fosse monocrática do Delegado Regional do Trabalho, o decreto-lei previu a ouvida de um colegiado de três membros, integrado pelo agente responsável pelo setor sindical da Delegacia, que a presidiria, um representante dos trabalhadores rurais e outro dos empregados rurais, indicados pelas respectivas federações ou, na falta, pelas confederações. Era o que podia ser chamada de Comissão Permanente para Enquadramento Sindical ou coisa do gênero. O Delegado Regional do Trabalho poderia ou não acolher a manifestação da Comissão Permanente. O que não poderia deixar de fazer é ouvi-la.

Da decisão proferida pelo Delegado Regional do Trabalho, cabia interposição de recurso para o Ministro do Trabalho e Previdência Social, no prazo de 15 (quinze) dias.

Como procedimento acautelatório, o decreto-lei possibilitou que o trabalhador ou o empregador rural pudesse recolher a contribuição sindical rural à entidade que entendesse ser devida, ou mesmo ao Ministério do Trabalho e Previdência Social, fazendo-se posteriormente o estorno, compensação ou repasse cabível. O depósito era destinado à discutível *Conta Emprego e Salário*.

O processo administrativo de dúvida foi assim previsto:

"Art. 2º Em caso de dúvida na aplicação do disposto no artigo anterior, o trabalhador, o empregador ou a entidade sindical interessada poderão suscita-la perante o Delegado Regional do Trabalho, que decidirá após diligências necessárias e ouvida uma comissão permanente constituída do responsável pelo setor sindical da Delegacia, o qual a presidirá, de um representante dos trabalhadores rurais e de um representante dos empregadores rurais, indicados pelas respectivas federações ou, em sua falta, pelas confederações.

§ 1º O trabalhador ou empregador poderão, no curso do processo que trata este artigo, recolher a contribuição sindical à entidade a que entenderem ser devida ou ao Ministério do Trabalho e Previdência Social (Conta Emprego e Salário), fazendo-se posteriormente o estorno, compensação ou repasse cabível.

§ 2º Da decisão do Delegado regional do Trabalho caberá recurso para o Ministro do Trabalho e Previdência Social, no prazo de quinze dias."

4.2.5. Base de cálculo

O Decreto-Lei nº 789/69, demonstrando a autonomia da Contribuição Sindical Rural frente à contribuição sindical prevista na CLT, estabeleceu que o valor a ser pago às entidades sindicais da categoria profissional respectiva pelos empregadores rurais deveria corresponder a *um dia do salário mínimo regional por módulo e fração contidos no imóvel rural objeto do lançamento*, consoante previsão do art. 5º do referido decreto-lei.[15] A base de cálculo da Contribuição Sindical Rural de responsabilidade dos empregadores rurais vinculava-se, dessa forma, ao tamanho da propriedade, diferentemente do previsto na Lei nº 4.755, de 18 de agosto de 1965, que fixava o valor adotado para lançamento do imposto territorial rural. Quanto mais módulos rurais contivesse o imóvel rural, maior a contribuição sindical rural devida. Tratava-se de uma inovação, já que pela regra geral contida na CLT, art. 580, inciso III, a base de cálculo era o capital social da firma ou empresa, com alíquotas progressivas, se registradas, ou, § 5º do mesmo artigo, o movimento econômico registrado no exercício imediatamente anterior.

A base de cálculo do empregado rural mantinha-se nos mesmos moldes do previsto no art. 582 da CLT.

O artigo 582 da Consolidação das Leis do Trabalho tem esta redação:

"Art. 582 - Os empregadores são obrigados a descontar, da folha de pagamento de seus empregados relativa ao mês de março de cada ano, a contribuição sindical por estes devida aos respectivos sindicatos.

§ 1º - Considera-se 1(um) dia de trabalho para efeito de determinação da importância a que alude o item I do art. 580 o equivalente:

a) a 1 (uma) jornada normal de trabalho, se o pagamento ao empregador for feito por unidade de tempo;

b) a 1/30 (um trinta avos) da quantia percebida no mês anterior se a remuneração for paga por tarefa, empreitada ou comissão.

§ 2º Quando o salário for pago em utilidades, ou nos casos em que o empregado receba, habitualmente, gorjetas, a contribuição sindical corresponderá a 1/30 (um trinta avos) da importância que tiver servido de base, no mês de janeiro, para a contribuição do empregado à Previdência Social."

4.2.6. *Remuneração pelo lançamento e cobrança ao IBRA*

A base de cálculo da Contribuição Sindical Rural prevista pelo Decreto-Lei nº 789/69, especialmente no tocante ao empregador rural, pressupunha a quantificação do imóvel rural em módulos rurais, novo conceito jurídico para o tamanho de uma área que pudesse ser direta e pessoalmente explorada pelo agricultor e sua família, com absorção de toda a força de trabalho, garantindo-lhe a subsistência e o progresso

---

[15] O artigo citado teve esta redação:
"Art. 5º A contribuição devida às entidades sindicais da categoria profissional será lançada e cobrada dos empregadores rurais, tomando-se por base um dia do salário mínimo regional por módulo e fração contidos no imóvel rural objeto do lançamento."

social e econômico, com área máxima fixada para cada região e tipo de exploração, e, eventualmente, trabalhado com a ajuda de terceiros.

Para a quantificação do módulo rural, o Estatuto da Terra atribuiu competência ao IBRA. Dessa forma, como a autarquia federal calculava os módulos rurais de cada propriedade para efeitos de qualificação das propriedades em minifúndios e latifúndios para efeitos de reforma agrária e também fixava os módulos fiscais para efeitos do imposto territorial rural, nada mais óbvio que lhe fosse atribuída também a competência para lançar e cobrar a Contribuição Sindical Rural. Vem daí a sustentação de que este tributo é uma espécie da contribuição sindical prevista na CLT, já que possui estrutura material e legislativa próprias.

A fixação do módulo rural, antes, como hoje, pressupõe a existência de um processo administrativo complexo unitário e outro coletivo. *Unitário*, porque impõe a análise pela autarquia federal de cada cadastro rural a que todo proprietário rural é obrigado a prestar anualmente, constitutivo de informações pessoais e do imóvel rural. *Coletivo*, porque impõe estudos prévios sobre as explorações rurais brasileiras e o tipo de solo de cada região. Conjugados estes dois processos, tem-se um quadro geral da situação agrária brasileira e um desnudamento de cada produtor rural, sendo um produto desta análise a fixação de módulos rurais de cada propriedade. Assim, buscando o módulo rural como base de cálculo para a cobrança da Contribuição Sindical Rural, tributo que tem como beneficiários as entidades sindicais, evidentemente que a lei tinha que prever uma indenização.

O Decreto-Lei nº 789/69, por isso mesmo, previu que da importância arrecada pelo IBRA a título de contribuição sindical rural, a autarquia pública federal criada pelo Estatuto para, entre outras tarefas, executar a reforma agrária, receberia o equivalente a *15% da contribuição cobrada* como forma de indenização pelos serviços prestados e despesas realizadas com lançamento e cobrança do tributo. Para melhor compreensão, o dispositivo legal foi assim prescrito:

> "Art. 4º - ...
>
> Parágrafo único. - Em pagamento dos serviços e despesas relativos aos encargos decorrentes deste artigo, caberão ao IBRA *quinze por cento das importâncias arrecadadas*, que lhe serão creditadas diretamente pelo órgão arrecadador."

Tratava-se de novidade importante, porque esta remuneração por serviços e despesas realizadas à autarquia lançadora e cobradora da Contribuição Sindical Rural não encontrava similaridade na contribuição sindical geral prevista na CLT.

Dessa forma, é possível concluir-se, com certa incisão, que *no valor da contribuição sindical rural criada pelo Decreto-Lei nº 789/69 existia um componente extra que visava retribuir a pessoa jurídica pública pelos serviços prestados e por despesas realizadas com o lançamento e a cobrança do tributo.* Criava-se com tal dispositivo um verdadeiro contrato público de regência estatal absoluta entre a autarquia federal e as entidades sindicais beneficiárias da Contribuição Sindical Rural. A lei fixava o valor da remuneração pela prestação do serviço e despesas efetuadas pelo ente público decorrentes do ato de lançar e cobrar a Contribuição Sindical Rural. Pela estrutura do tributo assim criado, é de se ter como afirmação dispositiva que, *no seu valor, foi agregado um componente que fugia a real estrutura de uma contribuição* (recolhimento de um valor certo para aplicação numa finalidade específica).

De tudo que foi dito, é possível se concluir: a Contribuição Sindical Rural criada pelo Decreto-Lei nº 789/69 trazia um componente extra que fugia da sua finalidade específica: *era cobrado a maior porque também destinava-se a indenizar a autarquia pública que o lançava e o cobrava.* A repetição é importante porque o Decreto-Lei nº 1.166/71 manteve a mesma disposição.

4.2.7. Percentual de 20% da Contribuição destinado à União

A Contribuição Sindical Rural criada pelo Decreto-Lei nº 789/69, além de embutir no seu montante 15% destinados a indenizar a quem o lançava e o cobrava – o IBRA –, como o seu gênero *contribuição sindical,* também destinou uma parte para quem o instituiu: a União.

Tem-se que o Estado se utilizou na instituição de uma contribuição, que, por limitação conceitual, tem finalidade específica de se voltar para aqueles que a pagam, um disfarçado imposto de caráter geral e não-retributivo.

Assim, da importância líquida arrecadada, resultado do total da contribuição menos o crédito de 15% do IBRA, *20% seriam destinados ao Ministério do Trabalho e Previdência Social (conta emprego e salário),* destinação originariamente apócrifa, já que a lei não a especificava, enquanto expressamente o fazia quanto aos demais percentuais.

Essa anomalia não encontrava respaldo constitucional na Carta de 1967. No entanto, a Emenda Constitucional nº 8, de 14 de abril de 1977, que deu nova redação ao inciso I do § 2º do art. 21 da Constituição de 1967 (*Do Sistema Tributário*), possibilitou que a União pudesse instituir contribuições de interesse de categorias profissionais a seu benefício, *visando atender o custeio dos encargos da previdência social,* facultando ao Poder Executivo, nas condições e nos limites fixados em lei, alterar-lhe as alíquotas ou as bases de cálculo. O dispositivo constitucional foi assim redigido:

"Art. 21 - ...
§ 2º - A União poderá instituir:

I – contribuições, observada a faculdade prevista no item I deste artigo, tendo em vista a intervenção no domínio econômico ou o interesse de categorias profissionais e *para atender diretamente à parte da União no custeio dos encargos da previdência social;"*

Ora, como o Ministério do Trabalho e Previdência Social, na qualidade de órgão federal, integrava a União, deduz-se que a parte correspondente a 20% da Contribuição Sindical Rural, em verdade, servia para constituir uma forma de receita federal destinada a custear os encargos federais com a previdência social das categorias profissionais dos empregados e empresários rurais. Legitimava-se, assim, a cobrança do percentual, só que a partir daí.

É possível até se entender, numa exegese benfazeja e de resguardo do interesse público, que o percentual de 20% da contribuição sindical rural, até então cobrando com base na CLT, embora não recepcionada esta expressamente pela Constituição de 1967, o teria sido pela Emenda Constitucional nº 18, de 14 de abril de 1977, numa forma de repristinação tardia, possibilitando-se o entendimento que com a disposição do Decreto-Lei nº 789/69 a esse respeito, se ajustaria, agora, respaldo constitucional, outorgando-se o entendimento de que, com tal dispositivo, ficaria evidenciada a legitimidade para a cobrança de uma tal contribuição com a finalidade de servir como fator retributivo do custeio dos encargos que o Ministério do Trabalho e Previdência Social realizasse com a previdência social rural.

O que não se entende plausível, apesar dessa interpretação forçada, é que se conclua que a Emenda Constitucional nº 8/1977 também pudesse servir para legitimar os 80% restantes da Contribuição Sindical Rural destinados expressamente às confederações, federações e sindicatos, porque a cobrança de um tal tributo não era prevista pelo Preceito Maior!

Diante da importância da conclusão acima, e para que não fiquem dúvidas, reafirma-se que, se de um lado é possível admitir-se que os 20% embutidos na Contribuição Sindical Rural na visão do Decreto-Lei nº 789/69 eram respaldados pela Emenda Constitucional nº 8/77, de outro lado não se encontrava sustentação alguma para se admitir que no tocante à parte das entidades sindicais tivesse sido ela recepcionada pela norma constitucional. Uma lei anterior para ser recepcionada pela constituição posterior precisa se amoldar integralmente ao previsto na Lei Maior. A exegese de uma possível recepção parcial no caso da Contribuição Sindical Rural, admitindo-se como legítimo o percentual de 20% para a União, fere toda a estrutura de princípios que levaram à criação deste tributo.

O dispositivo do Decreto-Lei nº 789, de 26 de agosto de 1969, que possibilitou a destinação tinha esta forma:

"Art. 8º - O produto da arrecadação da contribuição sindical, depois de deduzida a percentagem de que trata o parágrafo único do art. 4º, será transferido diretamente, pela agência bancária centralizadoras da arrecadação, até o décimo dia útil do mês seguinte ao do recebimento, obedecida, a seguinte distribuição:

I – vinte por cento para a conta do Ministério do Trabalho e Previdência Social (Conta Emprego e Salário);

II – sessenta por cento para conta do sindicado da categoria correspondente com jurisdição na área de localização do imóvel rural a que se referir a contribuição;

III – quinze por cento para a conta da federação respectiva;

IV – cinco por cento para a conta da confederação respectiva."

No rastreamento histórico da criação da Contribuição Sindical Rural através da análise de dispositivos contidos no Decreto-Lei nº 789/69, se não existissem modificações impostas por outras legislações específicas, já seria possível se deparar com preceitos que não encontrariam recepção na constituição anterior a de 1988 muito menos desta.

4.2.8. Lançamento e cobrança pelo IBRA

O Decreto-Lei nº 789/69 previu a necessidade de *lançamento* da Contribuição Sindical Rural ao se referir expressamente nos artigos 4º, 5º e 10[16] e sua cobrança por meio de processo executivo fiscal, quando no art 7º,[17] faz remissão ao art. 606 da CLT, caracterizando sem qualquer sombra de dúvida sua natureza tributária. A Contribuição Sindical Rural nascia, dessa forma, com a inquestionável estrutura de tributo. A repetição da palavra *lançamento* não era destituída de qualquer significado técnico-jurídico.

Lançamento é pressuposto de constituição de crédito tributário e tem exigência legal. No caso da Contribuição Sindical Rural, era através deste processo administrativo que o ente público IBRA verificava o fato gerador do tributo, determinava a matéria tributável e calculava o montante devido, notificando o sujeito passivo trabalhador ou empregador rural para seu pagamento, por aplicação do art. 142 e

---

[16] Os artigos 4º, 5º e 10 do Decreto-Lei nº 789/69 foram assim expressos:
"Art. 4º - A partir do exercício de 1970, caberá ao Instituto Brasileiro de Reforma Agrária (IBRA) proceder ao lançamento e cobrança da contribuição sindical devida pelos integrantes das categorias profissionais e econômicas da agricultura, obedecido o disposto no artigo 5º deste Decreto-Lei e no artigo 1º da Lei nº 4.755, de 18 de agosto de 1965."
"Art. 5º - A contribuição devida às entidades sindicais da categoria profissional será lançada e cobrada dos empregadores rurais, tomando-se por base um dia do salário-mínimo regional por módulo e fração contidos no imóvel rural objeto do lançamento."
"Art. 10 – Compete ao Ministério do Trabalho e Previdência Social dirimir as dúvidas referentes ao lançamento, recolhimento e distribuição da contribuição sindical de que trata este Decreto-Lei, expedindo-se, para esse efeito, as normas que se fizerem necessárias e podendo estabelecer o processo previsto no artigo 2º e avocar o seu exame e decisão os casos pendentes."

[17] O artigo 7º do Decreto-Lei nº 789/69 foi assim redigido:
"Art. 7º - As guias de lançamento da contribuição sindical, emitidas pelo IBRA na forma deste Decreto-Lei, constituem documento hábil para a cobrança judicial da dívida, na forma do artigo 606 da Consolidação das Leis do Trabalho."

seu parágrafo único do Código Tributário Nacional, que reza nestes termos:

> "Art. 142 (Constituição do crédito tributário) – Compete privativamente à autoridade administrativa constituir o crédito tributário pelo lançamento, assim entendido o procedimento administrativo tendente a verificar a ocorrência do fato gerador da obrigação correspondente, determinar a matéria tributável, calcular o montante do tributo devido, identificar o sujeito passivo e, sendo caso, propor a aplicação da penalidade cabível.
> Parágrafo único. A atividade administrativa de lançamento é vinculada e obrigatória, sob pena de responsabilidade funcional."

Quanto à natureza jurídica do documento emitido pelo IBRA para a cobrança judicial da Contribuição Sindical Rural, ao fazer o decreto-lei remissão ao art. 606 da CLT, tipificou-o como certidão de dívida ativa, portanto, como verdadeiro título executivo fiscal líquido e certo, apenas retirando o privilégio de foro. Com isso o IBRA podia ajuizar os processos executivos de cobrança na comarca de domicílio do devedor, merecendo todo privilégio aplicável aos feitos da Fazenda Pública. A dívida resultante da Contribuição Sindical Rural assumia os privilégios de título executivo fiscal não em decorrência da pessoa que a lançava e a cobrava – o IBRA –, mas pela própria estrutura de tributo da contribuição. Isto vai se revelar importante para a interpretação que se deve dar ao disposto no art 24 da Lei nº 8.847/94 que delegou à CNA e à CONTAG a competência de administração da Contribuição Sindical Rural.

O artigo 606 da CLT tem esta redação:

> "Art. 606 - Às entidades sindicais cabe, em caso de falta de pagamento da contribuição sindical, promover a respectiva cobrança judicial, mediante ação executiva, valendo como título de dívida a certidão expedida pelas autoridades regionais do Ministério do Trabalho.
> § 1º - O Ministério do Trabalho baixará as instruções regulando a expedição das certidões a que se refere o presente artigo, das quais deverá constar a individualização do contribuinte, a indicação do débito e a designação da entidade a favor da qual é recolhida a importância da contribuição sindical, de acordo com o respectivo enquadramento sindical.
> § 2º - Para fins da cobrança judicial da contribuição sindical são extensivos às entidades sindicais, com exceção do foro especial, os privilégios da Fazenda Pública, para cobrança da dívida ativa."

4.2.9. Conclusões quanto à legitimação da Contribuição Sindical Rural na vigência do Decreto-Lei nº 789/69

Não tivesse a Contribuição Sindical Rural sofrido modificações posteriores ao Decreto-Lei nº 789/69, nem advindo a Constituição de 1988, é possível concluir-se pelos argumentos até aqui apresentados, que não tinha ela legitimação para ser cobrada nos moldes como se apresentava, diante da Constituição de 1967, nos seguintes pontos:

> "I - 15% de seu valor se destinava a indenização pelos serviços e despesas prestadas pelo ente arrecadador (IBRA), embora tal cobrança não se inferisse no conceito de contribuição;
> II - 20% se destinava ao custeio da União pelo encargo de responder pela previdência social rural, como uma modalidade nova de tributo não existente na Constituição de 1967, apenas pela Emenda Constitucional nº 8/77, com tardia referência;

III – 80% de seu produto, aqueles destinados às entidades sindicais, não encontrava respaldo constitucional."

4.3. Regime legal da Contribuição Sindical Rural atualmente

4.3.1. O Decreto-Lei nº 1.166/71 frente às Constituições de 1969 com a Emenda nº 1 de 1969 e a de 1988

No encalço da história legal da Contribuição Sindical Rural, agrega-se a observação de que IBRA foi substituído pelo INCRA (*Instituto Nacional de Colonização e Reforma Agrária*), através do Decreto-Lei nº 1.110, de 9 de julho de 1970, mantendo as mesmas atribuições e, no que interessa, a possibilidade de lançar e cobrar a Contribuição Sindical Rural no mesmo momento e da mesma forma que o imposto territorial rural.

A estrutura legal básica que atualmente sustenta a cobrança da Contribuição Sindical Rural pelas confederações sindicais rurais é o Decreto-Lei nº 1.166/71, com as modificações posteriores.

O grande tema, e que ainda não foi motivo de uma análise profunda na doutrina, diz respeito com a constitucionalidade do Decreto-Lei nº 1.166/71 perante a Constituição de 1967 e sua Emenda nº 1, de 1969, e sobre sua recepção pela Constituição de 1988.

Quando da análise do Decreto-Lei nº 789/69 frente à Constituição de 1967 e sua Emenda nº 1, de 1969, tinha-se chegado à conclusão de que a Contribuição Sindical Rural por ele regida sofria de vários vícios, circunstância que se repete no Decreto-Lei nº 1.166/71.

Quando veio a lume o citado decreto-lei, a Constituição Federal de 1967, com a redação dada pela Emenda nº 1, de 1969, determinava, no seu art. 21, § 2º, inciso I, que a *União podia instituir contribuições tendo em vista intervenção no domínio econômico e o interesse da previdência social ou de categorias profissionais*. Justificava-se, dessa forma, a sua presença como direito positivo válido, tanto no que se referia ao percentual de 20% destinado ao Ministério do Trabalho e Previdência Social, quanto aos percentuais destinadas a cada ente sindical rural. No entanto, *e aqui a importância, diferentemente do Decreto-Lei nº 789/69, o Decreto-Lei nº 1.166/71 não destinou 20% do valor da Contribuição Sindical Rural para o Ministério do Trabalho e Previdência Social!*

E isto apesar de a Emenda Constitucional nº 8, de 14 de abril de 1977, ter dado nova redação ao inciso I, § 2º, do art. 21, da Constituição de 1969, nestes termos:

"Art. 21 –
§ 2º - A União pode instituir:

I - contribuições, observada a faculdade prevista no item I deste artigo, tendo em vista intervenção no domínio econômico ou o interesse de categorias e *para atender diretamente à parte da União no custeio dos encargos da previdência social.*"

Dessa forma, embora o Decreto-Lei nº 1.166/71 pudesse ter sido recepcionado perante a nova estrutura constitucional de 1977, especialmente quanto a parte da Contribuição Sindical Rural nele destina às entidades sindicais, ficaram os 20% destinados ao Ministério do Trabalho e Previdência Social sem sustentação legal, por simples revogação deste percentual, já que prevista no Decreto-Lei nº 789/69. *O grande problema é que este percentual vem sendo cobrado até hoje por aplicação indevida da CLT, como se a Contribuição Sindical Rural não tivesse estrutura legal própria!*

Quanto à recepção do Decreto-Lei nº 1.166/71 pela Constituição Federal de 1988, é mais tormentosa ainda. Embora o Supremo Tribunal Federal, em decisão monocrática do Ministro Néri da Silveira, datada de 03.05.2002, (RE-277654/SP) tivesse sustentado a recepção do Decreto-Lei nº 1.166/71, que trata da Contribuição Sindical Rural, calcado, equivocadamente, no precedente RE-180.745/SP, do Ministro Sepúlveda Pertence, que falava da *contribuição confederativa*, e não da *Contribuição Sindical Rural*, decisão agora colegiada da Segunda Turma, datada de 05 de março de 2002, exatamente em sentido contrário, assim decidiu:

"EMENTA: EMBARGOS DE DECLARAÇÃO EM AGRAVO REGIMENTAL EM RECURSO EXTRAORDINÁRIO. CONSTITUCIONAL. SINDICATO RURAL. CONTRIBUIÇÃO SINDICAL: CF/88, ARTIGO 8º. REGULAMENTAÇÃO. NECESSIDADE.
1. Sindicato rural. Contribuição Sindical. Exigibilidade. Necessidade de edição da lei regulamentadora prevista no parágrafo único do artigo 8º da Constituição Federal. Precedentes.
2. A norma constitucional, sem estabelecer qualquer distinção entre sindicato patronal ou de empregados rurais, ampliou a aplicação das disposições referente á organização de sindicatos rurais e de colônias de pescadores, atendidas as condições que a lei estabelecer. Matéria dirimida pelo acórdão embargado. Vícios no julgado. Inexistência.
Embargos de declaração rejeitados."

Vê-se, portanto, que não é tranqüila a recepção do Decreto-Lei nº 1.166/71 frente à Constituição de 1988.

4.3.2. Enquadramento sindical

Como já foi dito, em 15 de abril de 1971, surgiu o Decreto-Lei nº 1.166, que, reestruturando o sistema da Contribuição Sindical Rural previsto no Decreto-Lei nº 789/69, produziu mudanças substancias e relevantes no tributo, embora discutível sua recepção pela Constituição de 1988.

A primeira dessas mudanças foi quanto ao conceito daqueles que integrariam a categoria profissional de trabalhador rural ou a categoria econômica de empresário ou empregador rural e que, por via de conseqüência, seriam agrupadas nas entidades sindicais de trabalhador rural – CONTAG – e de empresário ou empregador rural - CNA.

O legislador monocrático procurou ser exaustivo no enquadramento sindical rural, aliás, como já tinha feito anteriormente, mas deixou a porta aberta para as incontáveis dúvidas que poderiam surgir diante das conceituações elásticas e por isso mesmo vagas com que procurou enquadrar as categorias de trabalhador rural e empregador rural, possibilitando a estes interessados, e neles incluída até mesmo a entidade sindical, a suscitação de dúvida perante o Delegado Regional do Trabalho. A lei, com isso, delegou ao Executivo a competência para dirimir dúvidas, ou em outras palavras, sendo o Executivo o próprio legislador, a delegação assim determinada foi em causa própria, inclusive quanto ao recurso para o Ministro do Trabalho, em 15 dias, tema que será analisado em tópico próprio.

4.3.2.1. Conceito de trabalhador rural

Denominando tecnicamente de *enquadramento sindical*, o Decreto-Lei nº 1.166/71 manteve os mesmos parâmetros do Decreto-Lei nº 789/69, quanto ao conceito de *trabalhador rural*. No entanto, ao fazê-lo, num momento e noutro, o legislador monocrático impôs uma abrangência bem além do simples *empregado rural* conceituado pela CLT.

Assim, ficou estabelecido no artigo 1º, inciso I, letras *a* e *b*, do mencionado decreto-lei que, para efeitos de enquadramento sindical, *trabalhador rural* é o empregado rural, mas também aquele que explora atividade econômica rural na qualidade de proprietário, ou não, mesmo no sistema de economia familiar e com a ajuda de terceiro não empregado em áreas de minifúndios, que são áreas rurais inferiores ao módulo rural.

Diante disso, é possível enquadrar-se a *categoria trabalhador rural* como aqueles agrupados nestes dois conceitos:

a) toda pessoa física que preste serviço a empregador rural mediante remuneração de qualquer espécie e

b) aquele que, proprietário ou não, trabalhe individualmente ou em regime de economia familiar, assim entendido o trabalho dos membros da mesma família, indispensável à própria subsistência e exercido em condições de mútua dependência e colaboração, ainda que com ajuda eventual de terceiros.

Quanto ao primeiro enquadramento de *trabalhador rural*, a disposição do decreto-lei fixada no art. 1º, inciso I, letra *a*, inovou a CLT, já que esta definiu empregado *como toda pessoa física que preste serviços de natureza não eventual a empregador, sob a dependência deste e mediante salário* (art. 3º). Para o decreto-lei, não há necessidade da existência de não-eventualidade e subordinação entre o trabalhador e o empregador rural. A prestação de serviço eventual ou de safra, por exemplo, qualifica a pessoa física como trabalhador rural para fins de enquadramento na Contribuição Sindical Rural. Trata-se de um conceito bem mais elástico do que aquele preconizado na CLT.

O decreto-lei, no seu art. 1º, inciso I, letra b, ainda conceituou como *trabalhador rural* para efeitos de enquadramento sindical aquele proprietário, ou o possuidor com ânimo de dono de imóvel rural ou que o detenha a qualquer título oneroso ou não (empréstimo, arrendamento, parceria, concessão real de uso, comodato), desde que *trabalhe só ou em regime de economia familiar*, estabelecendo que, neste caso, deveria ser entendido como *trabalho em regime de economia familiar* aquele realizado pelos membros da mesma família, indispensável à própria subsistência e exercido em condições de mútua dependência e colaboração, mesmo com a ajuda eventual de terceiros. Para efeitos de compreensão deste enquadramento, *proprietário* seria o titular jurídico de um imóvel rural; aquele em nome do qual o imóvel rural se encontra registrado no Registro de Imóvel. Mas o legislador monocrático foi além na composição deste conceito. Ao acrescer as palavras *ou não*, logo após *proprietário*, deixou *claro* que aquele que não fosse titular de uma área rural, mas que a qualquer título a explorasse, só ou em família, obtendo ganhos apenas suficientes para sua subsistência, também deveria ser enquadrado como trabalhador rural. A abrangência dada ao enquadramento explica o conceito de *trabalhador rural* em vez de simples *empregado rural*.

Questão relevante que integra esta modalidade de enquadramento sindical diz respeito com o tamanho da área a ser explorada pelo trabalhador rural, diante do silêncio da lei. E a relevância advém no cotejo que se deve fazer entre o que seja trabalhafor rural em regime familiar e empresário rural.

A conceituação do que se pode chamar de *pequeno empresário rural*, estabelecida pelo artigo 1º, inciso II, letra b, do Decreto-Lei nº 1.166/71, consoante redação da Lei nº 9.701/98, é a de que *seria aquele que, proprietário ou não, e mesmo sem empregado, em regime de economia familiar, explore imóvel rural que lhe absorva toda a força de trabalho e lhe garanta a subsistência e progresso social e econômica em área igual ou superior a dois módulos rurais da respectiva região*. Diante de tal conceito, poder-se-ia entender que o trabalho executado em áreas inferiores a dois módulos rurais por alguém, só ou em regime familiar de subsistência, por exclusão, caracterizaria o trabalhador rural. É certo que o conceito pretendido dar pelo decreto-lei na sua redação anterior (*limitando a área em 1 módulo rural para o pequeno empresário*) seria mais apropriado na interpretação de que a área do trabalhador rural se limitaria à do minifúndio, que é área inferior a de um módulo rural. Portanto, se a lei aumentou o tamanho mínimo da área para enquadramento do pequeno empresário rural e não o fez diretamente para classificar o limite máximo para o trabalhador rural, sob pena de interpretar-se que nas áreas de mais de um até dois módulos não incidiria contribuição sindical rural, é de se ter que o conceito de trabalhador rural também foi modificado para o limite máximo de até dois módulos rurais da região. Não fosse essa a melhor interpretação, chegar-se-ia ao improvável de que existiria na atividade rural exploração não atingida pela contribuição sindical rural. No campo específico dos benefícios, a modificação legal aumentou a área para efeitos de enquadramento sindical da CONTAG e diminuiu da CNA.

De outro lado, o conceito de *família* no contexto do enquadramento sindical de trabalhador rural abrange todos aqueles que, por laços de parentesco ou não, se agrupem com o mesmo objetivo de subsistirem economicamente. Portanto, o conceito não é, nem exclusivamente consangüíneo, nem legal. É puramente econômico, desde que haja entre seus integrantes mútua dependência e colaboração. *Dependência*, dentro do conceito, significa a existência de vínculo entre pessoas que integram o conjunto familiar; e *colaboração*, o trabalho realizado em conjunto por elas. O limite do conjunto familiar no conceito de trabalhador rural está, portanto, nos ganhos de subsistência, que é a obtenção de renda suficiente para manutenção das coisas necessárias à vida das pessoas que a integram. O terceiro que preste serviços em regime de economia familiar não é, por si só, trabalhador rural para efeitos sindicais. Embora não seja sujeito passivo para efeitos da contribuição sindical rural, o terceiro, como agregado do conjunto familiar, integra para os demais efeitos, o conceito de trabalhador rural. Logo, é ele um dos beneficiários daquilo que as entidades sindicais praticarem em favor do trabalhador rural.

O dispositivo comentado tem esta redação:

"Art. 1º Para efeito do enquadramento sindical, considera-se:
I – *trabalhador rural*:
a) pessoa física que presta serviço a empregador rural mediante remuneração de qualquer espécie;
b) quem, proprietário ou não, trabalhe individualmente ou em regime de economia familiar, assim entendido o trabalho dos membros da mesma família, indispensável à apropria subsistência e exercício em condições de mútua dependência e colaboração, ainda, que com ajuda eventual de terceiros."

As dúvidas porventura existentes sobre o enquadramento sindical do trabalhador rural poderão ser dirimidas pelo Delegado Regional do Trabalho, consoante permissivo do art. 2º do Decreto-Lei nº 1.166/71, com recurso ao Ministro do Trabalho e Emprego, § 2º, deste mesmo artigo. É de se deixar claro que a delegação recebida pelas confederações é para *lançar* e *cobrar* a Contribuição Sindical rural, não para solver dúvidas sobre o enquadramento sindical de categorias profissionais ou econômicas, competência exclusiva do Estado, que se encontra recepcionada pelo art. 8º, inciso II, da Constituição Federal. Na esfera administrativa, é possível a utilização do processo administrativo de dúvidas, desde que se respeitem os cânones constitucionais do contraditório e da ampla defesa, com os meios e os recursos a ela inerentes, por incidência do art. 5º, inciso LV, da mesma Constituição Federal.

A discussão sobre o enquadramento sindical poderá ser buscada também na esfera jurisdicional de forma direta através de ação ordinária contra a União, portanto, na Justiça Federal; ou de forma incidental, através de embargos à execução ou qualquer outra ação de defesa.

4.3.2.2. Conceito de empresário ou empregador rural

O Decreto-Lei nº 1.166/71 inovou quanto ao enquadramento de *empregador rural* equiparando-o ao de *empresário rural*, modificando, dessa forma, a nomenclatura estabelecida pelo revogado Decreto-Lei nº 789/69. Embora o decreto-lei citado não faça distinção, é necessário que se estabeleça diferença entre um conceito e outro. *Empregador rural* é aquele que, explorando atividade econômica rural, contrate pessoa física para prestar serviço de natureza não-eventual e sob sua dependência, pagando remuneração de qualquer espécie. Já o *empresário rural* é tanto aquele que explora atividade rural, só ou com sua família, sem qualquer vínculo empregatício com terceiro, como também o proprietário de imóveis rurais de áreas superiores a dois módulos rurais.

Diante disso, são três os conceitos que o Decreto-Lei nº 1.166/71 procurou dar à categoria econômica patronal empregador ou empresário rural para fins de enquadramento sindical, sendo *uma de empregador rural, e duas de empresários rurais.*

4.3.2.2.1. Empregador rural

O primeiro conceito de enquadramento sindical patronal rural, consoante o art. 1º, inciso II, letra a, é o de *empregador rural*, tipificado como sendo a *pessoa física ou jurídica que tendo empregado, empreende, a qualquer título, atividade econômica rural.* Neste enquadramento, dois pressupostos se sobressaem:

I) que alguém preste serviço eventual ou não e o faça com ou sem regime de subordinação a outrem, pessoa física ou jurídica mediante remuneração de qualquer espécie e

II) que este alguém exerça uma atividade econômica rural.

O primeiro pressuposto não encontra dificuldade porque o conceito de *empregado* utilizado pelo Decreto-Lei nº 1.166/71 é bem mais abrangente do que aquele estabelecido na CLT, conforme análise efetuada no tópico anterior.

Dificuldade existe em conceituar com precisão todas as *atividades econômicas rurais*, já que não se pode confundi-las com qualquer atividade econômica possível de ser explorada no campo. O Decreto nº 55.891, de 31 de março de 1965, ao regular parte do Estatuto da Terra, especificamente buscando conceituar as modalidades de aproveitamento econômico para fins de determinação de módulo rural, pode servir de indicativo nesse sentido quando estabelece *as modalidades de exploração rural, inclusive nelas incluindo a atividade pesqueira*, circunstância expressamente prevista no artigo 8º, parágrafo único, da Constituição Federal.[18] As atividades econômicas rurais citadas pelo decreto e que podem ser utilizadas para o enquadramento sindical do empregador rural são as seguintes:

"I – *exploração hortigranjeiras*, compreendendo os tipos de horticultura, floricultura, fruticultura anual e criação de caráter granjeiro, inclusive psicultura, todas de ciclo curto, que admitam uma ou mais colheitas ou safras por ano, e realizadas com fins industriais ou comerciais para o abastecimento de grandes centros urbanos visando ao bem-estar e à obtenção de produtos alimentares;

II – *lavouras permanentes e temporárias*, compreendendo os tipos de exploração vegetal não incluídos na classe anterior; qualquer que seja a finalidade, o ciclo de cultura (curto, médio ou longo) e a natureza do produto, de plantas herbáceas ou arbóreas mas não florestais, e independentemente da espécie, do número, da época e dos períodos das colheitas;

III – *pecuária de animais de médio e grande porte*, compreendendo os tipos de exploração animal não incluídos no item I, qualquer que seja o ciclo de criação, a natureza do produto (carne, banha, leite, pele, couro ou lã) e a finalidade da criação (melhoramento dos rebanhos, produção de leite, engorda ou abate), e independentemente da espécie, da época e do período das safras;

IV – *exploração de florestas naturais e cultivadas*, compreendendo os tipos de exploração vegetal não incluídas nos itens I e II, qualquer que seja o produto obtido (madeira, casca, folhas, frutos, sementes, raízes, resinas, essenciais ou látex), independentemente da espécie, das épocas e dos períodos das explorações extrativa ou florestal."

É preciso deixar claro que, nem todo aquele que trabalha no campo, tendo empregado, é *empregador rural* para efeitos de enquadramento sindical rural. É necessário que o trabalho com empregado se vincule a uma *atividade econômica rural*. A atividade mercantil ou industrial exercida no campo afasta o enquadramento sindical para fins de Contribuição Sindical Rural e torna a CNA parte ilegítima para efetuar sua cobrança.

A União, cada um dos Estados, o Distrito Federal, cada um dos Municípios e suas respectivas Autarquias, todas pessoas jurídicas de direito público, e suas Fundações, pessoas jurídicas de direito privado, desde que explorem atividade rural, são devedoras da Contribuição

---

[18] O parágrafo único do artigo 8º da Constituição Federal, tem esta redação:
"Art. 8º - ...
Parágrafo único. As disposições deste artigo aplicam-se à organização de sindicatos rurais e de colônias de pescadores, atendidas as condições que a lei estabelecer."

Diagnose da Contribuição Sindical Rural

Sindical Rural. A imunidade prevista no art. 150, inciso VI, letra *a*, da Constituição Federal, diz respeito a *impostos*, e não a *tributos*.

Como o enquadramento sindical para efeitos da Contribuição Sindical Rural é dicção legal, constituindo esta circunstância restrição ao princípio da liberdade sindical, expressamente previsto no art. 8º, inciso II, da Constituição Federal, possíveis dúvidas a esse respeito poderão ser solvidas através do *processo administrativo de dúvidas* instaurado perante o Delegado do Trabalho, com recurso ao Ministro do Trabalho e Emprego, em que devem ser respeitados os princípios do contraditório e da ampla defesa, com a utilização dos meios e recursos a ela inerentes, consoante prescrição constitucional (art. 5º, inciso LV). Não há que se confundir a delegação recebida pelas confederações sindicais para *lançar* e *cobrar* a Contribuição Sindical Rural com o procedimento de enquadramento sindical que é anterior e tutelado pelo Estado, encontrando-se esta disposição plenamente recepcionada pelo art. 8º, inciso II, da Constituição Federal.

Nada impede, de outra forma, que esta matéria também possa ser alegada em processo judicial próprio dirigido diretamente contra a União, na Justiça Federal, ou mesmo de forma incidental como matéria de defesa em embargos à execução proposta pela entidade sindical confederativa ou até mesmo e outras ações de defesa.

4.3.2.2.2. *Empresário rural I*

O segundo conceito dado pelo Decreto-Lei nº 1.166/71, no seu art. 1º, inciso II, letra b, para efeitos de enquadramento sindical rural patronal, definiu, em verdade, a figura do *pequeno empresário rural*, como sendo a de *quem, proprietário ou não e mesmo sem empregado, em regime de economia familiar, explore imóvel rural que lhe absorva toda a força de trabalho e lhe garanta a subsistência e progresso social e econômico em área igual ou superior à dimensão do módulo rural da respectiva região.*

Alguns elementos econômicos básicos que foram utilizados pelo legislador para conceituar o trabalhador rural proprietário, possuidor ou detentor de imóvel rural, também o foram para o enquadramento do típico pequeno empresário: *a exploração da terra que absorva toda a força de trabalho e garanta a subsistência, mesmo em regime familiar.* A diferença entre um conceito e outro era o de que, no caso do trabalhador rural, em decorrência de a área rural explorada ser inferior ao módulo rural, não se vislumbraria, na visão do legislador, possibilidade de progresso social e econômico, circunstância acessível em área igual ou superior ao módulo regional.

No entanto, a Lei nº 9.701/98 deu nova redação ao art. 1º, inciso II, letra *b*, do Decreto-Lei nº 1.166/71, quando substituiu a parte final deste dispositivo (*em área igual ou superior à dimensão do módulo rural da respectiva região*) por *em área superior a dois módulos rurais da respectiva região*. O conceito de área mínima para enquadramento sindical do pequeno empresário rural dobrou de tamanho. De outro lado, é de se ter que a mesma lei, embora de forma inversa, também aumentou o limite máximo da área ser explorada por trabalhador rural em regime de subsistência, sob pena de se concluir existente atividade rural fora do enquadramento sindical, que seria aquela exercida em áreas de mais de um até dois módulos rurais.

O que mais se ressalta no conceito de *pequeno empresário rural* para fins de enquadramento sindical rural é que, sendo ele ou não proprietário rural, mas desde que explore imóvel rural na condição de possuidor com ânimo de verdadeiro dono, típica da posse aquisitiva de domínio, ou de mero detentor a título gratuito, como no comodato, ou oneroso, como no arrendamento, na parceria, ou concessão real de uso, *possa absorver toda força de trabalho ou do conjunto familiar*, este último, conceito que, como o de trabalhador rural em idêntico regime, tem natureza jurídica econômica, e o que é mais importante, *garanta a subsistência do empresário ou do grupo que integra o seu conceito*, tudo isso *possibilitando melhoria de vida social e econômica*. Dentro do enunciado legal, é possível concluir que *subsistência* significa viver com renda aquém ou dentro de padrões econômicos mínimos, que no caso brasileiro é o salário mínimo. Portanto, aquele que, explorando mais de dois módulos rurais, só ou com sua família, obtenha ganhos superiores ao salário mínimo, de tal forma que possibilite melhoria de vida, como o acesso à escola, à saúde, à moradia condigna, e que, com as sobras, também possibilite o crescimento econômico, *é empresário rural para efeitos de enquadramento sindical rural*. A verdade que este conceito legal é insuficiente para efetivamente dirimir a questão tormentosa do enquadramento sindical

No sistema jurídico positivo brasileiro, é costume a lei trazer no seu próprio bojo o alcance de sua aplicação com a introdução destes termos: *para efeitos desta lei conceitua-se...* Se de um lado isto facilita a vida do aplicador da lei, de outro dificulta a sua interpretação, quando não produz conflito por gerar conceitos diferentes sobre um mesmo tema. O Decreto-Lei nº 1.166/71 é um bom exemplo porquanto, ao conceituar trabalhador rural e empresário ou empregador rural, criou uma estrutura própria desviando-se de tudo aquilo que conceituava os mesmos temas para fins, inclusive, semelhantes. A lei, neste caso, foi perversa porque, embora de forma específica para enquadramento sindical, destoa de tudo aquilo que as demais legislações definem como empregado rural e empregador rural, como são o Estatuto do Trabalhador Rural (artigos 2º, 3º e §§ e 4º),[19] a CLT (artigos 2º e 3º),[20] a Lei de Benefícios da Previdência social (Lei nº 8.213/91, artigo 11)[21] e o Decreto nº 3.991, de 30.10.2001, que dispõe sobre o PRONAF (Programa de Fortalecimento da Agricultura Familiar), artigo 5º.[22]

---

[19] Os artigos 2º e 3º do Estatuto do Trabalhador Rural têm esta disposição – Lei nº 5.889, de 8.6.1973:
"Art. 2º - Empregado rural é toda pessoa física que, em propriedade rural ou prédio rústico, presta serviços de natureza não eventual a empregador rural, sob dependência deste e mediante salário.
Art. 3º - Considera-se empregador rural, para efeitos desta lei, a pessoa física ou jurídica, proprietário ou não, que explore atividade agroeconômica, em caráter permanente ou temporário, diretamente ou através de prepostos e com auxílio de empregador.
§ 1º - Incluiu-se na atividade econômica, referida no *caput* deste artigo, a exploração industrial em estabelecimento agrário não compreendido na Consolidação das Leis do Trabalho.
§ 2º - Sempre que uma ou mais empresas, embora tendo cada uma delas personalidade jurídica própria, estiverem sob direção, controle ou administração de outra, ou ainda quando, mesmo guardando cada uma sua autonomia, integrem grupo econômico ou financeiro rural, serão responsáveis solidariamente nas obrigações decorrentes da relação de emprego.
Art. 4º - Equipara-se ao empregador rural, a pessoa física ou jurídica que, habitualmente, em caráter profissional e por conta de terceiros, execute serviços de natureza agrária, mediante utilização do trabalho de outrem."
[20] Os artigos 2º e 3º da Consolidação das Leis do Trabalho têm esta redação:
"Art. 2º Considera-se empregador a empresa, individual ou coletiva, que, assumindo os riscos da atividade econômica, admite, assalaria e dirige a prestação pessoal de serviços.
§ 1º - Equiparam-se ao empregador, para efeitos exclusivo da relação de emprego, os profissionais liberais, as instituições de beneficência, as associações recreativas ou outras instituições sem fins lucrativos, que admitirem trabalhadores como empregados.
§ 2º - Sempre que uma ou mais empresas, tendo, embora, cada uma delas, personalidade jurídica própria, estiverem sob a direção, controle ou administração de outra, constituindo grupo industrial, comercial ou de qualquer outra atividade econômica, serão, para efeitos da relação de emprego, solidariamente responsáveis a empresa principal e cada uma das subordinadas.
Art. 3º - Considera-se empregado toda pessoa física que prestar serviços de natureza não eventual a empregador, sob a dependência deste e mediante salário.
Parágrafo único. Não haverá distinções relativas à espécie de emprego e à condição de trabalhador, nem entre o trabalho intelectual, técnico e manual."
[21] O artigo 11 da Lei nº 8.213/91, tem esta redação:
"São segurados obrigatórios da Previdência Social as seguintes pessoas físicas:
VII - como segurado especial: o produtor, o parceiro, o meeiro e o arrendatário rurais, o garimpeiro, o pescador artesanal e o assemelhado, que exerçam suas atividades, individualmente ou em regime de economia familiar, ainda que com o auxílio eventual de terceiros, bem como seus respectivos cônjuges ou companheiras e filhos maiores de 14 (quatorze) anos ou deles equiparados, desde que trabalhem, comprovadamente, com o grupo familiar respectivo.
§ 1º Entende-se como regime de economia familiar a atividade em que o trabalho dos membros da família é indispensável á própria subsistência e é exercido em condições de mútua dependência e colaboração, sem a utilização de empregados."
[22] O Artigo 5º citado tem esta redação:
"Art. 5º - Para os efeitos deste Decreto, são considerados beneficiários do PRONAF todos aqueles que explorem e dirijam estabelecimentos rurais na condição de proprietário, posseiros, arrendatários, parceiros, comodatários ou parceleiros, desenvolvendo naqueles estabelecimentos atividades agrícolas ou não-agrícolas e que atendam, simultaneamente, aos seguintes requisitos:
I – não possuam, a qualquer título, área superior a quatro módulos fiscais, quantificados na legislação em vigor;
II – utilizem predominantemente mão-de-obra da família nas atividades do estabelecimento ou empreendimento;
III – obtenham renda familiar originária, predominantemente, de atividades vinculadas ao estabelecimento ou empreendimento;
IV – residam no próprio estabelecimento ou em local próximo.

4.3.2.2.2.1. O que é módulo rural. Circunstância que merece análise própria no conceito de empresário rural é a que diz respeito com a limitação da área explorada ao *módulo rural.* Módulo rural é uma medida criada pelo direito agrário levando em consideração vários fatores como a geografia, geologia e tipo de exploração, entre outros. A respeito de *módulo rural* é pertinente a seguinte lição:[23]

> "2.3. O módulo rural como medida agrária
> O legislador agrário procurou criar uma medida de área que fugisse padrões conhecidos e que pudesse representar sua idéia de dimensionar a terra na quantidade mínima a ser possuída, o minifúndio, ou na quantidade máxima, o latifúndio, não pela exclusive homogeneidade de seu tamanho, mas que considerasse em sua fixação a situação geográfica, geológica, climática e tipo de produção nela trabalhado. A pretensão era considerar conjuntamente todos esses fatores na tentativa de melhor uniformizar uma medida que considerava ideal. Foi com tais parâmetros que surgiu módulo rural.
> Dimensionar o tamanho mínimo de uma área de terra sempre foi preocupação governamental. Assim, é que, em Roma, essa quantidade de terra ficava entre 25 a 125 hectares (cada hectare tem 10.000 m^2). Essa medida se espalhou por tudo o mundo ocidental.
> No Brasil, especificamente no período colonial, não houve uma medida ideal mínima. Somente com a Lei n° 601, a chamada Lei da Terra, de 1850, passou-se a admitir no País a existência de uma área mínima de terra, que foi fixada em 121 hectares. Em 1857, essa medida baixou para 48,4 hectares, retornando para os mesmos 121 hectares em 1867. Em 1890, a medida mínima sofreu uma redução drástica, ficando limitada entre 5 a 15 hectares, elevando-se para 25 a 50 hectares em 1907. Em 1940, a medida mínima de área sofreu nova redução, ficando agora entre 10 e 25 hectares. Por fim, em 1943, a área mínima rural foi estabelecida em 10 a 30 hectares.
> O legislador agrário não definiu diretamente módulo rural, mas o fez de forma indireta, quando, no art. 4°, inciso III, do Estatuto da Terra, determinou como área assim enquadrável, aquela inserível no inciso II do mesmo artigo, que define 'Propriedade Familiar', e que por sua fez faz remissão aos elementos do inciso anterior, que define 'imóvel rural'. Dessa forma, pode-se obter o conceito legal de 'Módulo Rural' como sendo a propriedade rústica, de área contínua, qualquer que seja a sua localização, desde que se destine à exploração extrativa agrícola, pecuária ou agroindustrial, e seja executada, direta e pessoalmente, pelo agricultor e sua família, absorven-do-lhes a força de trabalho, garantindo-lhes a subsistência e o progresso social e econômico e sofrendo ainda variações pela região em que se situe e o tipo de exploração que se pratique.
> 2.4. Características do módulo rural
> Diante do que se pode extrair da definição legal de módulo rural, tem-se que 6 (seis) são as características que bem o identificam como instituto de Direito Agrário.
> a) é uma medida de are;
> b) suficiente para absorver a mão-de-obra do agricultor e sua família;
> c) varia de acordo com a região do País;
> d) varia de acordo com o tipo de exploração da terra;
> e) deve possibilitar uma renda mínima ao homem que nele trabalha – salário mínimo;
> f) e lhe permitir progresso social.
> O módulo rural, como medida de área, já foi detalhado no item anterior, e representou a culminância legislativa de se buscar introduzir uma medida variável que, considerando os fatores

Parágrafo único. São também beneficiários do Programa os aquicultores, pescadores artesanais, silvicultores, extrativistas, indígenas, membros de comunidades remanescentes de quilombos e agricultores assentados pelos programas de acesso à terra do Ministério do Desenvolvimento Agrário."

[23] BARROS, Wellington Pacheco. *Curso de Direito Agrário,* 4ª edição, Porto Alegre: Livraria do Advogado, 2002.

diferenciados naturalmente incidentes sobre uma certa área de terra, pudesse ser tida como economicamente viável.

Como segunda característica do módulo rural, tem-se o conceito aparentemente indefinido da quantidade da área por ele abrangida, uma vez que seu limite residiria na suficiência de absorção da capacidade de trabalho do agricultor e sua família. Quer me parecer que aqui está o fator que diferencia o módulo rural de qualquer outra medida de área anteriormente estabelecida. A ausência de higidez, ao estabelecer o limite da área na capacidade laborativa do agricultor e de sua família, bem demonstra a preocupação do legislador com o homem do campo. Assim, não basta uma simples área para se ter a menor fração ideal de terra. Ela tem que ser suficiente para absorver o trabalho do homem que a detém e ainda o de sua família. Portanto, à capacidade laborativa do chefe de família, se soma a de seus familiares. Ocorre que isso é o transporte para a lei de uma realidade rural muito forte: a de que toda família contribui com o trabalho nas lides do campo, com maior ou menor quantidade. Como a família média brasileira é a de 4 (quatro) pessoas, tem-se que o tamanho do módulo rural deverá ser aquele que absorva a mão-de-obra desse conjunto familiar.

A terceira característica do módulo rural é sua variação de acordo com a região em que se situe. A morfologia geográfica, geológica e climática das terras rurais brasileiras é muito extensa, o que significa dizer que a produção rural de uma mesma atividade sofre influências desses fatores. A existência de terrenos íngrimes, planos, pantanosos, arenosos, argilosos, sob a influência de climas frios, úmidos e secos, por exemplo, são condições por demais óbvias para demonstrar a natural diversidade no exercício da atividade produtiva rural.

Sobre essa adversidade, coloque-se a possibilidade de produções rurais em suas várias ramificações. O que se encontra é que o módulo rural, para manter uma coerência de produção, tem também que considerar o tipo de atividade que se exerça sobre a terra por ele abrangida. E assim se tem a sua quarta característica.

Naturalmente que, ao se pensar numa medida de área para o campo, não se podia fugir de uma valoração econômica. Dessa forma, o módulo rural tem que possibilitar uma rentabilidade mínima, e como essa no Brasil é fixada no salário mínimo, é esse o limite mínimo de ganhos para o homem do campo e sua família.

Por último, tem-se que é também característica do módulo rural a perspectiva de um progresso social. Ou seja, a fração de terras tem que possibilitar a melhoria de vida daqueles que nela trabalham, como estudos, saúde e lazer.

2.5. Quantificação do módulo rural

Inicialmente, há que se colocar que o módulo rural não é fixável pelo proprietário ou possuidor de área rural. Estes apenas fornecem os elementos cadastrais essenciais, que jungidos a outros caracteres mais genéricos, permitem que o INCRA (Instituto Nacional de Colonização e Reforma Agrária) estabeleça o módulo rural de cada imóvel.

Através de estudos antecedentes e gerais, o INCRA já concluiu que existem no País 242 (duzentas e quarenta e duas) regiões e sub-regiões, considerando sua homogeneidade e características econômicas e ecológicas, e que a exploração da terra pode ser agrupada em 5 (cinco) tipos diferentes:

1 – hortigrangeiro, como a plantação de tomate, alface, cenoura etc;

2 – lavoura temporária – a plantação de milho, arroz, feijão ou todo aquele tipo de lavoura sazonal ou por estação;

3 – lavoura permanente – a plantação de café, parreira, ou todo tipo de cultura que se plante uma vez e permaneça produzindo durante vários anos;

4 – pecuária – a criação de animais de grande porte, como bois, cavalos e

5 – florestal – que a atividade de plantar determinados tipos de árvores para corte, como é o caso de eucalipto e de acácia negra para a feitura de papel.

Na multiplicação dos vários tipos de regiões e sub-regiões existentes vezes a possibilidade da variada atividade de agrária, é encontrável 1.210 (mil, duzentos e dez) tipos diferentes de módulo rural, sendo o menor deles de 2 (dois) hectares, e o maior, de 120 cento) e vinte hectares.

O cálculo para fixação do módulo rural, que é da competência do INCRA, é possível, em decorrência das informações cadastrais prestadas pelo proprietário ou possuidor do imóvel rural, corresponde à divisão da área aproveitável do imóvel (que é á área total menos aquelas ocupadas com benfeitorias, florestas ou de impossível exploração) pelo coeficiente da categoria de módulos atribuível a este imóvel (cada imóvel por sua localização e tipo de exploração já foi previamente enquadrado em uma categoria 'x' de módulo rural pelo INCRA.

Exemplifico: Antonio Pinto é proprietário de um imóvel de 300 hectares, na região de Cruz Alta, no Rio Grande do Sul, onde apenas 250 hectares são aproveitados na sua agricultura exclusiva do trigo-soja. Quantos módulos possui a propriedade de Antonio Pinto?

Através de estudos realizados pelo INCRA na região de Cruz Alta, ficou estabelecido que essa região onde se situa a propriedade de Antonio Pinto e a B2, e que s eu tipo de exploração é a de lavoura temporária, logo, o módulo ideal é de 25 hectares. No exemplo, a propriedade tem 10 módulos rurais (250 de área aproveitável, dividida por 25 do módulo ideal padrão).

Outro exemplo: João Fagundes, vizinho de Antonio Pinto, tem uma propriedade também de 300 hectares, só que seu tipo de exploração é a criação de gado. Como a região é a mesma B2, a variante na fixação do módulo da propriedade reside apenas no tipo de exploração, que para a pecuária-padrão é de 60 hectares. Resultado: a propriedade de João Fagundes tem 4,1 hA (250 dividido por 60).

Tanto as região ou sub-regiões, como os tamanhos dos módulos padrões se encontram em instruções e anexos do INCRA."

Por tudo que foi dito, conclui-se como é difícil enquadrar-se o empresário rural para efeitos sindicais rurais, gerando inquestionavelmente profundas dúvidas. É de se repetir aqui o que foi dito quanto aos enquadramentos anteriores. Administrativamente, estas dúvidas podem ser resolvidas perante o Delegado Regional do Trabalho através do processo administrativo competente, oportunizando-se a todos os interessados os princípios constitucionais do contraditório e da ampla defesa, com os meios e recursos a ela inerentes, nos precisos termos do art. 5º, inciso LV, da Constituição Federal, com recurso do Ministro do Trabalho, em 15 dias. Embora o lançamento e a cobrança tenham sido delegados às confederações sindicais, o enquadramento sindical, circunstância prévia, anterior e autônoma, continua nas mãos do Estado. Portanto, havendo dúvidas a esse respeito, dirimi-las administrativamente é competência estatal, e não das confederações.

Nada impede que o interessado busque o Poder Judiciário para a solução da dúvida. Neste caso, a ação ordinária contra a União, perante a Justiça Federal, é o caminho mais lógico para a superação da dúvida. Porém nada impede que, de forma incidental, essa matéria seja alegada e reconhecida pelo juízo estadual, em embargos à execução proposta pela confederação legitimada ou até mesmo em ações próprias de defesa do contribuinte.

4.3.2.2.3. Empresário rural II

O terceiro conceito fixado pelo art. 1º, inciso II, letra c, do Decreto-Lei nº 1.166/71 para enquadramento como devedor da Contribuição Sindical Rural diz respeito precisamente ao *empresário rural*, que, originalmente, seria o *proprietário de mais de um imóvel rural, desde que a soma de suas áreas seja igual ou superior à dimensão do módulo rural da respectiva região.* A conceituação aqui estabelecida é por pura exclusão das anteriores. Aquele que não mantivesse empregado na exploração de uma atividade econômica rural ou que não exercesse tal exploração em área, de sua propriedade ou não, igual ou superior ao módulo rural regional, só ou com sua família, mas sendo proprietário rural de área que, mesmo descontínuas, na soma totalizassem mais do que o módulo rural da região, seria *empresário rural* para efeitos da tributação sindical rural. É de se observar que, tanto o conceito de *proprietário* como o de *imóvel rural* contidos no dispositivo legal são fundamentalmente jurídicos. *Proprietário*, portanto, é aquele em nome do qual se encontra registrado o imóvel rural no Registro de Imóveis de sua situação. *Imóvel rural* é a área dimensionada no Registro de imóveis e constituída de *prédio rústico, de área contínua, qualquer que seja sua localização em perímetros urbanos, suburbanos ou rurais dos municípios, desde que se destine à exploração extrativa, agrícola, pecuária ou agroindustrial,* conforme o art. 4º, inciso I, do Estatuto da Terra, e o art. 5º do Decreto nº 55.891, de 31 de março de 1965.

A Lei nº 9.701/98 deu nova redação ao artigo 1º, inciso II, letra b, do Decreto-Lei nº 1.166/71, ao substituir a parte final (*que a soma de suas áreas seja igual ou superior à dimensão do módulo rural da respectiva região*) por *que a soma de suas áreas seja superior a dois módulos rurais da respectiva região.* Vê-se que o legislador duplicou a dimensão da área para conceituar esta modalidade de empresário rural.

Aqui, como nos demais enquadramentos, é possível a proposição de processo administrativo de dúvida perante o Delegado Regional do Trabalho, nos termos do art. 2º, e seu § 2º, do Decreto-Lei nº 1.166/71, com recurso ao Ministro do Trabalho. Embora o lançamento e a cobrança da Contribuição Sindical Rural tenham sido delegados às confederações, o enquadramento sindical, circunstância anterior, continua na órbita estatal.

Nada impede, mesmo que a decisão administrativa seja desfavorável ao interessado, o controle jurisdicional da dúvida. Neste caso, a ação deverá ser proposta contra a União, na Justiça Federal. A matéria também pode ser enfrentada de forma incidental nos embargos à execução proposta pela confederação ou mesmo em qualquer outro processo de defesa do contribuinte.

O dispositivo quanto ao enquadramento sindical rural está assim escrito:

"Art. 1º - ...

II – *empresário ou empregador rural:*

a) a pessoa física ou jurídica que tendo empregado, empreende, a qualquer título, atividade econômica rural;

b) quem, proprietário ou não e mesmo sem empregado, em regime de economia familiar, explore imóvel rural que lhe garanta a subsistência e progresso social e econômico em área superior a dois módulos rurais da respectiva região;

c) os proprietários de mais de um imóvel rural, desde que a soma de suas áreas seja superior a dois módulos rurais da respectiva região."

4.3.3. Processo Administrativo de Dúvida no Enquadramento Sindical

Embora essa matéria tenha sido ventilada rapidamente na análise que foi feita quanto aos enquadramentos sindicais e a ela se retorne quando do estudo dos processos que envolvem a Contribuição Sindical Rural, ela aqui é referida para que se entenda o desenvolvimento lógico do Decreto-Lei nº 1.166/71.

Na esteira do que havia sido fixado pelo Decreto-Lei nº 789/69, o Decreto-Lei nº 1.1166/71, no seu art. 2º, também estabeleceu que, havendo dúvidas no enquadramento sindical, poderiam os interessados suscitá-las perante o Delegado Regional do Trabalho que decidiria após empreender as diligências necessárias, com a oitiva prévia de uma comissão permanente constituída do responsável pelo setor sindical da Delegacia, que a presidiria, de um representante dos empregados e de um representante dos empregadores rurais, indicados pelas respectivas federações, ou em sua falta, pelas Confederações pertinentes. Trata-se de um verdadeiro processo administrativo de dúvida para o enquadramento sindical rural com possibilidade de produção de provas e decisão fundamentada, condicionada, no entanto, à existência e manifestação da comissão permanente como atos administrativos meios, sem os quais o ato decisório padeceria de vício de ilegalidade, sendo administrativamente nulo. A decisão do Delegado do Trabalho que não respeitasse estes pressupostos legais poderia sofrer controle, inclusive jurisdicional.

4.3.3.1. As dúvidas

Demonstrando que o conceito de trabalhador rural estabelecido para todo aquele proprietário ou não, que trabalhe individualmente ou em regime de economia familiar, e o de pequeno empresário rural importaria em razoáveis dúvidas, o decreto-lei facultou a qualquer um deles, no curso do *processo administrativo de dúvida*, recolher a contribuição sindical à entidade que entendesse devida, operando-se posteriormente o devido estorno e compensação. Isso é uma demonstração clara de que os conceitos criados, apesar de exaustivos, eram insuficientes para estabelecer o enquadramento sindical, e possibilitavam discussões quer num sentido quer noutro. Mas, como é próprio da Administração Pública, e na certeza de que como trabalhador, empresário ou empregador rural o contribuinte seria enquadrado, ao invés de primeiramente esperar a solução dessa dúvida, facultou-se o recolhimento do tributo. Em sã consciência, é difícil encontrar-se alguém que, não sendo compelido a pagar uma contribuição, venha a fazê-lo espontaneamente com renda de subsistência ou pouco mais do que isso, como é o caso do trabalhador rural ou do pequeno empresário rural. A lei deveria ter especificado que para pagamento da contribuição nestas condições deveria haver um abatimento ou desconto premial, já que o processo administrativo de dúvida tem como pressuposto a suspensão da cobrança até a solução final.

Criando um segundo grau administrativo, o decreto-lei possibilitou a interposição de recurso ao Ministro do Trabalho e Previdência Social no prazo de 15 (quinze) dias.

Como regra a ser admitida no processo administrativo de dúvida, o decreto-lei estabeleceu que somente deveria ser reconhecido para a mesma base territorial um sindicado de *empregados* e outro de empregadores rurais, sem especificação de atividade ou profissão, ressalvado às entidades já reconhecidas o direito à representação constante da respectiva carta sindical. Observe-se o equívoco do legislador executivo quando no *caput* do art. 1º definiu que a categoria para enquadramentos sindical seria a de trabalhador rural na qual se incluíam os empregados rurais.

Os dispositivos legais analisados têm esta redação:

"Art. 2º - Em caso de dúvida na aplicação do disposto no artigo anterior, os interessados, inclusive a entidade sindical, poderão suscita-la perante o Delegado Regional do Trabalho que decidirá após as diligências necessárias e ouvida uma comissão permanente constituída do responsável pelo setor sindical da Delegacia, que a presidirá, de um representante dos empregados e de um representante dos empregadores rurais, indicados pelas respectivas federações ou, em sua falta, pelas Confederações pertinentes.

§ 1º - As pessoas de que tratam as letras b, do item I, e b e c, do item II, do art. 1º, poderão, no curso do processo referido neste artigo, recolher a contribuição sindical à entidade a que entenderem ser devida ou ao Instituto Nacional de Colonização e Reforma Agrária – INCRA, fazendo-se, posteriormente, o estorno, a compensação ou o repasse cabível.

§ 2º - Da decisão do Delegado Regional do Trabalho caberá recurso para o Ministro do Trabalho e Previdência Social, no prazo de 15 dias.

Art. 3º - Somente será reconhecido para a mesma base territorial um sindicato de empregados e outro de empregadores rurais, sem especificação de atividades ou profissão, ressalvada às entidades já reconhecidas o direito à representação constante da respectiva carta sindical."

Esta matéria será analisada com mais profundidade em tópico próprio.

4.3.4. Lançamento e cobrança

Resguardando a natureza jurídica típica de um tributo, o Decreto-Lei nº 1.166/71 estabeleceu que a Contribuição Sindical Rural deveria sofrer o processo de lançamento, e sua cobrança se verificaria através de processo de execução fiscal, especialmente na contribuição patronal, já que quanto ao trabalhador ou ela é lançada e cobrada pelo empregador ou pelo próprio trabalhador quando pequeno explorador rural. O Estado, dessa forma, dava a esta contribuição sindical *status* de receita tributária, inclusive quanto aos privilégios processuais para sua cobrança, excepcionando tão-só o de foro.

4.3.4.1. Pelo INCRA

O art. 4º do Decreto-Lei nº 1.166/71, numa situação exatamente contrária à descentralização administrativa somente explicada pela situação política da ocasião de excessos interventivos do Estado, legitimou o INCRA para proceder ao lançamento e cobrança da contribuição sindical rural, inovando com relação à base de cálculo para os empregadores rurais. O decreto-lei anterior, o de nº 789/69, atribui a cobrança ao IBRA (Instituto Brasileiro de Reforma Agrária) extinto pelo Decreto-Lei nº 1.110, de 9 de julho de 1970.

A Contribuição Sindical Rural, especialmente a patronal, na esteira da contribuição sindical prevista na CLT, foi criada e mantida durante muito tempo como um tributo cheio de benesses para as entidades sindicais rurais. Isso porque, sem o desgaste de um processo administrativo fiscal de lançamento e na carona da cobrança do imposto territorial rural, as entidades recebiam o seu valor líquido em conta bancária sem nenhum esforço. Sequer tinham legitimidade para acompanhar o processo de lançamento e cobrança. O Estado, através da autarquia federal INCRA, regia todo o processamento de lançar e cobrar o tributo patronal e de fiscalizar o recolhimento destinado às entidades dos trabalhadores. Aqui, ainda os resquícios do *sindicalismo de estado* criado pela Constituição de 1937, embora sob o comando da liberdade sindical instituída pela Constituição de 1946 e mantida na Constituição de 1967. É verdade que não é de todo impossível a sustentação que esta proteção legislativa buscava estruturar um sindicalismo rural incipiente e inoperante no campo. Mas, se isso era verdade no início, o certo é que se criou com esta situação uma espécie de paternalismo estatal que impediu o sindicalismo rural de lutar com suas próprias armas e se desenvolver com seus próprios esforços. E o resultado está aí com a pasmacéia criada com o afastamento da União, através de seu órgão arrecadador Secretaria da Receita Federal (Lei nº 9.393/96), que desde 1990 (Lei nº 8.022) substituiu o INCRA do processo de lançamento e cobrança da contribuição. A CNA, entidade caudatária da Contribuição Sindical Rural dos empresários ou empregadores rurais, ainda não se estruturou administrativamente para lançar e cobrar este tributo. Está, no dizer do velho adágio popular, "sem pai nem mãe". E a CONTAG ainda não se arregimentou devidamente para assumir a fiscalização, que é sua, por força de delegação

Diagnose da Contribuição Sindical Rural

legal, da cobrança feita pelos empregadores rurais em nome dos trabalhadores empregados rurais e muito menos com relação ao trabalhador pequeno proprietário rural.

O dispositivo legal que delegou ao INCRA a competência para lançar e cobrar a contribuição sindical rural tem esta redação:

"Art. 4º - Caberá ao Instituto Nacional de Colonização e Reforma Agrária (INCRA) proceder ao lançamento e cobrança da contribuição sindical devida pelos integrantes das categorias profissionais e econômicas da agricultura, na conformidade do disposto no presente Decreto-Lei. Art. 6º - As guias de lançamento da contribuição sindical emitidas pelo Instituto Nacional de Colonização e Reforma Agrária (INCRA) na forma deste Decreto-Lei, constituem documento hábil para a cobrança judicial da dívida nos termos do artigo 606 da Consolidação das Leis do Trabalho."

4.3.4.2. Pela Secretaria da Receita Federal

Menos por razões operacionais e mais por ineficiência do INCRA em lançar e cobrar a Contribuição Sindical Rural, o certo é que a Lei nº 8.022, de 12 de abril de 1990, através do seu artigo 1º, retirou da autarquia essa competência juntamente com a do imposto sobre a propriedade territorial rural, centralizando-os na Secretaria da Receita Federal. Essa situação durou até 1996. Assim, juntamente com a notificação de lançamento do ITR era também lançada a Contribuição Sindical Rural de forma especificada – Contribuição Sindical do Trabalhador (CONTAG – Confederação Nacional dos Trabalhadores na Agricultura) e Contribuição Sindical do Empregador (CNA – Confederação Nacional da Agricultura e Pecuária do Brasil) –, além da contribuição destinada ao SENAR – Serviço Nacional de Aprendizagem Rural –, conforme explica Gisele Santoro Trigueiro Mendes.[24]

4.3.4.3. Diretamente pelas Confederações

A Lei nº 8.847, de 22 de janeiro de 1994, no seu artigo 24, inciso I, interrompeu um ciclo vicioso da Contribuição Sindical Rural: o Estado, depois de 25 anos de tutela arrecadatória da contribuição, se retira da operação de lançar, cobrar e fiscalizar este tributo, atribuindo a competência de administração às entidades beneficiárias CONTAG[25]

---

[24] MENDES, Gisele Santoro Trigueiro. "Contribuições Sindical e Confederativa – Art. 8º, inciso IV, da CF". In Estudos da Consultoria Legislativa da Câmara dos Deputados, março de 2001, endereço www.camara.gov.br/internete/diretoria/conleq/estudos.

[25] A CONTAG – CONFEDERAÇÃO NACIONAL DOS TRABALHADORES NA AGRICULTURA – com sede em Brasília – DF, foi criada em 22 de dezembro de 1963, na cidade do Rio de Janeiro, englobando 14 federais e o universo de 475 sindicatos rurais, tendo sido reconhecida oficialmente em 31 de janeiro de 1964, através do decreto nº 53.517. Atualmente engloba 25 federações e enfeixa 3.630 sindicatos representando os interesses dos trabalhadores e trabalhadores rurais assalariados, permanentes ou temporários; agricultores familiares, proprietários ou não, dos sem-terra, e ainda, daqueles que trabalham em atividades extrativistas. Suas principais frentes de luta são a reforma agrária, a agricultura familiar, os assalariados rurais, a previdência e assistência social, saúde e educação e combate ao trabalho infantil e ao trabalho escravo. Seus

e CNA,[26] que até este momento se encontravam na confortável situação de beneficiárias sem qualquer contraprestação no processo de arrecadação. O divisor de águas neste processo foi assim redigido:

"Lei nº 8.847/94
Art. 24 – A competência de administração das seguintes receitas, atualmente arrecadas pela Secretaria da Receita Federal por força do artigo 1º da Lei nº 8.022, de 12 de abril de 1990, cessará em 31 de dezembro de 1996:
I - Contribuição Sindical Rural, devida à Confederação Nacional da Agricultura – CNA e à Confederação Nacional dos Trabalhadores na Agricultura – CONTAG, de acordo com o artigo 4º do Decreto-Lei nº 1.166, de 15 de abril de 1971, e artigo 580 da Consolidação das Leis do Trabalho."

Como os dados necessários para o enquadramento sindical provinham do acervo da Secretaria da Receita Federal, que manteve a competência para administrar o Imposto sobre a Propriedade Territorial Rural, o lançamento e a cobrança da Contribuição Sindical Rural pelas confederações tornou-se tumultuado pela ausência de prática e insuficiência de dados. Em decorrência disso, a Lei nº 9.393, através de seu artigo 17, inciso II, possibilitou a realização de convênios entre as confederações e a Secretaria da Receita Federal com a finalidade de fornecer dados cadastrais de imóveis rurais que possibilitassem a cobrança da contribuição sindical, implementado através da *Instrução Normativa SRF* nº 20, de 17 de fevereiro de 1998, e consubstanciado, especialmente quanto à CNA, em 21.05.98, alterado por Termo de Aditivo em 31.03.99.[27]

---

estatutos foram alterados pelo Congresso Nacional Extraordinário dos Trabalhadores e Trabalhadoras rurais, realizado em Brasília, DF, nos dias 25 a 29 de outubro de 1999. A CONTAG tem produzido publicações técnicas, entre as quais Desenvolvimento Local Sustentável Baseado na Agricultura Familiar; Programa de Formação de Lideranças e Técnicos em Desenvolvimento Local Sustentável, além de patrocinar aos dirigentes sindicais encontros, palestras e conferências.

[26] A CNA – CONFEDERAÇÃO DA AGRICULTURA E PECUÁRIA DO BRASIL –, com sede em Brasília – DF, foi criada em 27 de setembro de 1951, ainda com o nome de Confederação Rural Brasileira, adquirindo legitimidade jurídica através do decreto nº 53.516, de 5 de fevereiro de 1964 que lhe outorgou a denominação atual. A CNA representa o interesse de 27 federações e tem na sua base mais de 2.000 sindicatos, representando os interesses da classe produtora rural nos seguintes temas: política agrícola, política agrária, tributação, previdência social rural, legislação trabalhista rural e mercado interno e externo, produzindo publicações técnicas mensais como o Informativo Técnico, Revista Gleba e Indicadores rurais, além de manter a Coletânea de Estudos Gleba, onde se incluem Diagnóstico da Agricultura Brasileira, Manual Prático 'O Direito de Propriedade no Campo e seu Exercício; Avaliação Sócio Econômica dos Assentamentos Emancipados e Reforma Agrária; Manual da Securitização das Dívidas Rurais; Perfil da Agropecuária Brasileira; Um perfil do Agricultor Brasileiro e os Manuais da Contribuição Sindical Rural dos anos de 98, 99 e 2000. Também se incluem suas publicações destinadas ao Congresso Nacional, os boletins Agropecuária Agora e Informativo Parlamentar.

[27] O termo de Aditivo, consoante menção no REsp 315.9119/MS, tem a seguinte redação: "Cláusula primeira. Mantidas todas as cláusulas do convênio celebrado em 18 de maio de 1998, a Secretaria da Receita Federal fornecerá, adicionalmente, à Confederação Nacional da Agricultura as informações cadastrais e econômico-fiscais constantes da base de dados do Imposto Territorial Rural – ITR, referente ao ano de 1990, atualizados, de forma a possibilitar, em caráter suplementar, o lançamento e a cobrança de contribuições administradas pela CNA, a que alude o art. 24 da Lei nº 8.847/94, relativas ao exercício de 1997."

O que se vê depois disso é a Contribuição Sindical Rural, especialmente a patronal, sendo cobrada por simples aviso bancário, sem qualquer lançamento e sem o devido processo executivo fiscal, numa verdadeira afronta aos princípios constitucionais do devido processo administrativo e judicial tributário. A cessação do paternalismo estatal, outorgando maioridade às confederações, fazendo com que perdessem a cômoda situação de beneficiárias sem ônus, ainda não foi bem assimilada. Parece com a situação do filho que adquire a maioridade legal, mas, por nunca ter trabalhado, não toma consciência de que este fato rompe o vínculo econômico paterno anterior.

4.3.4.4. Pressupostos formais do lançamento

Como tributo que é, e respeitando as determinações expressas do Decreto-Lei nº 1.166/71, a CONTAG (especialmente quanto ao pequeno produtor rural) e a CNA devem *lançar* a Contribuição Sindical Rural da mesma forma que o INCRA e a Secretaria da Receita Federal o faziam antes, exceção apenas na devida pelo trabalhador rural, na classificação de *empregado rural*, que deverá ser lançada e cobrada diretamente pelo empregador rural, consistente no desconto de um dia de salário, conforme o disposto no § 2º do artigo 4º do mencionado decreto-lei. A circunstância de se constituírem estas entidades sindicais pessoas jurídicas de direito privado, não *privatizam* o processo de lançamento. Ao contrário, as confederações assumem múnus de entes estatais administrativos tributários e com isso se vinculam ao princípio da legalidade do art. 37 da Constituição, segundo o qual a administração deve agir conforme os postulados legais, nem mais, nem menos.

Diz o artigo 142 do Código Tributário Nacional que a autoridade administrativa na constituição do crédito tributário pelo lançamento deve verificar a ocorrência do fato gerador da obrigação correspondente, determinar a matéria tributária, calcular o montante do tributo devido, identificar o sujeito passivo e, sendo o caso, aplicar a penalidade cabível. Aplicando o dispositivo no lançamento da Contribuição Sindical Rural, a CONTAG ou a CNA devem, identificado o sujeito passivo se empregado rural ou empresário ou empregador rural, calcular o valor da contribuição devida e, se for o caso, aplicar multa, juros de mora e correção monetária, nos termos do art. 9º do Decreto-Lei nº 1.166/71, que manda aplicar o art. 600 da CLT.

4.3.4.4.1. Multa aplicável

A Contribuição Sindical Rural patronal só se torna exigível depois do lançamento, que é o processo administrativo necessário e próprio para a sua constituição, consoante o disposto no art. 142 do Código Tributário Nacional. Antes dele, o contribuinte, empresário ou empregador rural, tem apenas a perspectiva de vir a ser devedor de um tributo, e a entidade sindical confederada – CNA –, a perspectiva de um crédito. Nada mais do que isso. Diferentemente de tributos como o imposto de renda, em que o lançamento é ato pessoal do contribuinte, caracterizando sua inércia, danos à Fazenda Pública e, por conseqüência, a aplicação de sanção através da multa, a Contribuição Sindical Rural depende de manifestação exclusiva da entidade arrecadadora. Dessa forma, a inserção de multa em lançamento para constituição de Contribuição Sindical Rural patronal em atraso por inércia da própria entidade confederativa é ato abusivo, que pode sofrer controle administrativo através da interposição de recurso pelo contribuinte ou por ação judicial de controle como são o mandado de segurança ou a ação declaratória ou anulatória de Contribuição Sindical Rural, ou ainda como matéria de defesa, no processo de execução fiscal que lhe for ajuizado pela confederação sindical.

O Decreto-Lei nº 1.166/71, no seu artigo 2º, § 1º, prevê a possibilidade de o trabalhador rural explorador de pequena propriedade rural ou o empresário rural, proprietário ou não de imóveis rurais, recolher administrativamente a contribuição mesmo havendo dúvida quanto ao seu enquadramento sindical. Essa hipótese, embora prevista em lei, é de difícil acontecimento, não só pela insegurança do contribuinte de pagar sem saber a quem, como também pela dificuldade econômico-financeira do homem do campo.

No entanto, é possível a inserção de multa no ato de constituição da contribuição pela CONTAG no caso de trabalhador rural pequeno produtor que não recolhe diretamente a contribuição, por força do § 3º do art. 4º, do Decreto-Lei nº 1.166/71, já que o ato de lançar a contribuição é seu.

Quanto ao valor da multa, o art. 9º do Decreto-Lei nº 1.166/71 manda aplicar o art. 600 da Consolidação das Leis do Trabalho, que diz o seguinte:

> "Art. 600 – O recolhimento da contribuição sindical efetuado fora do prazo referido neste Capítulo, quando espontâneo, será acrescido da multa de 10% (dez por cento), nos 30 (trinta) primeiros dias, com o adicional de 2% (dois apor cento) por mês subseqüente de atraso, além de juros de mora de 1% (um por cento) ao mês e correção monetária, ficando, nesse caso, o infrator, isento de outra penalidade."

A tendência do moderno direito sansionador, mesmo de repercussão fiscal, não é a de aplicação desmedida de uma cominação pecuniária que considera tão-só o prejuízo sofrido pela parte lesada. Leva-se em consideração a repercussão econômica imposta ao sancionado, estabelecendo-se entre um limite e outro a teoria do razoável. A demonstração disso é a limitação da multa civil em 2% e a inserção no novo Código Civil da figura do abuso de direito, através de seu art. 187.

Ora, a multa estabelecida pelo art. 600 da CLT foi decorrência da imposição do chamado *sindicalismo de estado* criado apela Constituição Federal de 1937 (matéria já analisada na parte inicial deste livro), que trazia em sua estrutura a idéia de sindicatos fortes atrelados ao estado, executando funções típicas de administração pública. Portanto, o atraso no recolhimento da contribuição sindical, receita criada para mantê-los atuante, derruía seu lastro de sustentação e, por isso, atentava contra o pensamento estatal dominante. Hoje, quando a Constituição de 1988 sustenta a liberdade sindical como regra e a cobrança de contribuição como exceção; quando se discute com razoável sustentação que a contribuição sindical rural não teria sido recepcionada pela nova ordem constitucional; quando se constata que no valor cobrado incidem percentuais ilegais; quando, paralelamente a ela, foi criada a contribuição confederativa; quando, na condição de tributo aplicado ao campo, deveria considerar a natureza protetiva, manter-se a aplicação literal do art. 600 da CLT, é negar-se que, mesmo na sanção tributária, deve-se olhar as condições do sancionado. Portanto, é razoável a jurisprudência do Tribunal de Justiça do Rio Grande do Sul, que vem limitando a multa progressiva no caso de atraso do recolhimento da contribuição ao máximo de 100% de seu valor originário (*Apelação cível nº 70002053072, da Primeira Câmara Cível Especial e Apelação Cível nº 70004258711, da Primeira Câmara Cível*).

4.3.4.4.2. Juros de mora

O art. 600 da CLT, de aplicação subsidiária na cobrança da Contribuição Sindical Rural, prevê a incidência de juros de mora de 1% (um por cento) ao mês.

A incidência no lançamento de juros de mora sobre a constituição em atraso da Contribuição Sindical Rural tem como pressuposto, por lógica, que tenha havido *atraso, não da confederação, mas do contribuinte*. Se o atraso decorreu da inação da confederação em lançar e cobrar a contribuição, não pode o contribuinte ter que indenizar por um descumprimento que não deu causa. A inércia da confederação deve ser assumida por ela própria. O que se observa, talvez mais por despreparo do que por má-fé, é a inserção de cobrança de multa e juros de mora por atraso exclusivo da confederação. Os juros de mora não assim cobrados caracterizam abuso de direito. Sendo lançados, pode o contribuinte buscar seu afastamento através de recurso administrativo ou mesmo de processo judicial, como a multa.

O percentual de 1% (um por cento) mês, como se trata de juros legais, é plenamente cobrável.

4.3.4.4.3. Correção monetária

Como correção monetária não é sanção, mas simples atualização do valor devido, sempre que houver atraso no lançamento da Contribuição Sindical Rural, não importando quem deu causa, ela deve constar do ato de constituição tributária.

O índice aplicado é o da variação da UFIR.

4.3.4.4.4. Decadência

Decadência é a perda do direito em conseqüência de finalização do prazo a que se achava subordinado É o mesmo que caducidade. Não se confunde com prescrição extintiva, que é a inércia no exercício deste direito.

O Código Tributário Nacional é claro quando no artigo 173 diz que o direito de a Fazenda Pública constituir o crédito tributário extingue-se após 5 (cinco) anos, contados do primeiro dia do exercício seguinte àquele em que o lançamento poderia ter sido efetuado ou da data em que se tornar definitiva a decisão que houver anulado, por vício formal, o lançamento anteriormente efetuado.

Portanto, não constituída a Contribuição Sindical Rural referente a 1997, o prazo decadencial que começou a fluir em 1º de janeiro de 1998 extingue-se em 1º de janeiro de 2003. A pretensão de cobrança de crédito já atingido pela decadência é abuso de direito.

4.3.4.4.5. Prescrição

Embora o tema tratado neste capítulo seja referente ao lançamento da Contribuição Sindical Rural, é importante que não se olvide da prescrição, que é momento posterior e dele decorrente.

Na condição de tributo, a ação para Contribuição Sindical Rural prescreve em 5 (cinco) anos, contados da data de sua constituição, consoante o disposto no artigo 174 do Código Tributário Nacional, podendo ser interrompido, no entanto, pela citação pessoal feita ao devedor, pelo protesto judicial, por qualquer ato judicial que o constituía em mora e por qualquer ato inequívoco, ainda que extrajudicial, que importe em reconhecimento do débito.

Sendo matéria de ordem pública, a prescrição pode ser alegada em qualquer fase judicial, independentemente de seu préquestionamento.

4.3.5. Base de cálculo

A Contribuição Sindical Rural do trabalhador rural empregado não é de difícil aferição. Situação bem mais complexa são as dos demais devedores da contribuição, porquanto a base de cálculo para lançamento e cobrança tem sofrido mudanças desde que o tributo adquiriu autonomia legislativa. De sua instituição em 1969, através do Decreto-Lei nº 789/69, sofreu modificações profundas pelo Decreto-Lei nº 1.166/71 e pela Lei nº 9.701/98.

4.3.5.1. Quando o contribuinte é o trabalhador rural

Embora a base de cálculo para incidência da Contribuição Sindical Rural aos enquadrados como trabalhador rural não tenha sofrido modificações especificamente quanto ao *empregado*, pois para este o valor devido corresponde a um dia de trabalho, o mesmo não se pode afirmar daquele trabalhador sem vínculo empregatício e que explore imóvel rural só ou em conjunto familiar.

Quanto ao trabalhador rural *empregado*, o Decreto-Lei nº 1.166/71 manteve a mesma base do Decreto-Lei nº 789/69, um dia de salário mínimo regional. Como o salário mínimo regional deixou de existir, tem-se que a base de cálculo é correspondente ao valor de um dia do salário mínimo do momento da cobrança. Esta é a atual situação.

O desconto, no entanto, efetuado pelo empregador, considerará o número máximo de assalariados que trabalhem nas épocas de maiores serviços, consoante as informações cadastrais prestadas à Secretaria da Receita Federal para fins de cobrança do Imposto sobre a Propriedade Territorial Rural.

De forma equivocada, o Decreto-Lei nº 789/69, conquanto no artigo 1º, inciso I, letra b, enquadrasse nessa categoria o proprietário ou não que trabalhasse, individualmente ou em regime de economia familiar, não estabeleceu para ele a base de cálculo para a incidência da Contribuição Sindical Rural. Apenas determinou a aplicação da CLT quanto aos *empregados rurais*, como se pode observar na redação do parágrafo único do art. 5º:

> "Art. 5º - ...
> Parágrafo único. A contribuição nos termos deste artigo será devida sem prejuízo da obrigação do recolhimento, pelo empregador na mesma ocasião, da contribuição referente aos demais empregados, se for o caso, na forma dos artigos 582 e 602 da Consolidação das Leis do Trabalho (Decreto-Lei nº 5.452, de 1º de maio de 1943)."

Redimindo-se dessa omissão, o legislador monocrático do Decreto-Lei nº 1.166/71 estabeleceu no § 3º, do artigo 4º, que a Contribuição Sindical Rural para aquele que, proprietário ou não, trabalhasse individualmente ou em regime de economia familiar, seria lançada na forma do art. 580, letra *b*, da Consolidação das Leis do Trabalho, e recolhida diretamente pelo devedor, incidindo, porém, a contribuição apenas sobre um imóvel, ou seja, entre 4% e 10% do maior salário mínimo mensal   vigente no país, redação que lhe deu a Lei nº 4.410, de 21.9.1962.

Na redação atual da CLT (Lei nº 7.047, de 1º de dezembro de 1982), a letra *b* do artigo 580 passou a constituir o inciso II do mesmo artigo, sendo modificado o percentual para 30% (trinta por cento) do *maior valor-de-referência* fixado pelo Poder Executivo, vigente à época em que seria devida a contribuição sindical. A Lei nº 8.178, de 1º de março de 1991, no seu art. 21, inciso II, transformou o maior *valor-de-referência* em valores regionais. E a Lei nº 8.383, de 30 de dezembro de 1991, estes valores expressos em cruzeiros em UFIRs. Transformadas as UFIRs em real, hoje, tem-se como base de cálculo para essa modalidade de trabalhador rural R$ 49,33 (quarenta e nove reais e trinta e três centavos), resultando 30% (trinta por cento) dessa valor, a contribuição sindical rural de R$ 14,80 (quatorze reais e oitenta centavos).

4.3.5.2. *Quando o contribuinte é o empresário ou empregador rural*

No Decreto-Lei nº 789/69 a base de cálculo da Contribuição Sindical Rural para o *empregador rural* era *um dia do salário mínimo regional por módulo e fração contidos no imóvel rural objeto do lançamento (art. 5º)*, com o Decreto-Lei nº 1.166/71, passou a ser de um percentual proporcional ao capital social, caso se tratasse de empregador organizado e, se não, o *valor atribuído ao imóvel rural para efeitos do imposto territorial rural*, conforme os percentuais do art. 580 da CLT, que variam de forma regressiva de 0,8% para até 150 vezes o maior valor-de-referência até 0,02% para até 800.000 vezes o maior valor de referência.

Extinto o *maior valor-de-referência*, por *cruzeiros*, estes foram substituídos pelas *UFIRs*, e estas, pelo *real*.

Vê-se, portanto, que a base de cálculo assim modificada tomou duas vertentes especialmente quanto ao *empresário ou empregador rural*. Sendo ele contábil e juridicamente organizado, a base de cálculo seria um *percentual sobre o capital social registrado da empresa rural*; se não, a base de cálculo seria o *valor por ele declarado ao imóvel rural explorado para efeitos de incidência do Imposto sobre a Propriedade Territorial Rural*.

O capital social registrado como base de cálculo para a cobrança da Contribuição Sindical Rural não é de difícil aferição porque isso é demonstrado pelo estatuto ou contrato social. Difícil é a aferição quando inexiste tal registro porque o parâmetro é idêntico ao do *ITR – o valor da terra nua*.

4.3.5.2.1. *Valor da terra nua*

A Lei nº 9.936/93, que reestruturou o ITR e mudou sua denominação de *Imposto Territorial Rural* para *Imposto sobre a Propriedade Territorial Rural*, na esteira da lei anterior (Lei nº 8.874/94), limitou a base de cálculo para incidência deste tributo ao *valor da terra nua*, que é diferente do *valor do imóvel*.

Diagnose da Contribuição Sindical Rural

O valor da terra nua é obtido abstraindo-se as construções, instalações e benfeitorias, as culturas permanentes e temporárias, as pastagens cultivadas e melhoradas e as florestas plantadas, ou seja, tudo aquilo implementado pelo homem à terra e que contribuiu para aumentar o seu valor. De outro lado, esse valor é o de mercado, e não o histórico, apurado no dia 1º de janeiro do próprio exercício. Nesse sentido Wellington Pacheco Barros.[28]

A própria CNA – Confederação da Agricultura e Pecuária do Brasil – apresenta Tabela para Cálculo da Contribuição Sindical Rural que a partir de 1º de janeiro de 2002, é a seguinte:

Tipos	Capital Registrado ou valor da terra nua em real	Alíquotas	Parcela a adicionar
1	Até 1.425,59	Mínimo de R$ 11,40	
2	De 1.425,60 a 2.851,17	0,8%	
3	2.851,18 a 28.511,86	0,2%	
4	28.511,87 a 2.851.187,38	0,1%	45,62
5	2.851.187,39 a 15.206.332,78	0,02%	2.326,57
6	15.206.332,78 em diante	Contribuição máxima de 5.367,84	

O art. 4º do Decreto-Lei nº 1.166/71, que inovou na base de cálculo da Contribuição Sindical Rural, tem esta redação:

Art. 4º - Caberá ao Instituto Nacional de Colonização e Reforma Agrária (INCRA) proceder ao lançamento e cobrança da contribuição sindical devida pelos integrantes das categorias profissionais e econômicas da agricultura, na conformidade do disposto no presente Decreto-Lei.
§ 1º - Para efeito de cobrança da contribuição sindical dos empregadores rurais organizados em empresas ou firmas, a contribuição sindical será lançada e cobrada proporcionalmente ao capital social, e para os não organizados dessa forma, entender-se-á como capital o valor adotado para o lançamento do imposto territorial do imóvel explorado, fixado pelo INCRA, aplicando-se em ambos os casos as percentagens previstas no artigo 580, letra c, da Consolidação das Leis do Trabalho.
§ 2º - A contribuição devida às entidades sindicais da categoria profissionais será lançada e cobrada dos empregadores rurais e por estes descontados dos respectivos salários, tomando-se por base um de salário mínio regional pelo número máximo de assalariados que trabalhem nas épocas de maiores serviços, conforme declarado no cadastramento do imóvel.

No rastreamento da história da criação da contribuição sindical rural, é bom que se diga, a lei especial que a regulou fez referência à aplicação subsidiária de regras previstas na CLT para a cobrança da contribuição sindical geral. Não houve modificação neste decreto-lei do conceito de trabalhador rural para fins de enquadramento sindical.

---

[28] BARROS, Wellington Pacheco. *Curso de Direito Agrário*, 1º volume, Porto Alegre: Livraria do Advogado, 2002, p. 93/94.

4.3.6. Despesas com sua cobrança. Ilegalidade

O Decreto-Lei nº 1.166/71 repetiu a destinação de 15% da contribuição arrecadada para o INCRA nos mesmos moldes do Decreto-Lei 789/69, *como forma de indenização ao Ente Público Federal pelos serviços prestados e reembolso de despesas efetuadas no lançamento e cobrança da contribuição sindical rural (art. 4º, § 4º)*, ficando também a contribuição sindical atrelada à cobrança do ITR (art. 5º).

Em outras palavras, no valor da Contribuição Sindical Rural continuou embutida parcela que nada tinha a ver com o conceito retributivo de contribuição.

No entanto, tendo sido a administração do lançamento e cobrança passada às confederações, não se explica mais que este percentual continue a ser cobrado dos trabalhadores, empresários ou empregadores rurais. Se já merecia crítica o repasse desse ônus ao contribuinte rural quando da entrada em vigor do decreto-lei, porém até se explicava pela utilização da máquina federal no lançamento e cobrança do tributo, inexistindo esse serviço de terceiro, porque a tarefa foi destinada ao respectivo beneficiário, juridicamente já não tem mais razão de ser. Esse percentual deve ser glosado no lançamento porque sem destinação legal.

A confederação na ação de lançar e cobrar a Contribuição Sindical Rural é Administração Pública por delegação, e esta só pode agir segundo o que determina o postulado legal, consoante o disposto no artigo 37, *caput*, da Constituição Federal. Continuar cobrando a confederação parcela destinada a repor despesas e indenização por prestação de serviço atribuído de forma expressa na lei ao INCRA é prática ilegal e abusiva. De outro lado, justificar que tal percentual representa reposição de despesas e indenização por atos próprios é, além de interpretação contrária à lei, criar um sobretributo, já que no seu cálculo está embutido toda despesas administravas necessárias para sua cobrança.

4.3.7. Percentual destinado à União. Ilegalidade

O Decreto-Lei 1.166/71 não repetiu de forma expressa o Decreto-Lei nº 789/69 quanto à destinação do percentual de 20% da contribuição líquida para o então Ministério do Trabalho e Previdência Social. De forma nebulosa, afirma que o valor líquido da arrecadação deverá *ser transferido pela agência centralizadora da arrecadação à respectiva entidade, obedecidas a distribuição e as normas fixadas em instruções baixadas pelos Ministros do Trabalho e Previdência Social e da Agricultura.*

Diante deste dispositivo legal claramente revogador do art. 8º, inciso I, do decreto-lei anterior, surge a seguinte questão: o percentual de 20% da contribuição líquida destinada ao Ministério do Trabalho e

Previdência Social, hoje Ministério do Trabalho e Emprego, estaria em vigor?

O Decreto-Lei nº 1.166/71, ao deixar de fazer referência expressa ao percentual de 20% destinado ao Ministério do Trabalho e Previdência Social, como categoricamente referia o art. 8º, inciso I, do Decreto-Lei nº 789/69, assim se manifestou:

> "Art. 7º - O produto da arrecadação da contribuição sindical rural, depois de deduzida a percentagem de que trata o § 4º, do art. 4º, será transferido diretamente, pela agência centralizadora da arrecadação, à respectiva entidade, *obedecidas a distribuição e as normas fixadas em instruções baixadas pelos Ministros do Trabalho e Previdência Social e da Agricultura.*"

O questionamento da possibilidade de destinação de 20% do valor da Contribuição Sindical Rural ao Ministério do Trabalho e Emprego toma vulto porque a base legal que estrutura este tributo é o Decreto-Lei nº 1.166/71, e não a Consolidação das Leis do Trabalho. Portanto, omissa esta destinação naquele decreto-lei seria ela cobrável por aplicação subsidiária porque previsto nesta? Ou, poderia uma instrução normativa manter tal destinação?

Ao relegar *às normas fixadas em instruções baixadas pelos Ministros do Trabalho e Previdência Social e da Agricultura* a distribuição da contribuição sindical rural, pretendeu o legislador se referir apenas àquelas parcelas destinadas à confederação, federação e aos sindicatos e não estava embutindo que também se referia ao percentual destinado ao Ministério do Trabalho e Previdência Social. Isso porque houve deliberadamente por parte do legislador a supressão da destinação de parte do tributo ao governo federal por ausência de previsão legal na Constituição de 1967. Não é possível admitir-se um tamanho subterfúgio para se criar ou para se continuar obtendo uma receita de forma menos visível que a de passado tumultuado como era esse homônimo chamado de *Fundo Social Sindical* previsto em 1943 na CLT que, de tanto desperdício, foi substituído pelo crédito na *Conta: Emprego e Salário* de tormentoso gerenciamento já que canalizado diretamente para a União.

Quanto à possibilidade de criação de imposto através de instrução normativa, o art. 3º do Código Tributário Nacional (Lei nº 5.171, de 25 de outubro de 1966) já vedava, ao exigir lei específica para tanto, ordenamento que foi recepcionado pela Constituição Federal de 1967, através de seu art. 19, inciso I. Portanto, mesmo no momento da edição do Decreto-Lei nº 1.166/71, o ordenamento jurídico não permitia ser possível criar-se tributo por ato administrativo, mesmo que tivesse ele caráter de normativo.

Repete-se que a Contribuição Sindical Rural surgiu e se mantém com estrutura legal própria, o Decreto-Lei nº 789/69, substituído pelo Decreto-Lei nº 1.166/71. Por via de conseqüência, mesmo que não fosse razoável o argumento de inconstitucionalidade do Decreto-Lei nº 1.166/71 frente à Constituição de 1967, também não se poderia evocar a aplicação subsidiária dos artigos que tratam da contribuição sindical constante da CLT, pois esta, como aquela, também não encontraria eco constitucional.

Não fossem estes argumentos suficientes para afastar a legitimidade de destinação de parte da Contribuição Sindical Rural à União, é possível ainda enumerar mais um, no campo agora da interpretação das leis. Dispondo o Decreto-Lei instituidor da contribuição sindical rural que 20% desta contribuição se destinava ao Ministério do Trabalho e da Previdência Social e, omitindo o ordenamento seguinte, Decreto-Lei nº 1.166/71, sobre tal destinação, por óbvio que aquele percentual deixou de ter fundamento legal para cobrança por revogação tácita. Isto é princípio de hermenêutica jurídica inserta no art. 2º, § 1º, da Lei de Introdução ao Código Civil (*a lei posterior revoga a anterior quando expressamente o declare, quando seja com ela incompatível ou quando regule inteiramente a matéria de que tratava a lei anterior*). De outro lado, sendo a própria Contribuição Sindical Rural um tributo, a ela se aplicavam todos os pressupostos legais para sua instituição e, entre eles, o de só poder ser instituído por lei específica, e não por ato administrativo mesmo que sua exteriorização seja por delegação, consoante dispunha o art 18, § 1º, da Constituição de 1967 (*Lei complementar estabelecerá normas gerais de direito tributário, disporá sobre conflitos de competência nessa matéria entre a União, os Estados, o Distrito Federal e os Municípios, e regulará as limitações constitucionais do poder de tributar*), e o art 19, inciso I (*é vedado à União instituir ou aumentar tributo sem lei que o estabeleça*), da mesma Constituição Federal.

Não fora isso, todos os parágrafos que se seguiram ao art. 7º em comento, fazem referência aos percentuais destinados às confederações, federações e sindicatos, nada dizendo sobre o percentual do Ministério do Trabalho e da Previdência Social. Assim, por mais que se entenda constitucional a Contribuição Sindical Rural frente ao art. 21, § 2º, inciso I, da Constituição Federal de 1967, em decorrência da Emenda Constitucional nº 8, de 14 de abril de 1977, que possibilitou a instituição de contribuição pela União para atender diretamente o custeio dos encargos previdenciários, não se explica a inserção dentro de um tal permissivo de parcela que é um verdadeiro imposto, e não contribuição, já que não tem qualquer destinação específica.

Não fora isso, o percentual de 20%, hoje, constituiria receita federal exclusiva. Logo, como tal, não seria possível sua delegação para lançamento e cobrança por entidade privada afastando-se todo processo administrativo-fiscal.

4.4. Contribuição Sindical Rural como instrumento fiscal para implementação de política agrícola

Não fossem os vários argumentos já enunciados razoáveis para se poder afirmar a existência duvidosa da Contribuição Sindical Rural como conceito jurídico vigente perante a nova ordem constitucional, especialmente aqueles que dizem respeito com a sua recepção frente à Constituição de 1988; a cobrança de 15% a título de despesas e remuneração por serviços prestados quando quem o está lançando e cobrando são as próprias entidades beneficiárias e o dispositivo que destina 20% ao Ministério do Trabalho e Emprego, é de se pensar, especialmente quanto a esta última, que uma tal contribuição à União, verdadeiramente travestida de imposto, esbarraria no *Capítulo III – Da Política Agrícola e Fundiária e da Reforma Agrária –*, prevista na Carta Maior, mais precisamente no art 187, que impõe ao processo legislativo de criação de diretrizes que digam respeito à política agrícola e fundiária, uma co-participação de todos os interessados, entre eles produtores e trabalhadores rurais, para, dentre outros pressupostos, estabelecerem regras fiscais compatíveis à realidade agrária, quando diz:

"Art. 187. A política agrícola será planejada e executada na forma da lei, com a participação efetiva do setor de produção, envolvendo produtores e trabalhadores rurais, bem como dos setores de comercialização, de armazenamento e de transporte, levando em conta, especialmente:
I – instrumentos creditícios e fiscais;"

Dessa forma, um percentual apócrifo de 20% do valor da Contribuição com destinação para uma conta gerida pelo Ministério do Trabalho e Emprego, portanto pela União, incidente sobre o campo, deixando de passar pelo crivo da participação dos vários setores que nele trabalham, fere regra constitucional que estabelece exatamente o contrário.

4.5. Entendimento do STF quanto ao instituto

Quando se apresentou a análise distintiva entre a Contribuição Sindical e a Contribuição Sindical Rural, especialmente no tocante à estrutura legal que as sustenta, foi possível se afirmar que a jurisprudência do Supremo Tribunal Federal ainda não se consolidou a respeito da legitimidade desta última.

É certo que os argumentos da corrente que sustenta a sua legalidade tem como paradigma decisão monocrática proferida pelo Ministro Néri da Silveira, no RE 277.654/SP, proferida em 14.02.2002, em que é recorrida a Confederação Nacional da Agricultura – CNA –, nestes termos:

"Vistos.

Cuida-se de recurso extraordinário interposto com fundamento no art. 102, III, 'a', da Constituição Federal, contra decisão proferida apela Quinta Câmara de Direito Privado do Tribunal de Justiça do Estado de São Paulo, que entendeu legítima a cobrança da contribuição sindical rural ajuizada pela Confederação Nacional da Agricultura –CNA.

Em suas razões, sustenta o recorrente, em resumo, que a decisão recorrida, ofende o artigo 8°, IV, da Constituição Federal.

Na conformidade da jurisprudência desta Corte, a contribuição sindical possui natureza tributária, sendo, pois, exigível de todos os integrantes da categoria, independentemente de filiação ao sindicado, nos termos do art. 8°, IV, in fine, da Constituição Federal. Nesse sentido, dentre outros, os RREE 198.092/SP, DJ de 11.10.1996; 176.638/SP. Min. MOREIRA ALVES.

No que pertine à recepção do Decreto-Lei n° 1.166/71, pela nova ordem constitucional, destaco a decisão RE 180.745/SP, rel. ministro SEPÚLVEDA PERTENCE, DJ de 08.05.1998: 'EMENTA; Sindicato; contribuição sindical da categoria: recepção. A recepção pela ordem constitucional vigente da contribuição sindical compulsória, prevista no art. 578 CLT e exigível de todos os integrantes da categoria, independentemente de sua filiação ao sindicato resulta do art. 8°, IV, in fine, da Constituição; não obsta à recepção a proclamação, no caput do art. 8°, do princípio da liberdade sindical, que há de ser compreendido a partir dos termos em que a Lei Fundamental a positivou, nos quais a unicidade (art. 8°,II) e a própria contribuição sindical de natureza tributária (art. 8°, IV - marcas características do modelo corporativista resistente), dão a medida da sua relatividade (cf. MI 144, Pertence, RTJ 147/868,874); nem impede a recepção questionada a falta da lei complementar prevista no art. 146, III, CFG, à qual alude o art. 149, à vista do disposto no art. 34, §§ 3° e 4°, das Disposições Transitórias (cf. REE 146.733, Ministro Moreira Alves, RTJ 146/684, 694).

Do exposto, com base no art. 38, da Lei n° 8.038, de 28 de maio de 1990, no art. 21, § 1°, do RISTF, nego seguimento ao recurso extraordinário.

Publique-se.

Brasília, 14 de fevereiro de 2002.

Ministro NÉRI DA SILVEIRA

Relator."

No entanto, tal decisão está calcada em equívoco, já que todos os paradigmas por ela citados dizem respeito à contribuição sindical, e não à Contribuição Sindical Rural.

Orientação mais específica é a proferida nos *Embargos de Declaração em Agravo Regimental em Recurso Extraordinário, n° 289.075-8/SP*, tendo como Relator o Min. Maurício Correa, datado de 05.03.2002, nestes termos:

"EMBARGOS DE DECLARAÇÃO EM AGRAVO REGIMENTAL EM RECURSO EXTRAORDINÁRIO. CONSTITUCIONAL. SINDICATO RURAL. CONTRIBUIÇÃO SINDICAL: CF/88, ARTIGO 8°, IV. REGULAMENTAÇÃO. NECESSIDADE.

1. Sindicato rural. Contribuição Sindical. Exigibilidade. Necessidade de edição da lei regulamentadora prevista no parágrafo único do artigo 8° da Constituição Federal. Precedente.

2. A norma constitucional, sem estabelecer qualquer distinção entre sindicato patronal ou de empregados rurais, ampliou a aplicação das disposições referentes à organização de sindicatos rurais e de colônias de pescadores, atendidas as condições que a lei estabelecer. A teria dirimida pelo acórdão embargado. Vícios no julgado. Inexistência.

3.Embargos de declaração rejeitados."

Diagnose da Contribuição Sindical Rural

4.6. A Contribuição Sindical Rural como instituto de Direito Agrário

No Brasil, o sistema jurídico não é uniforme. Quando a Constituição Federal, no seu artigo 22, inciso I, estabelece a competência da União para legislar sobre direito civil, comercial, penal, processual, eleitoral, *agrário*, marítimo, aeronáutico, espacial e do trabalho, não só está delimitando o agir do ente público federal, como também está declarando a existência autônoma de vários ramos de direito. E quando a lei outorga autonomia de um direito, está declarando que este possui princípios e regras específicas. No desenvolvimento deste livro, ficou evidente a utilização de vários princípios de direito agrário, como é o conceito de imóvel rural, de propriedade rural e familiar, módulo rural, exploração econômica rural, demonstrando exatamente a que ramo do direito a contribuição sindical mais se identifica.

O direito agrário, como ramo da ciência jurídica, é de estudo recente no Brasil. Seu nascimento, com autonomia própria, tem um marco inicial dentro do direito positivado: é a Emenda Constitucional nº 10, de 10.11.64, que outorgou competência à união para legislar sobre a matéria ao acrescentar ao art. 5º, inciso XV, letra *a*, da Constituição de 1946, a palavra *agrário*, mantida essa competência na Constituição atual (art. 22, inciso I).

O surgimento desse sistema jurídico diferenciado não ocorreu por mero acaso. A pressão política, social e econômica dominante naquela época, forçou a edição de seu aparecimento, até como forma de justificação ao movimento armado que eclodira poucos meses antes e que teve como estopim o impedimento a um outro movimento que pretendia, especificamente no universo fundiário, eliminar a propriedade como direito individual. Dessa forma, toda a idéia desse novo direito, embora de origem político-institucional revolucionária, tem contornos nitidamente sociais, pois seus dispositivos claramente visam a proteger o homem do campo em detrimento do proprietário rural. A sua proposta, portanto, lastreou-se no reconhecimento de que havia uma desigualdade enorme entre o homem que trabalhava a terra e aquele que a detinha na condição de proprietário ou possuidor permanente.

Antes de seu surgimento, as relações e os conflitos agrários eram estudados e dirimidos sobre a ótica do direito civil, que é todo embasado no sistema de igualdade de vontades. O trabalhador rural, por essa ótica, tinha tanto direito, quanto o homem proprietário das terras onde trabalhava.

Um dos principais princípios do direito agrário é a busca da justiça social através de suas regras. E justiça social no campo do direito é a compreensão de que deve ser dada uma maior proteção de benefícios jurídicos aos desiguais porque nas suas relações econômicas ou até mesmo sociais eles estão desprotegidos ou em desigualdades no tocante ao direito. A lei que é portadora de justiça social é notoriamente desigual porque dá mais direito a quem tem menos. Portanto, sendo a Contribuição Sindical Rural afeta às relações jurídicas do campo, o pensamento que se pode retirar é o de que, na dúvida, não se pode penalizar aquele que, pela própria estrutura de trabalho, precisa de muita álea para obter sucesso econômico e, por uma política agrícola governamental, em desrespeito aos primados constitucionais, foi abandonado à própria sorte, diferentemente de qualquer outro país que entende que a atividade primária é a base de qualquer sucesso.

4.7. Críticas à existência da Contribuição Sindical Rural

A Constituição de 1937 impôs ao Brasil o sindicalismo de Estado. De arregimentação livre de pessoas com comum interesse profissional, passou-se à associação obrigatória em todos os níveis, tudo plasmado na idéia política de que era através da tutela dos sindicatos que o estado implementaria sua verdadeira função de socialização do trabalho. Orlando Gomes e Elson Gottschalk[29] disseram sobre esta circunstância:

"... respaldado na Carta de 1937 de recorte corporativista à italiana, como está dito pelo seu principal mentor e autor do projeto, o sindicalismo sofreu 'um controle realmente minucioso', *Não falando no controle de aprovação, do controle de destituição e do controle de intervenção, cujos fundamentos já mencionados, instituiu-se também o controle orçamentário etc.* (os grifos são dos Autores). Não se precisa descer a maior análise deste estatuto, para se verificar que a liberdade sindical, perante ele e na prática de sua execução, fora profundamente golpeada nos seus aspectos da autonomia, em face do Estado, do grupo em face de outros grupos e do próprio indivíduo em face do grupo. Desde o nascimento à morte, o sindicato viveu nas estufas do Ministério, e da Exposição de Motivos que o acompanhou à sanção presidencial dizia, sem retórica, que *com a instituição deste registro, toda a vida das associações profissionais passará a gravitar em torno do Ministério do Trabalho: nele nascerão; com ele crescerão; ao lado dele de desenvolverão; nele se extinguirão*".

O espectro de atuação sindical assim criado, onde o organismo exercia função delegada de estado, sendo, portanto, suas atribuições típicas de administração pública, impunha necessidade de gerar receitas suficientes para cobrir os gastos administrativos e de melhoria da categoria econômica ou profissional que abrangesse. A verdadeira natureza de criação do imposto sindical tinha, assim, dupla finalidade institucional.

---

[29] *Curso de direito do trabalho*. 5ª ed. Rio de Janeiro: Forense, p. 509.

É fácil se imaginar o descalabro que este imposto produziu no sindicalismo estatal, tamanha era sua dilapidação, quer quanto a sua verdadeira aplicação, quer quanto a sua distribuição.

E a idéia foi a de criar uma contribuição obrigatória denominada de "imposto sindical". Em outras palavras, o Estado não se propôs a manter os sindicatos, cuja existência tornou obrigatória, através de repasses de recursos orçamentários próprios. Em vez disso, criou um imposto anômalo para subsidiá-lo.

O Decreto-Lei nº 2.377, de 08 de julho de 1940, foi o instrumento jurídico instituidor do então chamado imposto sindical, desta forma:

> "Art. 1º - As contribuições devidas aos sindicatos pelos que participem das categorias econômicas ou profissionais representadas pelas referidas entidades consoante as alíneas 'a' do art. 38 e 'f' do art. 3º do Decreto-Lei nº 1.402, de 5 de julho de 1939 serão, sob a denominação de 'imposto sindical', pagas e arrecadadas pela forma estabelecida nesta Decreto-Lei
> Art. 2º - O imposto sindical é devido, por todos aqueles que participem de uma determinada categoria econômica ou profissional em favor da associação profissional legalmente reconhecida como sindicato representativo da mesma categoria."

Quanto ao valor deste tributo, o art. 3º do decreto-lei citado assim estabeleceu:

> "Art. 3º O imposto sindical será pago de uma só vez, anualmente, e consistirá:
> a) na importância correspondente à remuneração de um dia de trabalho, para os empregadores, quaisquer que seja a forma da referida remuneração:
> b) para os empregadores, numa importância fixa, proporcional ao capital registrado da respectiva firma ou empresa (segue-se a tabela em valores da época);
> c) para os trabalhadores por conta própria, numa importância variável de...(seguem-se os percentuais da época)."

É de se observar, por interpretação conseqüente do dispositivo legal enfocado, que na sua origem, a contribuição sindical exigia o cumprimento dos seguintes requisitos:

a) obrigatoriedade na sua cobrança;
b) limitação a certa categoria econômica ou profissional
c) vinculação a sindicato correspondente
d) cuja existência era obrigatória

Dessa forma, é forçoso reconhecer que a obrigatoriedade da cobrança da contribuição sindical estava limitada e condicionada à existência de uma categoria econômica ou profissional, desde que representada por sindicato, cuja obrigatoriedade era imposta por lei. Portanto, não se pudesse ser definido certa categoria econômica ou profissional ou mesmo inexistindo sindicato legalmente constituído, a contribuição sindical não era devida. Só que isto não ocorria porque a existência de sindicatos era tutelada pelo Estado, como já foi observado em outro tópico.

Induvidoso que esta legislação, como todas as demais pertinentes ao trabalho, foram consolidadas em instrumento jurídico único, chamado Consolidação das Leis do Trabalho. O Decreto-Lei nº 27, de 14 de novembro de 1966, acresceu o inciso I ao art. 217 do Código Tributário Nacional, que passou a ter esta redação:

"Art. 217 *(omissis)*
I – da 'contribuição sindical', denominação que passa a ter o imposto sindical de que tratam os arts 578 e seguintes, da Consolidação das Leis do Trabalho, sem prejuízo no disposto no art. 16, da Lei nº 4.589, de 11 de dezembro de 1964;"

E por sua vez o Decreto-Lei nº 229, de 28.02.1967, modificando a nomenclatura, passou a chamar a contribuição de "contribuição sindical", na CLT que passou a ter a seguinte redação:

"DA CONTRIBUIÇÃO SINDICAL
SEÇÃO I
DA FIXAÇÃO E DO RECOLHIMENTO
DA CONTRIBUIÇÃO SINDICAL
SEÇÃO II
DA APLICAÇÃO DA CONTRIBUIÇÃO SINDICAL
Art. 592. A contribuição sindical, além das despesas vinculadas à sua arrecadação, recolhimento e controle, será aplicada pelos sindicatos, na conformidade dos respectivos estatutos, visando aos seguintes objetivos:
I - Sindicatos de empregadores e de agentes autônomos:
a) assistência técnica e jurídica;
b) assistência médica, dentária, hospitalar e farmacêutica;
c) realização de estudos econômicos e financeiros;
d) agências de colocação;
e) cooperativas;
f) bibliotecas;
g) creches;
h) congressos e conferências;
i) medidas de divulgação comercial e industrial no País, e no estrangeiro, bem como em outras tendentes a incentivar e aperfeiçoar a produção nacional;
j) feiras e exposições;
l) prevenção de acidentes do trabalho;
m) finalidades desportivas.
II - Sindicatos de empregados:
a) assistência jurídica;
b) assistência médica, dentária, hospitalar e farmacêutica;
c) assistência à maternidade;
d) agências de colocação;
e) cooperativas;
f) bibliotecas;
g) creches;
h) congressos e conferências;
i) auxílio-funeral;
j) colônias de férias e centros de recreação;
l) prevenção de acidentes do trabalho;
m) finalidades desportivas e sociais;
n) educação e formação profissional;
o) bolsas de estudo.
III - Sindicatos de profissionais liberais:
a) assistência jurídica;

b) assistência médica, dentária, hospitalar e farmacêutica;
c) assistência à maternidade;
d) bolsas de estudo;
e) cooperativas;
f) bibliotecas;
g) creches;
h) congressos e conferências;
i) auxílio-funeral;
j) colônias de férias e centros de recreação;
l) estudos técnicos e científicos;
m) finalidades desportivas e sociais;
n) educação e formação profissional;
o) prêmio por trabalhos técnicos e científicos.
IV - Sindicatos de trabalhadores autônomos:
a) assistência técnica e jurídica;
b) assistência médica, dentária, hospitalar e farmacêutica;
c) assistência à maternidade;
d) bolsas de estudo;
e) cooperativas;
f) bibliotecas;
g) creches;
h) congressos e conferências;
i) auxílio-funeral;
j) colônias de férias e centros de recreação;
l - educação e formação profissional;
m) finalidades desportivas e sociais."

Vê-se, portanto, que a gênese do imposto sindical, hoje com definição mais técnica de contribuição sindical, teve sua origem não na necessidade de contraprestar um serviço público delegado de amplas atribuições ante a obrigatoriedade de sindicalização, que era uma preocupação institucional do estado, mas de simplesmente fazer incidir uma prestação pecuniária sem essa obrigatoriedade, tendo como base de incidência a exclusiva participação de alguém em determinada categoria econômica ou profissional ou mesmo no exercício de profissão liberal legalmente reconhecida por lei, função que é típica do tributo chamado imposto.

Se a estrutura político-institucional impunha a criação da Contribuição Sindical Rural, hoje, em plena liberdade sindical, ela soa atônica, merecendo urgente revogação ou revisão. Não fora isso, e como já demonstrado, é duvidosa não só a recepção do Decreto-Lei nº 1.166/71 que a regra pela Constituição de 1988, como a cobrança sem causa do percentual de 15% a título de despesas por lançamento e cobrança (razoáveis enquanto feitos pelo IBRA, pela INCRA ou pela Secretaria da Receita Federal) e, em especial, a famigerada destinação de 20% do valor líquido cobrado para o Ministério do Trabalho. O antigo *Fundo Social Sindical*, hoje *Conta Emprego e Salário*, constituído de 20% das contribuições arrecadadas, é uma excrescência jurídica, porque não se sustenta o argumento de possibilidade de recepção pela nova estrutura constitucional de 1988 e aplicação dos arts. 578 e seguintes da CLT.

Orlando Gomes e Elson Gottschalk,[30] numa dura e pertinente crítica ao sindicalismo sustentado com verba pública, assim se expressam:

"A contribuição sindical representa, no fundo, uma deformação legal do poder representativo do sindicato. Baseado numa fictícia representação legal dos interesses gerais da categoria profissional (artigo 138 da Carta de 1937) atribui-se, por lei, ao sindicato, os recursos tributários impostos pelo próprio Estado, à guisa de estar legislando em nome do sindicato. Daí dizer-se que o mesmo tem poderes de impor contribuições a todos os que pertencem às categorias econômicas e profissionais (letra *e*, art. 513, CLT). Faltando soberania ao sindicato dada a sua condição de pessoa de direito privado, não possuindo, portanto, o *jus imperii*, o Estado como seu partner, contracenou como seu alter-ego, representando os interesses gerais da categoria. Estes, como o coro de vozes da tragédia grega, vêm à ribalta por intermédio de um personagem fictício – o sindicato – manobrado, tal fora um bonifrate, dos bastidores, pelo Estado. Daí a tragédia do sindicalismo que o sarcasmo popular intitulou de peleguismo, pois, como é da própria sabedoria popular, - quem dá o pão dá o castigo. O sindicato, alimentado por um tributo público, vivendo às expensas do Estado, controlado por este, perdeu a sua independência, alienou toda a sua liberdade. Se todas as modalidades de controles, que o sistema sindical pátrio impõe ao sindicato deixassem de existir, por uma reforma completa da lei sindical, bastaria a permanência deste tributo para suprimir-lhe qualquer veleidade de independência. Nenhum Estado pode dispensar-se da tutela às pessoas jurídicas, quando fornece os recursos que lhes mentem a sobrevivência. Pensar de modo diferente e raciocinar em termos irreais, fantasiosos, quando não o seja de má-fé.

Vai daí que se criou esta figura híbrida de uma pessoa de direito privado nutrida por tributos públicos extra-orçamentários. outorgando-se-lhe poderes e capacidade processual para a cobrança da dívida ativa, com iguais privilégios da Fazenda Pública, mas se lhe não concede foro especial. As certidões, o levantamento das dívidas tudo é feito pelos órgãos públicos, mas na cena judiciária quem aparece, é o personagem de que falamos ainda há pouco. Em nenhum país democrático, que preza a liberdade sindical, jamais se instituiu semelhante tributação.

Os sindicatos, ali, vivem de seus próprios recursos, previstos nos seus estatutos; e são eles que dão força ao sindicalismo independente. Tributos dessa ordem são próprios ao sistema corporativo tipo italiano da era mussoliniana, que sobrevivem, por acaso, em pouquíssimos países."

O Decreto-Lei nº 1.166, de 15 de abril de 1971, que estruturou a contribuição sindical para os integrantes das categorias profissionais e econômicas da agricultura, dispondo sobre o enquadramento do trabalhador rural e do empresário ou empregador rural, bem assim a forma administrativa de solução dos conflitos sobre esse enquadramento, o lançamento e cobrança pelo INCRA e a forma de repasse para os respectivos sindicatos, merece extirpação do universo jurídico nacional.

Não fora isso, a co-existência da Contribuição Sindical Rural com a contribuição federativa cria um constrangimento para Confederações por tributar duplamente um setor da sociedade que elas próprias

---

[30] Obra citada, p. 538.

proclamam deficitário, tanto que se levantam empunhando essa bandeira de luta.

4.8. Propostas legislativas de mudanças da Contribuição Sindical Rural

A Contribuição Sindical Rural tem produzido insatisfações até mesmo nas confederações sindicais, que são suas beneficiárias diretas, e em maior volume naqueles que são obrigados a pagá-la, como o trabalhador, empregador ou empresário rural, e este eco tem chegado ao Congresso Nacional. A grande quantidade de projetos em tramitação quer de emendas constitucionais, quer de leis ordinárias, servem para demonstrar que a Contribuição Sindical Rural é um forte fator de discórdia no campo, uma verdadeira Éris a inquietar a atividade primária.

Os inúmeros projetos que tramitam na Câmara e no Senado Federal demonstram um leque bem variado de idéias na tentativa de mudar a situação legislativa presente. São desde *Projetos de Emenda à Constituição* (PECs), modificando o artigo 8º da Constituição Federal com a extinção de criação de contribuições obrigatórias, até a extinção pura e simples da Contribuição Sindical Rural na CLT, como *Projetos de Lei* (PL) aumentando para quatro módulos rurais o enquadramento sindical de empresário ou empregador rural, redefinindo o seu conceito para enquadramento sindical rural, mudando a base de cálculo e as respectivas alíquotas. Os projetos em tramitação são os seguintes:

1 – PEC-102/1955 – Dá nova redação ao artigo 8º da Constituição Federal, eliminando a unicidade sindical, bem como as contribuições obrigatórias;

2 – PEC-247/2000 – Dá nova redação ao artigo 8º da Constituição Federal, vedando a instituição de contribuição sindical aos não-filiados a sindicado o desconto em folha de pagamento de qualquer contribuição sindical;

3 – PEC-252/2000 – Dá nova redação ao art. 8º da Constituição Federal e, entre outras propostas, extingue a contribuição sindical compulsória;

4 – PL-60/1991 – Extingue a contribuição sindical de que tratam os artigos 578 a 610 da Consolidação das Leis do Trabalho;

5 – PL-523/1999 – Modifica o enquadramento para fins da Contribuição Sindical Rural em 4 módulos rurais;

6 – PL-830/1991 – Dá nova estrutura legal à Contribuição sindical;

7 – PL-989/1999 – Acrescenta parágrafo único ao art. 1º do Decreto-Lei nº 1.166/70 e proíbe a inclusão do devedor da Contribuição Sindical ser inscrito no CADIN;

8 – PL-1.528/1989 – Dispõe sobre a organização sindical e, entre outras situações, estrutura a Contribuição Sindical;

9 – PL-1.646/1996 – Regula ao art. 8º da Constituição Federal, estruturando a contribuição sindical;

10 – PL-3.003/1997 – Dispõe sobre a contribuição negocial de custeio do sistema federativo;

11 – PL-3.358/1997 – Dispõe sobre a contribuição do sistema confederativo e extingue a contribuição sindical;

12 – PL-3.408/1989 – Dispõe sobre a organização sindical e regulamenta contribuição sindical;
13 – PL-4.283/1998 – Dispõe sobre a contribuição confederativa e contribuição sindical;
14 – PL-5.169/1990 – Torna a contribuição sindical facultativa;
15 – PL-901/1995 – Altera a redação do parágrafo primeiro do artigo 4º do Decreto-Lei nº 1.166/71, modificando a alíquota;
16 – PL-916/1995 – Altera o Decreto-Lei nº 1.166/71 (revoga o dispositivo que enquadra o trabalhador rural como empresário ou empregador rural);
17 – PL-934/1995 – Altera o Decreto-Lei nº 1.166/71 (classifica como empregador aquele que tem mais de 4 módulos rurais);
18 – PL-5.039/2001 – Dispõe sobre o enquadramento do proprietário rural que trabalha em regime de economia familiar como contribuinte da contribuição sindical rural;
19 – PL-5.249/2001 – Altera a tabela de cálculo da contribuição sindical rural;
20 – PL-5.285/2001 – Dispõe sobre o processo de lançamento, cobrança e distribuição da contribuição sindical rural;
21 – PL-5.343/2001 – Dispõe que a contribuição sindical rural não pode ultrapassar vinte por cento do valor do Imposto Territorial Rural;
22 – PL-5.817/2001 – Altera o artigo 1º do Decreto-Lei nº 1.166/71, para dispor sobre a conceituação de trabalhador e empregador rurais para fins de contribuição sindical rural;
23 – PL-6.209/2002 – Dispõe sobre a base de cálculo da contribuição sindical rural de empregador não organizado como empresa ou não obrigado ao registro do capital social;
24 – PL-6.208/2002 – Acrescenta parágrafo único ao art. 578 da Consolidação das Leis do Trabalho – CLT, aprovada pelo Decreto-Lei nº 5.452, de 1º de maio de 1943, para dispor sobre o direito de opor-se ao pagamento de contribuição sindical, tornando-a inexigível, e dá outras providências.

5. Processos que envolvem a Contribuição Sindical Rural

A Contribuição Sindical Rural, como se encontra atualmente legislada, tem produzido perplexidade na interpretação de sua estrutura, quer no campo da legitimação material, quer no processo de sua constituição. A inexistência de uma lei clara e abrangente gera dúvidas enormes, inclusive quanto à sua recepção pela Constituição de 1988, como já exaustivamente examinado.

Próprio de um sistema legislativo atrofiado, onde a criação do comando legal é dicção monocrática, o decreto-lei muitas vezes emergia sem o crivo da discussão e por isso implantava anomalias no sistema jurídico positivado. Este é o caso típico do Decreto-Lei nº 1.166/71, que estruturou a Contribuição Sindical Rural e que, apesar de seus mais de trinta anos, não criou um juízo de credibilidade. Muito pelo contrário, serve de fator de intranqüilidade àqueles que estudam o direito e, em maior proporção, aos que são obrigados a cumpri-lo. Enquanto não modificado ou mesmo revogado, o Decreto-Lei nº 1.166/71 vai deixando sua marca de insatisfação no campo do direito e no direito do campo.

As dúvidas sobre a legitimação da Contribuição Sindical Rural já foram estudadas. A análise que agora será feita diz respeito aos processos que envolvem sua real aplicação.

5.1. Processo administrativo de registro sindical

Embora a Constituição, no seu artigo 8º, *caput*, reze que *é livre a associação profissional ou sindical*, e no inciso I, observe que *a lei não poderá exigir autorização do Estado para a fundação de sindicato*, no entanto, essa liberdade é imediatamente relativada quando condiciona o seu *registro no órgão competente* e, no inciso II, diz que *é vedada a criação de mais de uma organização sindical, em qualquer grau, representativa de categoria profissional ou econômica, na mesma base territorial, que será definida pelos trabalhadores ou empregados interessados, não podendo ser inferior à área de um Município.*

O processo de criação, fusão, incorporação, dissociação e extinção de entidades sindicais se instrumentaliza através de assembléias e respectivos estatutos livremente discutidos pelos interessados, desde que respeitadas as limitações impostas na Constituição Federal de unicidade sindical, base sindical mínima, sindicalização por categoria e adequação ao sistema confederativo.

Mas é o registro dos estatutos assim criados que dá à entidade sindical sua personalidade jurídica para adquirir direitos e obrigações. Este registro, embora contestado por doutrinadores como Roberto Barreto Prado,[31] José Segadas Viana[32] e João José Sady.[33] que exigem provisão legal para a capacitação jurídica das entidades sindicais, é feito no Ministério do Trabalho e Emprego, consoante entendimento já exarado pelo STJ, e não no Registro Civil das Pessoas Jurídicas (daí por não aplicável a Lei nº 6.015, de 31.12.1973, que dispõe sobre os registros públicos), que apenas registra as pessoas jurídicas civis. Por se tratar de uma pessoa jurídica especial, seu registro tem regras específicas, como é o caso da sociedade de advogados que adquire personalidade jurídica registrando seu contrato social na OAB.

Como órgão registrador, não compete ao Ministério do Trabalho interferir nas discussões relativas à estrutura típica de organização sindical. Sua competência fica limitada a admitir ou não o registro. Assim, formalmente perfeito o pedido, o registro da entidade sindical surge como obrigação ministerial, em respeito ao princípio preponderante que é o da liberdade sindical. A Portaria do Ministério do Trabalho e Emprego nº 343, de 04 de maio de 2000, é que rege o registro das entidades sindicais, sendo o Secretário de Relações do Trabalho a autoridade competente para efetuá-lo.

A negativa de registro feita pela autoridade delegada do Ministério do Trabalho a uma entidade sindical que preencha os requisitos de unicidade sindical, base territorial mínima, sindicalização por categoria e adequação ao sistema confederativo, que são as restrições constitucionais, produz ato administrativo ilegal passível de recurso administrativo como forma de controle interno ou ações judiciais de controle como o mandado de segurança individual ou coletivo ou mesmo ação ordinária perante a Justiça Federal.

Sobre o registro das entidades sindicais, diz com propriedade José Cláudio Monteiro de Brito Filho:[34]

---

[31] PRADO, Roberto Barreto. *Curso de Direito Sindical*. São Paulo: LTr, 1991.

[32] VIANA, José Segadas. *Instuições de Direito do Trabalho*. São Paulo: LTr, 1991, vol II, p. 1007.

[33] SADY, João José. *Curso de Direito Sindical*. São Paulo: LTr, 1998, p. 73.

[34] BRITO FILHO, José Cláudio Monteiro de. *Direito Sindical*. São Paulo: LTr, 2000, p. 137.

"O registro das entidades sindicais, que já entendemos como limitação, deve ser encarado com naturalidade, representando, hoje em dia, apenas forma de aquisição de personalidade jurídica. Antes da Constituição Federal de 1988, ressalte-se, a situação era outra, considerando que o registro era concedido pelo Ministro do Trabalho, de forma discricionária, pelo que se poderia dizer que havia restrição à liberdade sindical.

Hoje em dia não. O registro é, somente, forma de aquisição de personalidade, e, se em alguns casos pode ser negado, isso ocorre ou por vício formal, que pode ser sanado, ou por desrespeito às restrições existentes à liberdade de organização (unicidade, base territorial mínima, sindicalização por categoria e adequação ao sistema confederativo), pelo que não é ele, o registro, que atua como limitador, mas sim as restrições que devem ser observadas para que ele possa ser efetuado."

5.2. Processo administrativo de dúvida no enquadramento sindical

Enquadramento sindical é a classificação atribuída a uma pessoa como integrante de uma categoria profissional ou econômica para efeitos sindicais. Não se nega que, embora a Constituição Federal, no seu artigo 8º, estabeleça a liberdade sindical, o faz de forma relativa, pois condiciona esta liberdade a pressupostos que ela própria prescreve, como a unicidade sindical, base territorial mínima, adequação ao sistema confederativo e, ao que interessa sustentar, *sindicalização por categoria.*

Desde que superada a questão de sua recepção frente à Constituição de 1988, não resta dúvida de que o enquadramento sindical previsto no artigo 1º, do Decreto-Lei nº 1.166/71 se encontra recepcionado pelo artigo 8º, incisos I (*a lei não poderá exigir autorização do Estado para fundação de sindicato, ressalvado o registro no órgão competente, vedadas ao Poder Público a interferência e a intervenção na organização sindical*) e II (*é vedada a criação de mais de uma organização sindical, em qualquer grau, representativa de categoria profissional ou econômica, na mesma base territorial, que será definida pelos trabalhadores ou empregadores interessados, não podendo ser inferior à área de um Município*), da Constituição Federal. Dizer se uma pessoa integra esta ou aquela atividade profissional ou econômica e, portanto, deve pertencer a este ou àquele sindicato, é atributo do Estado, como limitação à regra da liberdade sindical, e não das entidades sindicais.

O Decreto-Lei nº 1.166/71, no seu artigo 1º, considera dois grupos de pessoas para fins de enquadramento sindical rural: o *trabalhador rural* e o *empresário ou empregador rural*, integrando cada um desses grupos sindicatos, federações e confederações respectivas, o que faz surgir no ápice da hierarquia sindical e com legitimação para cobrança da Contribuição Sindical Rural, a CONTAG (*Confederação Nacional dos*

Trabalhadores na Agricultura) e a CNA (*Confederação da Agricultura e Pecuária do Brasil*).

Por não estabelecer elementos claros, mas parâmetros econômicos de conceituação vaga, o Decreto-Lei nº 1.166/71 tem produzido algumas dúvidas quanto à bipolarização do enquadramento sindical rural, e elas, é bom que se esclareça, não residem na tipificação clássica entre empregado e empregador, como previsto na Consolidação das Leis do Trabalho, porque, embora de forma mais abrangente, são estes encontrados, respectivamente, nos incisos I, letra *a*, e II, letra *a*, do mencionado artigo 1º, numa verdadeira imbricação conceitual que pode ser resumida nestes termos: *a pessoa física que presta serviço a empregador rural é trabalhador rural e aquele, pessoa física ou jurídica, que, tendo empregado, exerce atividade econômica rural, é empregador rural.*

O maior problema do decreto-lei reside no enquadramento sindical rural entre (art. 1º, inciso I, letra *b*) *quem, proprietário ou não, trabalhe individualmente ou em regime de economia familiar, assim entendido o trabalho dos membros da mesma família, indispensável à própria subsistência e exercido em condições de mútua dependência e colaboração, ainda, que com a ajuda eventual de terceiros* e (art. 1º, inciso II, letra *b*) *quem, proprietário ou não e mesmo sem empregado, em regime de economia familiar, explore imóvel rural que lhe absorva toda força de trabalho e lhe garanta a subsistência e progresso social e econômico em área superior a dois módulos rurais da respectiva região.* Embora no campo da doutrina seja possível se estabelecer um divisor de conceitos (ver matéria a esse respeito neste livro em *Regime legal da Contribuição Sindical Rural atualmente, Enquadramento sindical, conceito de trabalhador rural e conceito de empresário ou empregado rural)*, a lei, ciente do problema que criava, possibilitou que o interessado (o trabalhador, o empresário ou empregador rural ou mesmo qualquer entidade sindical) buscasse dirimir a dúvida porventura existente perante a Delegacia Regional do Trabalho, na figura de seu Delegado. O decreto-lei criou de forma rudimentar o processo administrativo.

Por outro prisma, sendo o enquadramento sindical rural função legislativa por força da restrição constitucional à liberdade sindical, ao estabelecer que nos casos de dúvidas seriam elas dirimidas pelo Delegado Regional do Trabalho, ficou estabelecido que as dúvidas assim dirimidas tinham força de lei por expressa delegação de competência.

De forma singela, é possível afirmar-se que o artigo 2º e seus parágrafos e o artigo 3º do Decreto-Lei nº 1.166/71[35] criaram um verdadeiro *processo administrativo de enquadramento sindical.*

---

[35] Para melhor acompanhamento, transcrevem-se aqui os dispositivos do decreto-lei citado: "Art. 2º - Em caso de dúvida na aplicação do disposto no artigo anterior, os interessados, inclusive a entidade sindical, poderão suscitá-la perante o Delegado Regional do Trabalho que decidirá após as diligências necessárias e ouvida uma comissão permanente constituída do

5.2.1. Aplicação subsidiária da Lei nº 9.784, de 29.01.1999

Como a Constituição de 1988 elevou à categoria de direito fundamental a obrigatoriedade de no *processo administrativo assegurar-se ao litigante o contraditório, a ampla defesa e os meios e recursos a ela inerente*, consoante disposição do artigo 5º, inciso LV, é de se ter presente que os artigos 2º e seus parágrafos e o 3º do Decreto-Lei nº 1.166/71 têm que ser interpretados com essa matiz constitucional, que é regulamentada pela Lei nº 9.784, de 29.01.1999, que tratou de estabelecer regras de processo administrativo no âmbito da Administração Pública Federal. Já que a decisão a ser proferida produzirá efeitos contra uma ou outra entidade sindical, é de se afirmar que, em qualquer processo administrativo de enquadramento sindical rural, as entidades representativas dos trabalhadores e dos empresários ou empregadores rurais, como interessadas, ativa ou passivamente, deverão ser chamadas, pois inquestionavelmente são litigantes.

Por aplicação subsidiária da Lei nº 9.784/99, conforme seu artigo 69,[36] tem-se que a manifestação do interessado, como peça inicial do processo administrativo, tem caráter formal e deve conter os seguintes dados: *I - o órgão ou autoridade administrativa a que se dirige (no caso, o Delegado Regional do Trabalho), II - a identificação do interessado ou de quem o represente, III - seu domicílio, IV - a formulação do pedido, com exposição dos fatos e de seus fundamentos e V - a data e assinatura de do requerente ou de seu representante*, nos termos do artigo 6º da mencionada lei. Preenchendo a inicial os requisitos formais, não é dado ao Delegado Regional do Trabalho recusá-la imotivadamente.

Como a competência para conhecer e julgar em primeiro grau o processo administrativo de enquadramento sindical rural é do Delegado Regional do Trabalho, competência estritamente pessoal, ela é irrenunciável e, por conseqüência, indelegável.

Recebendo a inicial, o Delegado Regional do Trabalho, determinará a intimação, por escrito e com cópia da inicial, para que em 5 dias os

---

responsável pelo setor sindical da Delegacia, que a presidirá, de um representante dos empregados e de um representante dos empregadores rurais, indicados pelas respectivas federações ou, em sua falta, pelas Confederações pertinentes.

§ 1º - As pessoas de que tratam as letras *b*, do item, I, e *b* e *c*, do item II, do art. 1º, poderão, no curso do processo referido neste artigo, recolher a contribuição sindical à entidade a que entenderem ser devida ou ao Instituto Nacional de Colonização e Reforma Agrária, fazendo-se, posteriormente, o estorno ou compensação ou repasse cabível.

§ 2º - Da decisão do Delegado Regional do Trabalho caberá recurso para o Ministro do Trabalho e Previdência Social, no prazo de 15 dias.

Art. 3º - Somente será reconhecido para a mesma base territorial um sindicato de empregados e outro de empregadores rurais, sem especificação de atividade ou profissão, ressalvado às entidades já reconhecidas o direito à representação constante da respectiva carta sindical."

[36] O artigo 69 da Lei nº 9.784, de 29.01.1999, diz o seguinte:
"Art. 69 – Os processos administrativos específicos continuarão a reger-se por lei própria, aplicando-se-lhes apenas subsidiariamente os preceitos desta lei."

demais interessados se manifestem. Se o processo administrativo foi instaurado por iniciativa de trabalhador rural ou por empresário ou empregador rural por dúvida no seu enquadramento sindical, a CONTAG e a CNA serão necessariamente intimadas a se manifestarem a respeito, respeitando-se, com isso, o princípio constitucional do contraditório. Se o processo é provocado por uma das confederações, obrigatoriamente a outra e o trabalhador ou empresário ou empregador rural, respectivamente, estarão no pólo passivo do processo administrativo e serão intimados.

O artigo 2º do Decreto-Lei nº 1.166/71 criou um colegiado, chamado de *Comissão Permanente*, composto pelo responsável pelo setor sindical da Delegacia, que a presidirá, por um representante dos empregados e outro dos empregadores, indicados pelas respectivas federações. Obviamente que a função desta Comissão Permanente *não é decisória*, porque o que for decidido sobre o enquadramento sindical é ato administrativo pessoal do Delegado Regional do Trabalho. Trata-se, portanto, de um órgão de apoio ou assessoramento técnico. Dessa forma, é possível admitir-se que, após as manifestações dos interessados, tenha *a Comissão Permanente* vista dos autos do processo administrativo em igual prazo de 5 dias.

Qualquer das partes no processo administrativo ou mesmo a Comissão Permanente poderá requerer a produção de provas, e o próprio Delegado Regional do Trabalho poderá determiná-las de ofício, tendo sempre presente a pertinência com o enquadramento sindical.

Concluída a instrução e ouvida a Comissão Permanente, o Delegado Regional do Trabalho tem o prazo de 30 dias para decidir, consoante aplicação subsidiária do art. 49 da Lei nº 9.784/99.

A decisão deve ser motivada de forma *explícita, clara e congruente, podendo consistir em declarações de concordância com fundamentos de anteriores pareceres, informações, decisões ou propostas, que, neste caso, serão parte integrante do ato*, conforme determina o artigo 50 da citada lei.

Nos termos do artigo 2º do Decreto-Lei nº 1.166/71, da decisão proferida pelo Delegado Regional do Trabalho caberá recurso para o Ministro do Trabalho, no prazo de 15 dias.

É possível, porém pouco provável, que durante a tramitação do processo o trabalhador rural ou o empresário ou empregador rural pretenda recolher a contribuição sindical. Neste caso, poderá recolher à entidade confederada que entender enquadrado, com estorno posterior. Como a competência para a cobrança da contribuição não é mais do INCRA ou mesmo da Secretaria da Receita Federal, tem-se como revogada a parte final do § 2º do art. 2º do Decreto-Lei nº 1.166/71, que possibilitava o recolhimento àquela autarquia. Quanto à probabilidade de que o depósito liberatório venha a ocorrer, ela é muito diminuta. Primeiramente, pela própria situação econômica do campo e, em segundo lugar, pela ausência de certeza do que recolher resultante da própria dúvida no enquadramento.

5.3. Processo Administrativo Tributário

5.3.1. Generalidades

A contribuição sindical é, como já dito anteriormente, sem dúvida alguma, um tributo. Sua inserção no capítulo que trata do sistema tributário nacional não deixa qualquer dúvida a esse respeito. Nesse sentido, Sérgo Pinto Martins,[37] ao falar da co-irmã:

> "A natureza da contribuição sindical é, portanto, tributária, pois se insere na orientação do artigo 149 da Constituição, como uma contribuição de interesse das categorias econômicas e profissionais, pois tal comando legal se inclui na Constituição no Capítulo I(Do Sistema Tributário Nacional), do Título IV(Da Tributação e do Orçamento)."

Não tivesse a Regra Maior estabelecido a possibilidade de existência da Contribuição Sindical Rural e com isso lhe outorgado caráter de tributo especial, o próprio Decreto-Lei nº 1.166/71, que a estrutura, embora de duvidosa recepção, não deixa dúvidas quando no art. 4º, ao atribuir ao INCRA competência para arrecadar a Contribuição Sindical Rural, lhe outorga atributo somente aplicável às cobranças de receitas públicas, ao dizer:

> "Art. 4º Caberá ao Instituto Nacional de Colonização e Reforma Agrária (INCRA), proceder *ao lançamento e cobrança* da contribuição sindical devida pelos integrantes das categorias profissionais e econômicas da agricultura, na conformidade do disposto no presente Decreto-Lei."

Repetida esta manifestação legal típica de quando o legislador fala de tributo, nos §§ 2º e 3º, deste mesmo artigo, novamente, se refere, quando diz sobre o enquadramento sindical, que a contribuição será *lançada* no artigo 6º, que lhe outorga força de título executivo fiscal à contribuição. Por fim, para não deixar dúvidas de que a contribuição referida se integra à categoria de tributo, o art. 8º atribui competência ao Ministério do Trabalho e Emprego para dirimir as dúvidas porventura existentes quanto ao seu lançamento.

Não bastasse isso, o Decreto nº 82.935, de 26 de dezembro de 1978, que dispõe sobre o dimensionamento do módulo rural para efeito de enquadramento sindical, ao se referir sobre a possibilidade de a Contribuição Sindical Rural ser cobrada conjuntamente com o imposto

---

[37] MARTINS, Sérgio Pinto. *Contribuição Confederativa*. São Paulo: LTr, 1996.

territorial rural, textualmente diz no seu artigo 3º que a *dívida ativa resultante da contribuição sindical rural...*

As referências legais de ser a Contribuição Sindical Rural um tributo e, portanto, exigir para sua instituição processo administrativo tributário, não param aí. Quando a Lei nº 8.022, de 12 de abril de 1990, transferiu a competência para o lançamento e cobrança da Contribuição Sindical Rural à Secretaria da Receita Federal, de forma taxativa, disse:

> "Art. 1º É transferida para a Secretaria da Receita Federal a competência de administração das receitas arrecadadas pelo Instituto Nacional de Colonização e Reforma Agrária - INCRA, e para a Procuradoria-Geral da Fazenda Nacional a competência para a apuração, *inscrição e cobrança da respectiva dívida ativa."*

Ademais, quando o art. 24 da Lei 8.847, de 22 de janeiro de 1994, fez cessar a competência da Receita Federal para administrar a Contribuição Sindical Rural, deu-lhe prerrogativa de *receita*, nomenclatura aplicável ao produto de arrecadação tributária, dessa forma:

> "Art. 24. A competência de administração das seguintes *receitas*, atualmente arrecadadas pela Secretaria da Receita Federal por força do artigo 1º da Lei nº 8.022, de 12 de abril de 1990, cessará em 31 de dezembro de 1996:
> I - Contribuição Sindical Rural, devida à Confederação Nacional da Agricultura - CNA e à Confederação Nacional dos Trabalhadores na Agricultura - CONTAG, de acordo com o artigo 4º do Decreto-Lei nº 1.166, de 15 de abril de 1971, e artigo 580 da Consolidação das Leis do Trabalho - CLT;
> II - Contribuição ao Serviço Nacional de Aprendizagem Rural - SENAR, prevista no item VII do artigo 3º da Lei nº 8.315, de 23 de dezembro de 1991."

Portanto, induvidosa a natureza jurídica tributária da Contribuição Sindical Rural, não se pode entendê-la crédito particular porque sua administração saiu da órbita pública para a privada, como são as confederações sindicais CONTAG e CNA. O caráter público inerente aos tributos permanece imutável. Apenas, por força de lei, foi transposto seu lançamento e cobrança para as confederações, utilizando-se o legislador de um pragmatismo há muito tempo reclamado: deixar que a entidade beneficiária do tributo envidasse esforço próprio para cobrar, de resto, o crédito que desde a origem foi seu. Dessa forma, o caráter tributário da Contribuição Sindical Rural, por ser cobrado pelo credor, não o transforma em dívida privada passível de cobrança por qualquer modalidade de execução. Esse privilégio é de ordem pública e, por via de conseqüência, imutável. As entidades não podem agir como se se tratasse de um simples crédito particular seu, mas de *crédito tributário que exige processo de lançamento e cobrança executiva fiscal.*

Como argumento derradeiro, não se pode esquecer que no valor da Contribuição Sindical Rural existe uma parcela de 20% que é destinada ao Ministério do Trabalho, órgão da União. Portanto, mesmo que se afaste a questão da legitimidade dessa cobrança que na verdade caracteriza um típico imposto enrustido de contribuição, no campo procedimental não se pode admitir que recursos federais possam ser cobrados sem o devido processo de lançamento e cobrança por ação de execução fiscal, e o que mais contundente, cobrado e lançado por terceiros.

O Supremo Tribunal Federal já se posicionou caracterizando a contribuição sindical como tributo, da seguinte forma:

"CONSTITUCIONAL – SINDICATO – CONTRIBUIÇÃO INSTITUÍDA PELA ASSEMBLÉIA GERAL: CARÁTER NÃO TRIBUTÁRIO – NÃO COMPULSORIEDADE – EMPREGADOS NÃO SINDICALIZADOS: IMPOSSIBILIDADE DO DESCONTO CF, ART. 8º, IV – 1. A contribuição confederativa, instituída pela assembléia geral – CF, art. 8º, IV – *distingue-se da contribuição sindical, instituída por lei, com caráter tributário – CF, art. 149 – assim compulsória.* A primeira é compulsória apenas para os filiados do sindicato. 2. R.E. não conhecido. (STF – RE 198.092 – SP – 2ª T. – Rel. Min. Carlos Velloso – DJU 11.10.1996"

É certo que o art. 119 do Código Tributário Nacional determina o que é sujeito ativo da obrigação tributária e a pessoa jurídica de direito público, quando diz:

"Art. 119 - Sujeito ativo da obrigação é a pessoa jurídica de direito público titular da competência para exigir o seu cumprimento."

No entanto, não se pode esquecer que Contribuição Sindical Rural é um paratributo criado com a finalidade específica de desenvolver o sindicalismo nacional, tanto que a própria lei estabelece a destinação de parcelas para as entidades sindicais específicas. Sendo a contribuição destinada a entidades sindicais por considerar o Estado esta atividade como de sua preocupação, é que não se encontra, por isso mesmo, previsto expressamente no CTN. A esse respeito, diz Gilberto Etchalluz Villela,[38] do qual se discorda quanto à afirmação da necessidade da pessoa de direito público, já que tanto a CONTAG como a CNA são o Estado por ampliação interpretativa no lançamento e cobrança do tributo:

"Em certos casos vamos encontrar como sujeitos ativos de obrigações tributárias, por delegação de competência, algumas autarquias, órgãos paraestatais, órgãos profissionais (sindicatos, conselhos, etc...) aos quais se atribuem o poder de arrecadar uma determinada exação. A circunstância, entretanto, não desfigura a presença exclusiva do Estado como sujeito ativo das obrigações tributárias porque tais serviços, descentralizados, sempre serão considerados *longa manus* de que por vezes se serve ele para melhor administrar a coisa pública.
Assim, o sujeito ativo de uma obrigação tributária será sempre uma pessoa de direito público à qual se deu competência para cumprimento dela."

Melhor comentário é feito por Eduardo Marcial Ferreira Jardim:[39]

"A apontada separação entre competência e capacidade, seja aquela já constitucionalizada, seja aquela efetivada por delegação, representa o instituto da parafiscalidade, cabendo observar que

---

[38] VILELA, Gilberto Etchaluz. *Teoria da exigibilidade da obrigação tributária.* Porto Alegre: Síntese, 1999.

[39] JARDIM, Eduardo Marcial Ferreira. *Manual de Direito Tributário.* São Paulo: Saraiva, 2000.

a terceira pessoa, investida da capacidade tributária ativa, fica obrigada a aplicar o produto da arrecadação no desempenho de sua atividade, que é de interesse público. A contribuição previdenciária, a propósito, exprime singular exemplo da parafiscalidade, pois o constituinte atribuiu competência para uma pessoa – a União -, enquanto, por outro lado, outorgou capacidade ativa em prol de outra pessoa, o INSS."

5.3.2. Necessidade de lançamento

Caracterizado que a Contribuição Sindical Rural é tributo e, portanto, que deve ser lançada e cobrada em procedimentos próprios, administrativo ou judicialmente, é de se analisar, nesta oportunidade, as etapas de sua instituição.

A Constituição de 1988, no seu artigo. 5º inciso LV, estabeleceu que *aos litigantes em processo administrativo são assegurados o contraditório e ampla defesa, com os meios e recursos a ela inerentes.* Com isso tem-se que aquele que é parte ativa ou passiva em um contencioso administrativo, conceito que anteriormente só era aplicado ao processo judicial, tem direito subjetivo constitucional de contradizer qualquer imputação administrativa que lhe for atribuída, opor, de forma ampla, qualquer defesa legítima e interpor recurso da decisão contrária a seus interesses.

Tratando-se de Contribuição Sindical Rural, tributo especial, é de se concluir da necessidade do *lançamento,* já que por força do artigo 142, parágrafo único, esta é vinculada e obrigatória, em que se respeitem as garantias constitucionais. Portanto, a CONTAG ou a CNA, como administração delegada que são na cobrança da contribuição, devem *lançar,* ou no dizer do artigo 142 do CTN, *instaurar procedimento administrativo para verificar a ocorrência do fato gerador da obrigação correspondente, determinar a matéria tributável, calcular o montante do tributo devido, identificar o sujeito passivo e, sendo caso, propor a aplicação da penalidade cabível.*

5.3.3. Rito do processo administrativo

O Decreto-Lei nº 1.166/71 não estabeleceu o rito do processo administrativo para constituição da Contribuição Sindical Rural. No entanto, sendo ela um tributo federal, é de se aplicar de forma subsidiária o Decreto nº 70.235/72, que dispõe sobre o processo administrativo fiscal, combinado com a Lei nº 9.784/99, que regula o processo administrativo no âmbito da Administração Federal.

Dessa forma, constituído o crédito pelo lançamento, a CONTAG ou a CNA deverá notificar o sujeito passivo tributário, respectivamente, o trabalhador rural ou o empresário ou empregador rural, para que no prazo de 30 (trinta) dias (art. 15 do Decreto nº 70.325/72) apresente impugnação por escrito instruída com os documentos em que se fundamentar. Esta *notificação* e a *impugnação* consubstanciam o respeito ao princípio constitucional do *contraditório*, previsto no art. 5º, inciso LV, da Constituição Federal. No entanto, embora a notificação seja ato administrativo obrigatório por extensão para a Confederação, o sujeito passivo poderá se tornar revel, circunstância declarada expressamente pela entidade sindical, aguardando o processo o prazo de 30 dias para cobrança amigável da contribuição (art. 21 do decreto citado).

A impugnação deverá mencionar: I) a autoridade julgadora a quem é dirigida; II – a qualificação do impugnante; III – os motivos de fato e de direito em que se fundamenta (não-enquadramento sindical, prescrição, decadência, iliquidez do cálculo, parcelas não-incidentes, entre outros); IV – as diligências que o impugnante pretenda sejam efetuadas, expostos os motivos que as justifiquem (as razões de produção de prova), consoante o disposto no artigo 16 do Decreto nº 70.235/72.

A instrução administrativa poderá se constituir de provas pessoais, documentais ou periciais pertinentes. E com isto se respeitará o princípio da ampla defesa previsto no art. 5º, inciso LV, da Constituição Federal.

O julgamento deverá ocorrer no prazo de 30 (trinta) dias, conforme o art. 27 do Decreto nº 70.235/72.

A decisão proferida pela CONTAG ou pela CNA deverá ser *motivada*, ou seja, *explícita, clara e congruente*, nos termos do art. 50 da Lei nº 9.784, de 01.02.99, para que, inclusive, se contrária ao sujeito passivo da contribuição, possa ensejar o devido recurso administrativo, consectário constitucional da ampla defesa, ainda nos termos do art. 5º, inciso LV, parte final, da Constituição Federal.

Como a Contribuição Sindical Rural é tributo federal, tanto que a norma que a estrutura é da União, Decreto-Lei nº 1.166/71, na dúvida sobre o enquadramento sindical, cabe recurso ao Delegado Regional do Trabalho, e a Lei nº 8.847/94, que fez cessar a competência da Secretaria da Receita Federal, apenas atribuiu a competência de *administração* para sua cobrança, é razoável admitir-se que o julgamento do recurso administrativo interposto da decisão proferida pela CONTAG ou pela CNA, *no prazo de 30 (trinta) dias (art. 32 do Decreto nº 70.235/72)*, seja do Ministro do Trabalho e Emprego, entendendo-se, dessa forma, plenamente em vigor o art. 8º do Decreto-Lei nº 1.166/71, quando diz:

"Art. 8º - Compete ao Ministro do Trabalho e Previdência Social *dirimir dúvidas referentes ao lançamento, recolhimento e distribuição de contribuição sindical de que trata este Decreto-Lei*, expedindo, para esse efeito, as normas que se fizerem necessárias podendo estabelecer o processo previsto no art 2º e avocar o seu exame e decisão os casos pendentes."

Não é aplicável ao recurso administrativo interposto da decisão proferida no processo de constituição da Contribuição Sindical Rural, a exigência de depósito prévio de 30% do seu valor, consoante exigência do art. 126, § 1º, da Lei nº 8.213/91, introduzida pela Lei nº 9.528/97 e alterado pelo art. 10 da Lei nº 9.639/98, em respeito ao princípio constitucional que assegura a ampla defesa com os meios e os recursos a ela inerentes, nos termos do art. 5º, inciso LV, da Constituição Federal, princípio que recepcionou o art. 151, III, do Código Tributário Nacional.[40] No entanto, o Supremo Tribunal Federal considerou constitucional a exigência de *multa*, como condição de admissibilidade recursal, consoante RE 224.958-3-CE, 2ª Turma, tendo como Relator o Ministro Carlos Velloso.

5.4. Processo Judicial Tributário

É pertinente a reafirmação do que já foi dito em outros pontos deste livro no sentido de que a Contribuição Sindical Rural é tributo e assim permanece apesar de sua cobrança ter sido transferida para as entidades sindicais rurais. A delegação operada não transformou o tributo em crédito civil, permanecendo sua natureza jurídica de crédito público inalterada. Dessa forma, são as entidades sindicais responsáveis por sua administração que adquirem estrutura de administração pública tributária. Sobre a legitimidade da confederação para cobrar a Contribuição Sindical Rural, assim se manifestou o Superior Tribunal de Justiça:

"RESP 315919/MS, Primeira Turma - Relator para o acórdão MINISTRO HUMBERTO GOMES DE BARROS, datado de 05.11.2001.
Processual – Administrativo – Confederação Nacional de Agricultura – Contribuição Sindical Rural Patronal – Cobrança – Legitimidade.
A Confederação Nacional de Agricultura tem legitimidade para cobrar Contribuição Sindical rural Patronal"

Assim, como tributo, se não pago, deve ser consubstanciado em certidão de dívida ativa emitida pela CONTAG ou pela CNA, que é a forma própria de instrumentalização do crédito tributário, vinculando-se sua cobrança a um rito próprio: o processo de execução fiscal.

Aliás, o art. 6º do Decreto-Lei nº 1.166/71 não deixa qualquer dúvida a este respeito quando afirma que as guias de lançamento da contribuição constituem documento hábil para a cobrança judicial da dívida, nos exatos termos do art. 606 da Consolidação das Leis do Trabalho, que, no que interessa, estende às entidades sindicais os mesmos privilégios da Fazenda Pública, ressalvando apenas a exceção

---

[40] O art. 151, inciso II, do Código Tributário Nacional tem esta redação:
"Art. 151. – Suspendem a exigibilidade do crédito tributário:
III – as reclamações e os recursos, nos termos das leis reguladoras do processo tributário administrativo."

especial de foro. É certo que o citado art. 6º do Decreto-Lei nº 1.166/71 fala da emissão das guias pelo INCRA quando ainda competia a esta autarquia federal o lançamento e a cobrança da Contribuição Sindical Rural. Transferida esta para as confederações, e assumindo elas múnus de administração pública tributária, as guias que emitirem possuem a mesma força executiva daquelas emitidas pelo ente público federal. O art. 6º do Decreto-Lei nº 1.166/71 e o art. 606 da CLT têm a seguinte redação:

> "Art. 6º - As guias de lançamento da contribuição sindical emitidas pelo Instituto Nacional de Colonização e Reforma Agrária (INCRA) na forma deste Decreto-Lei, constituem documento hábil nos termos do artigo 606 da Consolidação das Leis do Trabalho.
> Art. 606 – Às entidades sindicais cabe, em caso de falta de pagamento da contribuição sindical, promover a respectiva cobrança judicial, mediante ação executiva, valendo como título de dívida a certidão expedida pelas autoridades regionais do Ministério do Trabalho.
> § 1º - O Ministério do Trabalho baixará as instruções regulando a expedição das certidões a que se refere o presente artigo, das quais deverá constar a individualização do contribuinte, a indicação do débito e a designação da entidade a favor da qual e recolhida a importância da contribuição sindical, de acordo com o respectivo enquadramento sindical.
> § 2º - Para os fins da cobrança judicial da contribuição sindical são extensivos às entidades sindicais, com exceção do foro especial, os privilégios da Fazenda Pública, para cobrança da dívida ativa."

5.4.1. Ação monitória

O que se observa com certa constância é o ajuizamento de ação monitória para cobrança da Contribuição Sindical Rural. O art. 1102a do Código de Processo Civil admite a ação monitória, com base em prova escrita sem eficácia de título executivo, para pagamento de soma em dinheiro, entrega de coisa fungível ou de determinado bem móvel.

Contudo, não é qualquer prova escrita que torna adequado o procedimento monitório; é prova escrita de produção pessoal do devedor, o que descaracteriza o documento unilateral simplesmente emitido pelo devedor. Esse é o entendimento de alguns Tribunais:

> "APELAÇÃO CÍVEL – AÇÃO MONITÓRIA – NECESSIDADE DA EXISTÊNCIA DE DOCUMENTO ESCRITO, DO QUAL TENHA PARTICIPADO O REQUERIDO, NO QUAL CONSTA OBRIGAÇÃO DE PAGAR DETERMINADA QUANTIA – NÃO-OCORRÊNCIA DESSA CIRCUNSTÂNCIA – INICIAL INDEFERIDA – SENTENÇA CONFIRMADA – Na ação monitória, se a inicial não vem instruída com prova escrita hábil a configurar uma obrigação, porém sem força executiva, cabe o indeferimento, de plano, da pretensão deduzida. (TJMS – AC – Classe B – XXI - N. 61.876-6 – Campo Grande – 1ª T.C. – Rel. Des. Josué de Oliveira – J. 20.10.1998)"

> "APELAÇÃO CÍVEL – MONITÓRIA – DOCUMENTO ESCRITO QUE EVIDENCIE A EXISTÊNCIA DE CRÉDITO – INEXISTÊNCIA – INADEQUAÇÃO DA VIA ELEITA – FALTA DE INTERESSE PROCESSUAL – INDEFERIMENTO DA PETIÇÃO INICIAL – SENTENÇA MANTIDA – RECUR- SO IMPROVIDO – A 'prova escrita' de que fala o art. 1.102a do Código de Processo Civil não é só a que tenha sido elaborada pelo suposto devedor, mas, também, a que evidencie a existência fundada de obrigação, de sorte a qualificar-se como 'pré-título' para o manejo da ação monitória. Se o documento que acompanha a petição inicial da ação monitória não satisfaz a exigência da prova escrita da obrigação, nos moldes do art. 1.102a do Código de Processo Civil, configura-se

a inadequação da via eleita, a ensejar o indeferimento da petição inicial, por falta de interesse processual. (TJMS – AC – Classe B – XXI – N. 61.028-0 – Campo Grande – 1ª T.C. – Rel. Des. Hildebrando Coelho Neto – J. 27.10.1998)".

No caso da contribuição sindical rural, mesmo que admissível a cobrança por esta via, apenas para argumentar, já que como tributo a via indisponível é a executiva fiscal, tratar-se-ia de prova escrita de caráter unilateral, o que a tornaria insuficiente para o ensejo da ação monitória:

"APELAÇÃO CÍVEL – AÇÃO MONITÓRIA – CONTRIBUIÇÃO SINDICAL – COMEÇO DE PROVA POR ESCRITO – DOCUMENTO UNILATERAL, PRODUZIDO PELO CREDOR – INSUFICIÊNCIA – INICIAL INDEFERIDA – RECURSO IMPROVIDO – Pela natureza especial do procedimento monitório, tendente a favorecer o pólo ativo na relação processual, operando a inversão do ônus da prova, relegando o contraditório à única hipótese de embargos do devedor, e, por fim, transformando automaticamente o procedimento monitório em executivo, para o caso de inexistência de embargos, é indispensável extrema cautela no recebimento da petição inicial, a fim de garantir um mínimo de paridade entre os litigantes. Existindo dúvidas quanto à existência do crédito reclamado, a inicial da monitória deve ser indeferida, para que o tema seja discutido em ação com maior abrangência cognitiva. (TJMS – AC. – Classe B – XXI – N. 63.665-1 – Aquidauana – 3ª T.C. – Rel. Des. Claudionor Miguel Abss Duarte – J. 10.02.1999"

"APELAÇÃO CÍVEL – AÇÃO MONITÓRIA – CONTRIBUIÇÃO SINDICAL PATRONAL – GUIA DE RECOLHIMENTO CRIADA UNILATERALMENTE PELA CONFEDERAÇÃO NACIONAL DA AGRICULTURA – NECESSIDADE DA EXISTÊNCIA DE DOCUMENTO ESCRITO, DO QUAL TENHA PARTICIPADO O REQUERIDO, CONTENDO OBRIGAÇÃO DE PAGAR DETERMINADA QUANTIA – NÃO-OCORRÊNCIA, NA HIPÓTESE, DESTA CIRCUNSTÂNCIA – INICIAL INDEFE-RIDA – DECISÃO MANTIDA – Nosso sistema jurídico adotou o procedimento monitório documental. Assim, a parte interessada deve apresentar com a inicial a prova escrita do débito, produzida pelo réu ou conjuntamente com ele, contendo obrigação de pagar determinada quantia, cujo documento, sem força executiva, adquire essa qualidade através da procedência do pedido. A inexistência, no caso, dessa condição, tem como resultado o indeferimento da inicial. (TJMS – AC. – Classe B – XXI – N. 63.660-6 – Aquidauana – 1ª T.C. – Rel. Des. Josué de Oliveira – J. 12.02.1999)"

"Direito Tributário e Fiscal. Contribuição Sindical Rural. Competência do INCRA para o lançamento e arrecadação respectiva a partir de 1.01.97. Ação monitória, para esse fim, manejada pela Confederação Nacional da Agricultura (CNA): descabimento. Interpretação do art. 24 da lei n nº 8.478/94, da competência da administração, pela Secretaria da Receita Federal, em decorrência do art 1º da Lei nº 8.022/90, da Contribuição Sindical Rural devida pelos empregadores rurais à Confederação Nacional da Agricultura (CNA), sua administração retornou, bem como o lançamento e respectivo (constituição, assentamento, formalização e cobrança), a competência originária o Instituto Nacional de Colonização e Reforma Agrária (INCRA), nos termos do disposto no art. 4º. Do Decreto-Lei nº 1.166/71. Descabendo, via de conseqüência, o manejo de ação monitória, para esse fim, pela própria destinatária da arrecadação (Confedera-ção Nacional da Agricultura – CNA), daí se inferindo, também que somente a certidão de dívida ativa (CDA), extraída na forma do art. 2º, parágrafo 4º, da Lei nº 6830/80, pode embasar a respectiva ação de cobrança. Primeira Câmara Cível, TJRS, relator Desembargador Roque Joaquim Volkweiss, julgado em 14.06.2000."

Observa-se, portanto, que a jurisprudência dos tribunais estaduais tem entendido que não é suficiente a expedição unilateral de guia de recolhimento da contribuição sindical por ausência de assinatura do devedor. Dessa forma, cessada a competência da Receita Federal para emissão das guias e cobrança da contribuição sindical, permanece inalterado o pressuposto de validade inerente aos documentos para as certidões emitidas pelas confederações. O Superior Tribunal de Justiça, em julgado que não enfrentou o aspecto tributário do documento de cobrança emitido pela confederação sindical, no entanto, entendeu que não é imprescindível a anuência do devedor no título para a propositura da ação monitória de cobrança da Contribuição Sindical Rural, bastando que se deduza do título o convencimento da dívida e a condição do devedor como contribuinte (REsp 285371, datado de 24/06/2002, Relator Min. Luiz Fux).[41]

Nesse compasso, mesmo em análise restrita ao cabimento ou não da ação monitória, reside maior razoabilidade no entendimento que o documento de cobrança que deve acompanhar a inicial, se não subscrito pelo devedor, não preenche o requisito exigido pelo art. 1.102a do Código de Processo Civil, razão pela qual não se pode expedir o mandado de pagamento enunciado pelo art. 1.102b. A propósito, já previa a Consolidação das Leis do Trabalho, em seu art. 606, que a contribuição em questão seria cobrada através de ação de execução, com base em certidão expedida pelas autoridades regionais do Ministério do Trabalho, o que, no caso, não existe. Nesse sentido:

"Não existindo a respectiva certidão emitida pelo Ministério do Trabalho, considerado se ainda o fato de que a competência para lançamento e cobrança da contribuição não é de nenhum ente autárquico e nem da Secretaria da Receita Federal, não há que se falar em aplicação dos princípios inerentes de Direito Público e em especial da presunção de veracidade e legitimidade do lançamento.
Acrescentando tais considerações e por ser a via eleita escolhida inadequada, entendo que a sentença apelada revela-se escorreita, não estando a merecer nenhum reparo.
Diante do exposto, nego provimento ao recurso, mantendo inalterada a sentença invectivada".[42]

Assim, a Ação Monitória embasada apenas na guia de contribuição sindical, emitida unilateralmente, deve ser considerada inepta, por equivocado o procedimento eleito. Assim:

"AÇÃO MONITÓRIA – CONTRIBUIÇÃO SINDICAL – REQUISITOS NÃO PREENCHIDOS – INDEFERIMENTO DA INICIAL – SENTENÇA CONFIRMADA – Mantém-se a sentença que indeferiu a inicial da ação monitória se os documentos juntados pelo autor não preenchem os requisitos do art. 1102a do CPC. (TJMS – AC – Classe B – XXI – N. 62.432-8 – Cassilândia – 1ª T.C. – Rel. Des. Elpídio Helvécio Chaves Martins – J. 17.11.1998).

"APELAÇÃO CÍVEL – AÇÃO MONITÓRIA – CONTRIBUIÇÃO SINDICAL RURAL – INDEFERIMENTO DA INICIAL – DOCUMENTOS ELABORADOS UNILATERALMENTE – PROVA RAZOÁVEL DA EXISTÊNCIA DA OBRIGAÇÃO – ADMISSIBILIDADE – RECURSO PROVIDO – Para a

---

[41] A íntegra do acórdão citado está nestes termos:
"Ação Monitória. Prova Escrita. Contribuição Sindical Rural. Propositura Regular.
Para que haja a propositura regular da ação monitória não é imprescindível a anuência do devedor. Basta que, gozando de valor probante, torne possível deduzir do título o convencimento da dívida e a condição do devedor como contribuinte.
Recurso especial parcialmente conhecido, porém, desprovido."

[42] Juris Sintese. Julho/Agosto/2000 - APELAÇÃO CÍVEL - CLASSE B - XXI - N. 61.920-9 - CAMPO GRANDE. SEGUNDA TURMA CÍVEL

admissibilidade da ação monitória é suficiente a apresentação de prova escrita, ainda que emanada do credor, que demonstre razoavelmente a existência da obrigação. (TJMS – AC – Classe B – XXI – N. 63.096-6 – Cassilândia – 3ª T.C. – Rel. Des. João Carlos Brandes Garcia – J. 16.12.1998)".

5.4.2. Rito do processo tributário

Cabível exclusivamente a ação de execução fiscal para a cobrança da Contribuição Sindical Rural, analisa-se o seu rito.

A CONTAG ou a CNA, de posse da certidão de dívida ativa resultante de processo administrativo tributário, interporá a ação executiva fiscal perante a justiça estadual[43] do foro de domicílio do devedor, por força de interpretação do art. 606, § 2º, da Consolidação das Leis do Trabalho.

Com base no art. 7º da Lei nº 6.830/80, que regula a execução da dívida ativa da União, dos Estados, do Distrito Federal e dos Municípios, o juiz determinará a citação, a penhora, o arresto, se possível, seu registro e avaliação dos bens penhorados ou arrestados.

O trabalhador rural ou o empresário ou empregador rural poderá efetuar o pagamento em cinco dias ou garantir a execução (art. 8º da LEF).

No prazo de 30 (trinta) dias, o devedor poderá opor embargos que, se recebidos, deles terá vista a confederação credora respectiva também no prazo de 30 (trinta) dias.

Sendo a matéria exclusivamente de direito ou a prova se constituir de documentos, o juiz sentenciará também no prazo de 30 (trinta) dias. Havendo necessidade de produção de prova, o juiz designará audiência de instrução e julgamento.

Da decisão proferida caberá apelação para uma das Câmaras do Tribunal de Justiça estadual. No Estado do Rio Grande do Sul, a competência para julgamento das ações referente à Contribuição Sindical Rural fica afeta a uma das Câmaras de direito público, especificamente daquelas que integram o 1º Grupo Cível, a quem compete processar e julgar as causas vinculadas a direito tributário.

5.5. Processos de defesa do contribuinte

O trabalhador rural ou o empresário ou empregador rural poderão utilizar-se de várias ações em defesa de seus direitos.

---

[43] A esse respeito o Conflito de Competência nº 22393/SP, da Segunda Sessão, do SUPERIOR TRIBUNAL DE JUSTIÇA, datado de 05.10.1988, em que foi relator o Min BARROS MONTEIRO, cuja ementa é a seguinte:
"COMPETÊNCIA. AÇÃO MONITÓRIA. CONTRIBUIÇÃO SINDICAL RURAL.
Compete à Justiça Estadual processar e julgar ação monitória que visa ao recebimento de contribuição sindical rural.
Conflito conhecido. Declarada competente a suscitada."

5.5.1. Embargos do devedor

A primeira ação de defesa é os embargos do devedor. Citado na ação executiva fiscal, o devedor, se não pagar a dívida tributária, poderá interpor esta ação incidental no prazo de 30 (trinta) dias.

Como matéria de defesa, poderá alegar, em preliminar, desde vício no processo administrativo de lançamento e constituição da Contribuição Sindical Rural, ou até mesmo da própria execução, como carência de ação por incerteza ou iliquidez da certidão da dívida resultante de erro na identificação do sujeito passivo, na determinação da base de incidência da contribuição, no cálculo do montante do débito ou na elaboração ou conferência de qualquer documento relativo à sua cobrança e, no mérito, desvio no seu enquadramento sindical, inserção de parcelas indevidas como o percentual de 15% para despesas e os 20% para o Ministério do Trabalho e Emprego, prescrição, decadência, ou outra matéria relevante que possa caracterizar desconstituição de dívida.

Necessitando de prova em audiência, o juiz a designará em prazo razoável. Sendo a matéria de direito, ou de fato, mas demonstrado por documentos, o juiz julgará incontinenti o processo, cabendo apelação ao Tribunal de Justiça do Estado, no prazo de 15 (quinze) dias. A CONTAG e a CNA, por não se constituírem de pessoas de direito público, mas tão-somente de pessoas administrativas para efeitos do lançamento e cobrança da Contribuição Sindical Rural, não gozam dos privilégios processuais atribuídos àquelas, como o prazo em dobro para recorrer.

5.5.2. Exceção de pré-executividade

Claudicante há algum tempo, hoje a doutrina e a jurisprudência majoritárias têm admitido a interposição de *exceção de pré-executividade* no processo executivo fiscal, afastando com isso a necessidade de penhora ou de embargos prévios, desde que as alegações nela contidas não importem em dilação probatória e caracterizem matérias de ordem pública ou nulidades absolutas. Nesse sentido, o Superior Tribunal de Justiça, no REsp 388.389-SC, 1ª Turma, Rel. Min. José Delgado, em 18.06.2002, e no REsp 392.308-RS, 2ª Turma, Relatora Min. Eliana Calmon, em 15.08.2002.[44]

---

[44] Os acórdãos citados têm estas ementas:
REsp nº 388.389-SC. "EXCEÇÃO. PRÉ-EXECUTIVIDADE. RELAÇÃO.
A exceção de pré-executividade não comporta a argüição de ilegalidade da relação jurídica material que deu origem ao título, mormente se isso demandar exame de prova. Dessa forma, não se presta para exame da alegação de que a certidão da dívida ativa é inválida por não estar a recorrente, empresa dedicada à moagem de trigo, obrigada a possuir um químico em seus quadros ou mesmo estar registrada no CRQ (art.1º da Lei nº 6.839/1980. Precedente citado: AgRg no Ag 197.577-GO, DJ 5/6/2000."

Embora a *exceção de pré-executividade*, por ser mesmo criação doutrinária e jurisprudencial, não tenha forma determinada, ela tem sido apresentada em peça autônoma, quer quanto aos requisitos de uma inicial, quer na sua autuação. No entanto, nada impede que ela venha travestida de um mero incidente preliminar na execução fiscal, não se podendo esquecer que o processo é tão-só um instrumento e que se rege, entre outros, pelo *princípio da economia processual*.

Ademais, não seria razoável, princípio latente em todo direito positivo, e também feriria o princípio constitucional da ampla defesa (*art. 5º, inciso LV, da Constituição Federal*), exigir-se do devedor a constrição judicial prévia através da penhora e a interposição da defesa através de embargos quando é inquestionável que a ação não tem nenhuma possibilidade de cabimento, como é o caso da prescrição ou de existência de nulidade absoluta, situações conhecíveis pelo juiz em qualquer momento processual.

5.5.3. Mandado de segurança

Já foi dito à exaustão que a Contribuição Sindical Rural é um tipo especial de tributo, e que a CONTAG ou a CNA, na sua administração, se enquadram no conceito de administração pública tributária, ativa e passivamente, por força do disposto no art. 24 da Lei nº 8.847/94, que lhes atribuiu essa competência.

Por conseqüência, os atos praticados por estas confederações quanto ao lançamento e à cobrança da Contribuição Sindical Rural são passíveis de controle através de mandado de segurança, nos termos do art 1º, § 1º, da Lei nº 1.533, de 31 de dezembro de 1951, que diz:

"Art. 1º.

§ 1º - Consideram-se autoridades para os efeitos desta lei os administradores ou representantes das entidades autárquicas *e das pessoas naturais ou jurídicas com funções delegadas do poder público*, somente no que entende com essas funções."

REsp nº 392.308-RS. "EXECUÇÃO FISCAL. EXCEÇÃO. PRÉ-EXECUTIVIDADE.
A exceção de pré-executividade é aceita, embora com cautela, pelos Tribunais. Porém, em sede de execução fiscal, sofre limitação expressa, visito que o § 3º do art. 16 da LEF determina expressamente que a matéria de defesa deve ser argüida em embargos. A regra doutrinária, que coincidentemente se alinha à LEF, é no sentido de restringir a pré-executividade, ou seja, defesa sem embargos e sem penhora, às matérias de ordem pública, que podem e devem ser reconhecidas de ofício pelo julgador ou, em se tratando de nulidade do título, flagrante e evidente, cujo reconhecimento independa de contraditório ou dilação probatória. O art. 568, V, do CPC, ao atribuir ao responsável tributário a qualidade de sujeito passivo da execução, remete o interessado ao CTN que, por seu turno, determina, no art. 135, serem pessoalmente responsáveis os sócios, mas restringe tal responsabilidade às hipóteses de excesso de poder ou infração à lei, ao contrato ou aos estatutos. A restrição, de caráter genérico, afasta as regras da responsabilidade objetiva do sócio gerente, mas não dispensa a prova de que não agiu o sócio com excesso de poder ou infringência à lei. Precedentes citados REsp 20.056-SP, DJ 17/8/1992; REsp 178.353-RS, DJ 10/5/1999 e REsp 237.560-PB, DJ 1º/8/2000."

Já os atos de enquadramento sindical praticados pelo Delegado Regional do Trabalho ou pelo Ministro do Trabalho também podem ser controlados via mandado de segurança. Como autoridades federais, seus atos poderão sofrer controle perante a Justiça Federal.

Sendo a CONTAG ou a CNA pessoas jurídicas de direito privado com delegação administrativa tributária em todo território nacional mas sem privilégio de foro, é de considerar-se para efeitos de competência em mandado de segurança, o lugar da ocorrência dos atos ou fatos que deram origem à constituição da Contribuição Sindical Rural, por força interpretativa do § 1º, art. 127, do Código Tributário Nacional, que excepciona a competência genérica estabelecida no Código de Processo Civil.

Quer pela natureza do tributo, quer pela qualidade da parte, é necessária a intervenção do Ministério Público.

5.5.4. Ações ordinárias declaratórias ou anulatórias

O trabalhador rural ou o empresário ou empregador rural, qualquer das confederações, bem assim qualquer interessado, podem buscar judicialmente a declaração de existência ou inexistência de relação jurídico-tributária referente à Contribuição Sindical Rural ou, se já constituída, a anulação de sua constituição.

O foro destas ações é o do lugar da ocorrência dos atos ou fatos pertinentes à constituição da Contribuição Sindical Rural, nos termos do art. 127, § 1º, do Código Tributário Nacional.

Em razão da matéria, há necessidade da presença do Ministério.

5.5.5. Consignação em pagamento

O trabalhador rural ou o empresário ou empregador rural podem efetuar judicialmente o pagamento da Contribuição Sindical Rural quando houver: I – recusa do recebimento pela confederação sindical, ou subordinação deste ao pagamento de outro tributo ou de penalidade, ou ao cumprimento de obrigação acessória; II – subordinação do recebimento ao cumprimento de exigência administrativa sem fundamento legal; III – exigência, por mais de uma das confederações, da Contribuição Sindical Rural, consoante aplicação do art. 164 do Código Tributário Nacional, combinado com o art. 156, inciso VIII, do mesmo Código.

5.5.6. Repetição de indébito

O trabalhador rural ou o empresário ou empregador rural têm direito à restituição total ou parcial da Contribuição Sindical Rural através da ação de repetição de indébito nas seguintes situações: a) quando, mediante cobrança ou espontaneamente, pagou a contribuição de forma indevida em face da lei ou da natureza ou circunstâncias materiais do fato gerador efetivamente ocorrido; b) por erro da identificação do sujeito passivo, da determinação da alíquota aplicável, no cálculo do montante do débito ou na elaboração ou conferência de qualquer documento relativo ao pagamento; c) por reforma, anulação ou rescisão de decisão condenatória. A base legal da repetição de indébito é o artigo 165 do Código Tributário Nacional.

O direito de pleitear a restituição de indébito na Contribuição Sindical Rural prescreve em 5 (cinco) anos a contar da data em que foi extinta, quando houve pagamento indevido ou erro na identificação do sujeito passivo, na determinação da alíquota aplicável, no cálculo do montante do débito ou na elaboração ou conferência de qualquer documento relativo ao pagamento, e da data em que se tornar definitiva a decisão administrativa ou transitar em julgado a decisão judicial que tenha reformado, anulado, revogado ou rescindido a decisão condenatória, consoante o disposto no art. 168 do Código Tributário Nacional.

A restituição de indébito vence juros e correção monetária, e a forma de execução é através de precatório, consoante o art. 100 da Constituição Federal e o art. 730 do Código de Processo Civil.

6. Legislação aplicável

6.1. CONSTITUIÇÃO FEDERAL DE 1988

Art. 5º Todos são iguais perante a lei, sem distinção de qualquer natureza, garantindo-se aos brasileiros e aos estrangeiros residentes no País a inviolabilidade do direito à vida, à liberdade, à igualdade, à segurança e à propriedade, nos termos seguintes:

LX - a lei só poderá restringir a publicidade dos atos processuais quando a defesa da intimidade ou o interesse social o exigirem;

Art. 8º É livre a associação profissional ou sindical, observado o seguinte:

I – a lei não poderá exigir autorização do Estado para a fundação de sindicato, ressalvado o registro no órgão competente, vedadas ao Poder Público a interferência e a intervenção na organização sindical;

II – é vedada a criação de mais de uma organização sindical, em qualquer grau, representativa de categoria profissional ou econômica, na mesma base territorial, que será definida pelos trabalhadores ou empregadores interessados, não podendo ser inferior à área de um Município;

III – ao sindicado cabe a defesa dos direitos e interesses coletivos ou individuais da categoria, inclusive em questões judiciais ou administrativas;

IV – a assembléia geral fixará a contribuição que, em se tratando de categoria profissional, será descontada em folha, para custeio do sistema confederativo da representação sindical respectiva, independentemente da contribuição prevista em lei;

V – ninguém será obrigado a filiar-se ou a manter-se filiado a sindicato;

VI – é obrigatória a participação dos sindicatos nas negociações coletivas de trabalho;

VII – o aposentado filiado tem direito a votar e a ser votado nas organizações sindicais;

VIII – é vedada a dispensa do empregado sindicalizado a partir do registro da candidatura a cargo de direção ou representação sindical e, se eleito, ainda que suplente, até um ano após o final do mandato, salvo se cometer falta grave nos termos da lei.

Parágrafo único. As disposições deste artigo aplicam-se à organização de sindicatos rurais e de colônias de pescadores, atendidas as condições que a lei estabelecer.

Art. 149. Compete exclusivamente à União instituir contribuições sociais, de intervenção no domínio econômico e de interesse das categorias profissionais ou econômicas, como instrumento de sua atuação nas respectivas áreas, observado o disposto nos arts. 146, III, e 150, I e III, e sem prejuízo do previsto no art. 195, § 6º, relativamente às contribuições a que alude o dispositivo.

Art. 187. A política agrícola será planejada e executada na forma da lei, com a participação efetiva do setor de produção, envolvendo produtores e trabalhadores rurais, bem como dos setores de comercialização, de armazenamento e de transportes, levando em conta, especialmente:

6.2. CÓDIGO TRIBUTÁRIO NACIONAL

Art. 127. Na falta de eleição, pelo contribuinte ou responsável, de domicílio tributário, na forma da legislação aplicável, considera-se como tal:

§ 1º Quando não couber a aplicação das regras fixadas em qualquer dos incisos deste artigo, considerar-se-á como domicílio tributário do contribuinte ou responsável o lugar da situação dos bens ou da ocorrência dos atos ou fatos que deram origem à obrigação.

Art. 142. Compete privativamente à autoridade administrativa constituir o crédito tributário pelo lançamento, assim entendido o procedimento administrativo tendente a verificar a ocorrência do fato gerador da obrigação correspondente, determinar a matéria tributável, calcular o montante do tributo devido, identificar o sujeito passivo e, sendo caso, propor a aplicação da penalidade cabível.

Parágrafo único. A atividade administrativa de lançamento é vinculada e obrigatória, sob pena de responsabilidade funcional.

Art. 165. O sujeito passivo tem direito, independentemente de prévio protesto, à restituição total ou parcial do tributo, seja qual for a modalidade do seu pagamento, ressalvado o disposto no § 4º do artigo 162, nos seguintes casos:

Art. 217. As disposições desta Lei, notadamente as dos arts 17, 74, § 2º e 77, parágrafo único, bem como a do art. 54 da Lei 5.025, de 10 de junho de 1966, não excluem a incidência e a exigibilidade: *(Artigo acrescentado pelo Decreto-lei nº 27, de 14.11.1966)*

I - da "contribuição sindical", denominação que passa a ter o imposto sindical de que tratam os arts 578 e seguintes, da Consolidação das Leis do Trabalho, sem prejuízo do disposto no art. 16 da Lei 4.589, de 11 de dezembro de 1964; *(Inciso acrescentado pelo Decreto-lei nº 27, de 14.11.1966)*

6.3. CONSOLIDAÇÃO DAS LEIS DO TRABALHO

Art. 2º - Considera-se empregador a empresa, individual ou coletiva, que, assumindo os riscos da atividade econômica, admite, assalaria e dirige a prestação pessoal de serviço.

Art. 511 - É livre a organização sindical, em todo o território nacional, para fins de estudo, defesa e coordenação de interesses econômicos ou profissionais. *(Redação dada pelo Decreto-lei nº 8.740, de 19.1.1946)*

Art. 570 - Os Sindicatos constituir-se-ão, normalmente, por categorias econômicas ou profissionais, específicas, na conformidade da discriminação do Quadro das Atividades e Profissões a que se refere o art. 577, ou segundo as subdivisões que forem criadas pela Comissão Nacional de Sindicalização. *(Redação dada pelo Decreto-lei nº 8.740, de 19.1.1946)*

Parágrafo único - Quando os exercentes de quaisquer atividades ou profissões se constituírem, seja pelo número reduzido, seja pela natureza mesma dessas atividades ou profissões, seja pelas afinidades existentes entre elas, em condições tais que não se possam sindicalizar eficientemente pelo critério de especificidade de categoria, é-lhes permitido sindicalizar-se pelo critério de categorias similares ou conexas, entendendo-se como tais as que se acham compreendidas nos limites de cada grupo constante do Quadro de Atividades e Profissões.

Art. 571 - Qualquer das atividades ou profissões concentradas na forma do parágrafo único do artigo anterior poderá dissociar-se do Sindicato principal, formando um Sindicato específico, desde que o novo Sindicato, a juízo da Comissão Nacional de Sindicalização, ofereça possibilidade de vida associativa regular e de ação sindical eficiente. *(Redação dada pelo Decreto-lei nº 8.740, de 19.1.1946)*

Art. 572 - Os Sindicatos que se constituírem por categorias similares ou conexas, nos termos do parágrafo único do art. 570, adotarão denominação em que fiquem, tanto quanto possível, explicitamente mencionadas as atividades ou profissões concentradas, de conformidade com o Quadro das Atividades e Profissões, ou se se tratar de subdivisões, de acordo com o que determinar a Comissão Nacional de Sindicalização. *(Redação dada pelo Decreto-lei nº 8.740, de 19.1.1946)*

Parágrafo único - Ocorrendo a hipótese do artigo anterior, o Sindicato principal terá a denominação alterada, eliminando-se-lhe a designação relativa à atividade ou profissão dissociada.

Art. 573 - O agrupamento dos Sindicatos em Federações obedecerá às mesmas regras que as estabelecidas neste Capítulo para o agrupamento das atividades e profissões em Sindicatos.

Parágrafo único - As Federações de Sindicatos de profissões liberais poderão ser organizadas independentemente do grupo básico da Confederação, sempre que as respectivas profissões se acharem submetidas, por disposições de lei, a um único regulamento. *(Parágrafo 1º renumerado pelo Decreto-lei nº 229, de 28.2.1967)*

§ 2º *Revogado pelo Decreto-lei nº 229, de 28.2.1967:*

Texto original: A Comissão Nacional de Sindicalização, quando o julgar conveniente aos interesses da organização sindical, poderá autorizar o reconhecimento de federações compostas de sindicatos pertencentes a vários grupos desde que a federação por eles formada represente, pelo menos, 2/3 (dois terços) dos sindicatos filiados há mais de dois anos num mesmo Estado. *(Redação dada pelo Decreto-lei nº 8.740, de 19.1.1946)*

Art. 574 - Dentro da mesma base territorial, as empresas industriais do tipo artesanal poderão constituir entidades sindicais, de primeiro e segundo graus, distintas das associações sindicais das empresas congêneres, de tipo diferente.

Parágrafo único - Compete à Comissão Nacional de Sindicalização definir, de modo genérico, a dimensão e as demais características das empresas industriais de tipo artesanal. *(Redação dada pelo Decreto-lei nº 8.740, de 19.1.1946)*

Art. 575 - O Quadro de Atividades e Profissões será revisto de dois em dois anos, pela Comissão Nacional de Sindicalização, para o fim de ajustá-lo às condições da estrutura econômica e profissional do País. *(Redação dada pelo Decreto-lei nº 8.740, de 19.1.1946)*

§ 1º - Antes de proceder à revisão do Quadro, a Comissão deverá solicitar sugestões às entidades sindicais e às associações profissionais.

§ 2º - A proposta de revisão será submetida à aprovação do Ministro do Trabalho, Indústria e Comércio.

Art. 576 - A Comissão do Enquadramento Sindical será constituída pelo Diretor-Geral do Departamento Nacional do Trabalho, que a presidirá, e pelos seguintes membros: *(Redação dada pela Lei nº 5.819, de 6.11.1972)*

I - 2 (dois) representantes do Departamento Nacional do Trabalho; *(Redação dada pela Lei nº 5.819, de 6.11.1972)*

II - 1 (um) representante do Departamento Nacional de Mão-de-Obra; *(Redação dada pelo Decreto-lei nº 5.819, de 6.11.1972)*

III - 1 (um) representante do Instituto Nacional de Tecnologia, do Ministério da Indústria e do Comércio; *(Redação dada pela Lei nº 5.819, de 6.11.1972)*

IV - 1 (um) representante do Instituto Nacional de Colonização e Reforma Agrária, do Ministério da Agricultura; *(Redação dada pela Lei nº 5.819, de 6.11.1972)*

V - 1 (um) representante do Ministério dos Transportes; *(Redação dada pela Lei nº 5.819, de 6.11.1972)*

VI - 2 (dois) representantes das categorias econômicas; e *(Redação dada pela Lei nº 5.819, de 6.11.1972)*

VII - 2 (dois) representantes das categorias profissionais. *(Redação dada pela Lei nº 5.819, de 6.11.1972)*

§ 1º - Os membros da CES serão designados pelo Ministro do Trabalho e Previdência Social, mediante. *(Parágrafo incluído pelo Decreto-lei nº 229, de 28.2.1967)*

a) indicação dos titulares das Pastas, quanto aos representantes dos outros Ministérios; *(Alínea incluída pelo Decreto-lei nº 229, de 28.2.1967)*

b) indicação do respectivo Diretor Geral, quanto ao do DNMO; *(Alínea incluída pelo Decreto-lei nº 229, de 28.2.1967)*

c) eleição pelas respectivas Confederações, em conjunto, quanto aos representantes das categorias econômicas e profissionais, de acôrdo com as instruções que forem expedidas pelo Ministro do Trabalho e Previdência Social. *(Alínea incluída pelo Decreto-lei nº 229, de 28.2.1967)*

§ 2º - Cada Membro terá um suplente designado juntamente com o titular. *(Parágrafo incluído pelo Decreto-lei nº 229, de 28.2.1967)*

§ 3º - Será de 3 (três) anos o mandato dos representantes das categorias econômica e profissional. *(Parágrafo incluído pelo Decreto-lei nº 229, de 28.2.1967 e alterado pelo Decreto-lei nº 925, de 10.10.1969)*

§ 4º - Os integrantes da Comissão perceberão a gratificação de presença que for estabelecida por decreto executivo. *(Parágrafo incluído pelo Decreto-lei nº 229, de 28.2.1967)*

§ 5º - Em suas faltas ou impedimentos o Diretor-Geral do DNT será substituído na presidência pelo Diretor substituto do Departamento ou pelo representante deste na Comissão, nesta ordem. *(Parágrafo incluído pelo Decreto-lei nº 229, de 28.2.1967 e alterado pelo Decreto-lei nº 506, de 18.3.1969)*

§ 6º - Além das atribuições fixadas no presente Capítulo e concernentes ao enquadramento sindical, individual ou coletivo, e à classificação das atividades e profissões, competirá também à CES resolver, com recurso para o Ministro do Trabalho e Previdência Social, tôdas as dúvidas e controvérsias concernentes à organização sindical. *(Parágrafo incluído pelo Decreto-lei nº 229, de 28.2.1967)*

Art. 577 - O Quadro de Atividades e Profissões em vigor fixará o plano básico do enquadramento sindical.

CAPÍTULO III
DA CONTRIBUIÇÃO SINDICAL
SEÇÃO I
DA FIXAÇÃO E DO RECOLHIMENTO DA IMPOSTO SINDICAL

Art. 578 - As contribuições devidas aos Sindicatos pelos que participem das categorias econômicas ou profissionais ou das profissões liberais representadas pelas referidas entidades serão, sob a denominação do "imposto sindical", pagas, recolhidas e aplicadas na forma estabelecida neste Capítulo.

Art. 579 - A contribuição sindical é devida por todos aquêles que participarem de uma determinada categoria econômica ou profissional, ou de uma profissão liberal, em favor do sindicato representativo da mesma categoria ou profissão ou, inexistindo êste, na conformidade do disposto no art. 591. *(Redação dada pelo Decreto-lei nº 229, de 28.2.1967)*

Art. 580 - A contribuição sindical será recolhida, de uma só vez, anualmente, e consistirá: *(Redação dada pela Lei nº 6.386, de 9.12.1976)*

I - Na importância correspondente à remuneração de um dia de trabalho, para os empregados, qualquer que seja a forma da referida remuneração; *(Redação dada pela Lei nº 6.386, de 9.12.1976)*

II - para os agentes ou trabalhadores autônomos e para os profissionais liberais, numa importância correspondente a 30% (trinta por cento) do maior valor-de-referência fixado pelo Poder Executivo, vigente à época em que é devida a contribuição sindical, arredondada para Cr$ 1,00 (um cruzeiro) a fração porventura existente; *(Redação dada pela Lei nº 7.047, de 1º.12.1982)*

III - para os empregadores, numa importância proporcional ao capital social da firma ou empresa, registrado nas respectivas Juntas Comerciais ou órgãos equivalentes, mediante a aplicação de alíquotas, conforme a seguinte Tabela progressiva: *(Redação dada pela Lei nº 7.047, de 1º.12.1982)*

Classes de Capital	Alíquota %
1 - Até 150 vezes o maior valor-de-referência	0,8
2 - Acima de 150 até 1.500 vezes o maior valor-de-referência	0,2
3 - Acima de 1.500, até 150.000 vezes o maior valor-de-referência	0,1
4 - Acima de 150.000. até 800.000 vezes o maior valor-de-referência	0,02

§ 1º A contribuição sindical prevista na tabela constante do item III deste artigo corresponderá à soma da aplicação das alíquotas sobre a porção do capital distribuído em cada classe, observados os respectivos limites. *(Parágrafo incluído pela Lei nº 4.140, de 21.9.1962 e alterado pela Lei nº 6.386, de 9.12.1976)*

§ 2º Para efeito do cálculo de que trata a tabela progressiva inserta no item III deste artigo, considerar-se-á o valor de referência fixado pelo Poder Executivo, vigente à data de competência da contribuição, arredondando-se para Cr$1,00 (um cruzeiro) a fração porventura existente. *(Parágrafo incluído pela Lei nº 4.140, de 21.9.1962 e alterado pela Lei nº 6.386, de 9.12.1976)*

§ 3º - É fixada em 60% (sessenta por cento) do maior valor-de-referência, a que alude o parágrafo anterior, a contribuição mínima devida pelos empregadores, independentemente do capital social da firma ou empresa, ficando, do mesmo modo, estabelecido o capital equivalente a 800.000 (oitocentas mil) vezes o maior valor-de-referência, para efeito do cálculo da contribuição máxima, respeitada a Tabela progressiva constante do item III. *(Parágrafo incluído pela Lei nº 4.140, de 21.9.1962 e alterado pela Lei nº 7.047, de 1º.12.1982)*

§ 4º Os agentes ou trabalhadores autônomos e os profissionais liberais, organizados em firma ou empresa, com capital social registrado, recolherão a contribuição sindical de acordo com a tabela progressiva a que se refere o item III. *(Parágrafo incluído pela Lei nº 6.386, de 9.12.1976)*

§ 5º As entidades ou instituições que não estejam obrigadas ao registro de capital social, consideração, como capital, para efeito do cálculo de que trata a tabela progressiva constante do item III deste artigo, o valor resultante da aplicação do percentual de 40% (quarenta por cento) sobre o movimento econômico registrado no exercício imediatamente anterior, do que darão conhecimento à respectiva entidade sindical ou à Delegacia Regional do Trabalho, observados os limites estabelecidos no § 3º deste artigo. *(Parágrafo incluído pela Lei nº 6.386, de 9.12.1976)*

§ 6º Excluem-se da regra do § 5º as entidades ou instituições que comprovarem, através de requerimento dirigido ao Ministério do Trabalho, que não exercem atividade econômica com fins lucrativos. *(Parágrafo incluído pela Lei nº 6.386, de 9.12.1976)*

Art. 581. Para os fins do item III do artigo anterior, as empresas atribuirão parte do respectivo capital às suas sucursais, filiais ou agências, desde que localizadas fora da base territorial da entidade sindical representativa da atividade econômica do estabelecimento principal, na proporção das correspondentes operações econômicas, fazendo a devida comunicação às Delegacias Regionais do Trabalho, conforme localidade da sede da empresa, sucursais, filiais ou agências. *(Redação dada pela Lei nº 6.386, de 9.12.1976)*

§ 1º *Suprimido pela Lei nº 6.386, de 9.12.1976: Texto original: Não é devida, porém, a referida atribuição, em relação às filiais ou agências que estiverem localizadas na base territorial do sindicato do estabelecimento principal, desde que integrem a mesma atividade econômica.*

§ 1º Quando a empresa realizar diversas atividades econômicas, sem que nenhuma delas seja preponderante, cada uma dessas atividades será incorporada à respectiva categoria econômica, sendo a contribuição sindical devida à entidade sindical representativa da mesma categoria, procedendo-se, em relação às correspondentes sucursais, agências ou filiais, na forma do presente artigo. *(Parágrafo 2º renumerado e alterado pela Lei nº 6.386, de 9.12.1976)*

§ 2º Entende-se por atividade preponderante a que caracterizar a unidade de produto, operação ou objetivo final, para cuja obtenção todas as demais atividades convirjam, exclusivamente em regime de conexão funcional. *(Parágrafo 3º renumerado pela Lei nº 6.386, de 9.12.1976)*

Art. 582. Os empregadores são obrigados a descontar, da folha de pagamento de seus empregados relativa ao mês de março de cada ano, a contribuição sindical por estes devida aos respectivos sindicatos. *(Redação dada pela Lei nº 6.386, de 9.12.1976)*

§ 1º Considera-se um dia de trabalho, para efeito de determinação da importância a que alude o item I do Art. 580, o equivalente: *(Redação dada pela Lei nº 6.386, de 9.12.1976)*

a) a uma jornada normal de trabalho, se o pagamento ao empregado for feito por unidade de tempo; *(Redação dada pela Lei nº 6.386, de 9.12.1976)*

b) a 1/30 (um trinta avos) da quantia percebida no mês anterior, se a remuneração for paga por tarefa, empreitada ou comissão. *(Redação dada pela Lei nº 6.386, de 9.12.1976)*

§ 2º Quando o salário for pago em utilidades, ou nos casos em que o empregado receba, habitualmente, gorjetas, a contribuição sindical corresponderá a 1/30 (um trinta avos) da importância que tiver servido de base, no mês de janeiro, para a contribuição do empregado à Previdência Social. (Redação dada pela Lei nº 6.386, de 9.12.1976)

Art. 583 - O recolhimento da contribuição sindical referente aos empregados e trabalhadores avulsos será efetuado no mês de abril de cada ano, e o relativo aos agentes ou trabalhadores autônomos e profissionais liberais realizar-se-á no mês de fevereiro. *(Redação dada pela Lei nº 6.386, de 9.12.1976)*

§ 1º - O recolhimento obedecerá ao sistema de guias, de acordo com as instruções expedidas pelo Ministro do Trabalho. *(Parágrafo incluído pela Lei nº 6.386, de 9.12.1976)*

Diagnose da Contribuição Sindical Rural

§ 2º - O comprovante de depósito da contribuição sindical será remetido ao respectivo Sindicato; na falta deste, à correspondente entidade sindical de grau superior, e, se for o caso, ao Ministério do Trabalho. *(Parágrafo incluído pela Lei nº 6.386, de 9.12.1976)*

Art. 584. Servirá de base para o pagamento da contribuição sindical, pelos agentes ou trabalhadores autônomos e profissionais liberais, a lista de contribuintes organizada pelos respectivos sindicatos e, na falta destes, pelas federações ou confederações coordenadoras da categoria. *(Redação dada pela Lei nº 6.386, de 9.12.1976)*

Art. 585. Os profissionais liberais poderão optar pelo pagamento da contribuição sindical unicamente à entidade sindical representativa da respectiva profissão, desde que a exerça, efetivamente, na firma ou empresa e como tal sejam nelas registrados. *(Redação dada pela Lei nº 6.386, de 9.12.1976)*

Parágrafo único. Na hipótese referida neste artigo, à vista da manifestação do contribuinte e da exibição da prova de quitação da contribuição, dada por sindicato de profissionais liberais, o empregador deixará de efetuar, no salário do contribuinte, o desconto a que se refere o Art. 582. *(Redação dada pela Lei nº 6.386, de 9.12.1976)*

Art. 586. A contribuição sindical será recolhida, nos meses fixados no presente Capítulo, à Caixa Econômica Federal ao Banco do Brasil S. A. ou aos estabelecimentos bancários nacionais integrantes do sistema de arrecadação dos tributos federais, os quais, de acordo com instruções expedidas pelo Conselho Monetário Nacional, repassarão à Caixa Econômica Federal as importâncias arrecadadas. *(Redação dada pela Lei nº 6.386, de 9.12.1976)*

§ 1º Integrarão a rede arrecadadora as Caixas Econômicas Estaduais, nas localidades onde inexistam os estabelecimentos previstos no caput deste artigo. *(Redação dada pela Lei nº 6.386, de 9.12.1976)*

§ 2º Tratando-se de empregador, agentes ou trabalhadores autônomos ou profissionais liberais o recolhimento será efetuado pelos próprios, diretamente ao estabelecimento arrecadador. *(Redação dada pela Lei nº 6.386, de 9.12.1976)*

§ 3º A contribuição sindical devida pelos empregados e trabalhadores avulsos será recolhida pelo empregador e pelo sindicato, respectivamente. *(Redação dada pela Lei nº 6.386, de 9.12.1976)*

§ 4º *Parágrafo suprimido pela Lei nº 6.386, de 9.12.1976: Texto original: O recolhimento do imposto sindical pelos agentes ou trabalhadores autônomos e profissionais liberais realizar-se-á no mes de fevereiro de cada ano na forma do disposto no presente capítulo.*

§ 5º *Parágrafo suprimido pela Lei nº 6.386, de 9.12.1976: Texto original: O recolhimento obedecerá ao sistema de guias de acordo com as instruções expedidas pela Comissão Nacional de Sindicalização. No corrente exercício o recolhimento efetuar-se-á ainda pelos modelos existentes. (Redação dada pelo Decreto-lei nº 8.740, de 19.1.1946)*

§ 6º *Parágrafo suprimido pela Lei nº 6.386, de 9.12.1976: Texto original: O comprovante de depósito do imposto sindical, efetuado na forma deste capítulo, será remetido aos respectivos sindicatos ou órgãos a que couber, na conformidade das instruções expedidas pela Comissão Nacional de Sindicalização. (Redação dada pelo Decreto-lei nº 8.740, de 19.1.1946)*

Art. 587. O recolhimento da contribuição sindical dos empregadores efetuar-se-á no mês de janeiro de cada ano, ou, para os que venham a estabelecer-se após aquele mês, na ocasião em que requeiram às repartições o registro ou a licença para o exercício da respectiva atividade. *(Redação dada pela Lei nº 6.386, de 9.12.1976)*

Art. 588. A Caixa Econômica Federal manterá conta corrente intitulada "Depósitos da Arrecadação da Contribuição Sindical", em nome de cada uma das entidades sindicais beneficiadas, cabendo ao Ministério do Trabalho cientificá-la das ocorrências pertinentes à vida administrativa dessas entidades. *(Redação dada pela Lei nº 6.386, de 9.12.1976)*

§ 1º Os saques na conta corrente referida no *caput* deste artigo far-se-ão mediante ordem bancária ou cheque com as assinaturas conjuntas do presidente e do tesoureiro da entidade sindical. *(Redação dada pela Lei nº 6.386, de 9.12.1976)*

§ 2º A Caixa Econômica Federal remeterá, mensalmente, a cada entidade sindical, um extrato da respectiva conta corrente, e, quando solicitado, aos órgãos do Ministério do Trabalho. *(Redação dada pela Lei nº 6.386, de 9.12.1976)*

§ 3º Na hipótese de existir mais de um sindicato representativo de determinada categoria ou profissão numa dada base territorial, o imposto sindical será dividido proporcionalmente, para cada sindicato, ao número de associados com mais de seis meses de inscrição no dia 31 de dezembro do ano anterior ao que o imposto é devido, em se tratando de sindicato de empregados, agentes ou trabalhadores autônomos e profissionais liberais, ou ao número de empresas integrantes do sindicato, no caso de entidade sindical de categoria econômica. *(Parágrafo incluído pelo Decreto-lei nº 8.740, de 19.1.1946)*

Art. 589. Da importância da arrecadação da contribuição sindical serão feitos os seguintes créditos pela Caixa Econômica Federal, na forma das instruções que forem expedidas pelo Ministro do Trabalho: *(Redação dada pela Lei nº 6.386, de 9.12.1976)*

I - 5% (cinco por cento) para a confederação correspondente; *(Redação dada pela Lei nº 6.386, de 9.12.1976)*

II - 15% (quinze por cento) para a federação; *(Redação dada pela Lei nº 6.386, de 9.12.1976)*

III - 60% (sessenta por cento) para o sindicato respectivo; *(Redação dada pela Lei nº 6.386, de 9.12.1976)*

IV - 20% (vinte por cento) para a "Conta Especial Emprego e Salário". *(Redação dada pela Lei nº 6.386, de 9.12.1976)*

§ 1º *Suprimido pela Lei nº 6.386, de 9.12.1976: Texto original: As aludidas percentagens serão pagas diretamente pelo Sindicato à correspondente Federação e por esta à Confederação legalmente reconhecida, devendo o pagamento ser feito até 30 dias após a data da arrecadação do imposto sindical*

§ 2º *Suprimido pela Lei nº 6.386, de 9.12.1976: Texto original: Inexistindo Federação legalmente reconhecida, a percentagem de 20% (vinte por cento) será paga integralmente à confederação relativa ao mesmo ramo econômico ou profissional.*

§ 3º *Suprimido pela Lei nº 6.386, de 9.12.1976: Texto original: Na falta de entidades sindicais de grau superior, os Sindicatos depositarão a percentagem que àquelas caberia na conta especial a que se refere o art. 590.*

Art. 590. Inexistindo confederação, o percentual previsto no item I do artigo anterior caberá à federação representativa do grupo. *(Redação dada pela Lei nº 6.386, de 9.12.1976)*

§ 1º Na falta de federação, o percentual a ela destinado caberá à confederação correspondente à mesma categoria econômica ou profissional. *(Parágrafo incluído pela Lei nº 6.386, de 9.12.1976)*

§ 2º Na falta de entidades sindicais de grau superior, o percentual que aquelas caberia será destinado à "Conta Especial Emprego e Salário". *(Parágrafo incluído pela Lei nº 6.386, de 9.12.1976)*

§ 3º Não havendo sindicato, nem entidade sindical de grau superior, a contribuição sindical será creditada, integralmente, à "Conta Especial Emprego e Salário". *(Parágrafo incluído pela Lei nº 6.386, de 9.12.1976)*

Art. 591. Inexistindo sindicato, o percentual previsto no item III do artigo 589 será creditado à federação correspondente à mesma categoria econômica ou profissional. *(Redação dada pela Lei nº 6.386, de 9.12.1976)*

§ 1º *Suprimido pela Lei nº 6.386, de 9.12.1976: Texto original: Operar-se-á da mesma forma quando não existir Federação, cabendo o imposto à Confederação representativa do correspondente grupo, do qual 20% (vinte por cento) serão deduzidos para o fundo social sindical.*

§ 2º *Suprimido pela Lei nº 6.386, de 9.12.1976: Texto original: Na hipótese de não haver sindicato nem entidade sindical de grau superior, o imposto do respectivo grupo será recolhido, totalmente, em favor do "Fundo Social Sindical".*

Parágrafo único. Na hipótese prevista neste artigo, caberão à confederação os percentuais previstos nos itens I e II do artigo 589. *(Parágrafo incluído pela Lei nº 6.386, de 9.12.1976)*

SEÇÃO II
DA APLICAÇÃO DO IMPOSTO SINDICAL

Art. 592 - A contribuição sindical, além das despesas vinculadas à sua arrecadação, recolhimento e controle, será aplicada pelos sindicatos, na conformidade dos respectivos estatutos, usando aos seguintes objetivos: *(Redação dada pela Lei nº 6.386, de 9.12.1976)*

Diagnose da Contribuição Sindical Rural

I - Sindicatos de empregadores e de agentes autônomos: *(Redação dada pela Lei nº 6.386, de 9.12.1976)*
a) assistência técnica e jurídica;
b) assistência médica, dentária, hospitalar e farmacêutica;
c) realização de estudos econômicos e financeiros;
d) agências de colocação;
e) cooperativas;
f) bibliotecas;
g) creches;
h) congressos e conferências;
i) medidas de divulgação comercial e industrial no País, e no estrangeiro, bem como em outras tendentes a incentivar e aperfeiçoar a produção nacional.
j) feiras e exposições;
l) prevenção de acidentes do trabalho;
m) finalidades desportivas.
II - Sindicatos de empregados: *(Redação dada pela Lei nº 6.386, de 9.12.1976)*
a) assistência jurídica;
b) assistência médica, dentária, hospitalar e farmacêutica;
c) assistência à maternidade;
d) agências de colocação;
e) cooperativas;
f) bibliotecas;
g) creches;
h) congressos e conferências;
i) auxilio-funeral;
j) colônias de férias e centros de recreação;
l) prevenção de acidentes do trabalho;
m) finalidades deportivas e sociais;
n) educação e formação profissicinal.
o) bolsas de estudo.
III - Sindicatos de profissionais liberais: *(Redação dada pela Lei nº 6.386, de 9.12.1976)*
a) assistência jurídica;
b) assistência médica, dentária, hospitalar e farmacêutica;
c) assistência à maternidade;
d) bolsas de estudo;
e) cooperativas;
f) bibiotecas;
g) creches;
h) congressos e conferências;
i) auxílio-funeral;
j) colônias de férias e centros de recreação;
l) estudos técnicos e científicos;
m) finalidades desportivas e sociais;
n) educação e formação profissional;
o) prêmios por trabalhos técnicos e científicos.
IV - Sindicatos de trabalhadores autônomos: *(Redação dada pela Lei nº 6.386, de 9.12.1976)*
a) auistência técnica e jurídica;
b) assistência médica, dentária, hospitalar e farmacêutica;
c) assistência à maternidade;
d) bolsas de estudo;
e) cooperativas;
f) bibliotecas;
g) creches;

h) congressos e conferências;

i) auxílio-funeral;

j) colônias de férias e centros de recreação;

l) educação e formação profissional;

m) finalidades desportivas e sociais;

§ 1º A aplicação prevista neste artigo ficará a critério de cada entidade, que, para tal fim, obedecerá, sempre, às peculiaridades do respectivo grupo ou categoria, facultado ao Ministro do Trabalho permitir a inclusão de novos programas, desde que assegurados os serviços assistenciais fundamentais da entidade. *(Parágrafo único renumerado pelo Decreto-lei nº 229, de 28.2.1967 e alterado pela Lei nº 6.386, de 9.12.1976)*

§ 2º Os sindicatos poderão destacar, em seus orçamentos anuais, até 20% (vinco por cento) dos recursos da contribuição sindical para o custeio das suas atividades administrativas, independentemente de autorização ministerial. *(Parágrafo incluído pelo Decreto-lei nº 229, de 28.2.1967 e alterado pela Lei nº 6.386, de 9.12.1976)*

§ 3º O uso da contribuição sindical prevista no § 2º não poderá exceder do valor total das mensalidades sociais consignadas nos orçamentos dos sindicatos, salvo autorização expressa do Ministro do Trabalho. *(Parágrafo incluído pela Lei nº 6.386, de 9.12.1976)*

Art. 593 - As percentagens atribuídas às entidades sindicais de grau superior serão aplicadas de conformidade com o que dispuserem os respectivos conselhos de representantes.

Art. 594 - *Revogado pela Lei nº 4.589, de 11.12.1964: Texto original: O "Fundo Social Sindical" será gerido e aplicado pela Comissão do Imposto Sindical em objetivos que atendam aos interesses gerais da organização sindical nacional ou à assistência social aos trabalhadores. (Redação dada pelo Decreto-lei nº 9.615, de 20.8.1946)*

SEÇÃO III
DA COMISSÃO DO IMPOSTO SINDICAL

Art. 595 - *Revogado pela Lei nº 4.589, de 11.12.1964: Texto original: A Comissão do Imposto Sindical, com sede no Ministério do Trabalho, Indústria e Comércio, funcionará sob a presidência do ministro do Trabalho, Indústria e Comércio e será constituída:*

a) de um representante do Departamento Nacional do Trabalho e de um dos Serviços de Contabilidade do Ministério do Trabalho, Indústria e Comércio, designados pelo respectivo ministro;

b) de um representante dos profissionais liberais, de dois dos empregadores e de dois dos empregados indicados em lista tríplice pelos presidentes das respectivas confederações e nomeados pelo ministro do Trabalho, Indústria e Comércio;

c) de três pessoas de conhecimentos especializados respectivamente em assuntos de Direito e de Medicina-Social, designadas livremente pelo ministro do Trabalho, Indústria e Comércio.

§ 1º *Revogado pelo Decreto-lei nº 8.740, de 19.1.1946: Texto original: O presidente da Comissão do Imposto Sindical será substituído, em suas faltas e impedimentos, pelo membro por ele designado previamente.*

§ 2º *Revogado pelo Decreto-lei nº 8.740, de 19.1.1946: Texto original: Os membros da Comissão do Imposto Sindical terão exercício por dois anos podendo ser reconduzidos.*

Art. 596 - *Revogado pela Lei nº 4.589, de 11.12.1964: Texto original: Compete à Comissão Nacional de Sindicalização: (Redação dada pelo Decreto-lei nº 8.740, de 19.1.1946)*

a) Gerir o "Fundo Social Sindical" *(Redação dada pelo Decreto-lei nº 8.740, de 19.1.1946)*

b) organizar o plano sistematico da aplicação do "Fundo Social Sindical" *(Redação dada pelo Decreto-lei nº 8.740, de 19.1.1946)*

c) fiscalizar a aplicação do imposto sindical, expedindo as normas que se fizerem necessárias; *(Redação dada pelo Decreto-lei nº 8.740, de 19.1.1946)*

d) resolver as dúvidas suscitadas na execução do presente capítulo. *(Redação dada pelo Decreto-lei nº 8.740, de 19.1.1946)*

Art. 597 - *Revogado pela Lei nº 4.589, de 11.12.1964: Texto original: É facultado à Comissão Nacional de Sindicalização solicitar, sempre que julgar necessário, audiência de órgãos tecnicos especializados. (Redação dada pelo Decreto-lei nº 8.740, de 19.1.1946)*

Diagnose da Contribuição Sindical Rural

Parágrafo único. A Comissão Nacional de Sindicalização aprovará os orçamentos necessários à execução de seus serviços que serão custeados pelo "Fundo Social Sindical". *(Redação dada pelo Decreto-lei nº 8.740, de 19.1.1946)*

SEÇÃO IV
DAS PENALIDADES

Art. 598 - *Revogado pelo Decreto-lei nº 8.740, de 19.1.1946:*
Texto original: Sem prejuízo da ação criminal e das penalidades previstas no art. 553, serão aplicadas multas de Cr$ 10,00 (dez cruzeiros) a Cr$ 10.000,00 (dez mil cruzeiros) pelas infrações deste Capítulo impostas no Distrito Federal pela autoridade competente de 1ª instância do Departamento Nacional do Trabalho e nos Estados e no Território do Acre pelas autoridades regionais do Ministério do Trabalho, Industria e Comercio.

Parágrafo único - *Revogado pelo Decreto-lei nº 8.740, de 19.1.1946:*
Texto original: A gradação da multa atenderá à natureza da infração e às condições sociais e econômicas do infrator.

Art. 599 - Para os profissionais liberais, a penalidade consistirá na suspensão do exercício profissional, até a necessária quitação, e será aplicada pelos órgãos públicos ou autárquicos disciplinadores das respectivas profissões mediante comunicação das autoridades fiscalizadoras.

Art. 600 - O recolhimento da contribuição sindical efetuado fora do prazo referido neste Capítulo, quando espontâneo, será acrescido da multa de 10% (dez por cento), nos 30 (trinta) primeiros dias, com o adicional de 2% (dois por cento) por mês subseqüente de atraso, além de juros de mora de 1 % (um por cento) ao mês e correção monetária, ficando, nesse caso, o infrator, isento de outra penalidade. *(Redação dada pela Lei nº 6.181, de 11.12.1974)*

§ 1º - O montante das cominações previstas neste artigo reverterá sucessivamente: *(Parágrafo incluído pela Lei nº 4.589, de 11.12.1964 e alterado pela Lei nº 6.181, de 11.12.1974)*

a) ao Sindicato respectivo; *(Redação dada pela Lei nº 6.181, de 11.12.1974)*

b) à Federação respectiva, na ausência de Sindicato; *(Redação dada pela Lei nº 6.181, de 11.12.1974)*

c) à Confederação respectiva, inexistindo Federação. *(Redação dada pela Lei nº 6.181, de 11.12.1974)*

§ 2º - Na falta de Sindicato ou entidade de grau superior, o montante a que alude o parágrafo precedente reverterá à conta "Emprego e Salário". *(Parágrafo incluído pela Lei nº 4.589, de 11.12.1964 e alterado pela Lei nº 6.181, de 11.12.1974)*

SEÇÃO V
DISPOSIÇÕES GERAIS

Art. 601 - No ato da admissão de qualquer empregado, dele exigirá o empregador a apresentação da prova de quitação do imposto sindical.

Art. 602 - Os empregados que não estiverem trabalhando no mês destinado ao desconto da imposto sindical serão descontados no primeiro mês subseqüente ao do reinício do trabalho.

Parágrafo único - De igual forma se procederá com os empregados que forem admitidos depois daquela data e que não tenham trabalhado anteriormente nem apresentado a respectiva quitação.

Art. 603 - Os empregadores são obrigados a prestar aos encarregados da fiscalização os esclarecimentos necessários ao desempenho de sua missão e a exibir-lhes, quando exigidos, na parte relativa ao pagamento de empregados, os seus livros, folhas de pagamento e outros documentos comprobatórios desses pagamentos, sob pena da multa cabível.

Art. 604 - Os agentes ou trabalhadores autônomos ou profissionais liberais são obrigados a prestar aos encarregados da fiscalização os esclarecimentos que lhes forem solicitados, inclusive exibição de quitação do imposto sindical.

Art. 605 - As entidades sindicais são obrigadas a promover a publicação de editais concernentes ao recolhimento do imposto sindical, durante 3 (três) dias, nos jornais de maior circulação local e até 10 (dez) dias da data fixada para depósito bancário.

Art. 606 - As entidades sindicais cabe, em caso de falta de pagamento da contribuição sindical, promover a respectiva cobrança judicial, mediante ação executiva, valendo como título de dívida a certidão expedida pelas autoridades regionais do Ministério do Trabalho e Previdência Social. *(Redação dada pelo Decreto-lei nº 925, de 10.10.1969)*

§ 1º - A Comissão Nacional de Sindicalização baixará as instruções regulando a expedição das certidões a que se refere o presente artigo, das quais deverá constar a individualização do contribuinte, a indicação do débito e a designação da entidade a favor da qual será recolhida a importância do imposto, de acordo com o respectivo enquadramento sindical. *(Redação dada pelo Decreto-lei nº 8.740, de 19.1.1946)*

§ 2º - Para os fins da cobrança judicial do imposto sindical, são extensivos às entidades sindicais, com exceção do foro especial, os privilégios da Fazenda Pública, para cobrança da dívida ativa.

Art. 607 - É considerado como documento essencial ao comparecimento às concorrências públicas ou administrativas e para o fornecimento às repartições paraestatais ou autárquicas a prova da quitação do respectivo imposto sindical e a de recolhimento do imposto sindical, descontado dos respectivos empregados.

Art. 608 - As repartições federais, estaduais ou municipais não concederão registro ou licenças para funcionamento ou renovação de atividades aos estabelecimentos de empregadores e aos escritórios ou congêneres dos agentes ou trabalhadores autônomos e profissionais liberais, nem concederão alvarás de licença ou localização, sem que sejam exibidas as provas de quitação do imposto sindical, na forma do artigo anterior.

Parágrafo único - A não observância do disposto neste artigo acarretará, de pleno direito, a nulidade dos atos nele referidos, bem como dos mencionados no artigo 607. *(Parágrafo incluído pela Lei nº 6.386, de 9.12.1976)*

Art. 609 - O recolhimento da contribuição sindical e todos os lançamentos e movimentos nas contas respectivas são isentos de selos e taxas federais, estaduais ou municipais.

Art. 610 - As dúvidas no cumprimento deste Capítulo serão resolvidas pelo Diretor-Geral do Departamento Nacional do Trabalho, que expedirá as instruções que se tornarem necessárias à sua execução. *(Redação dada pela Lei nº 4.589, de 11.12.1964)*

6.4. LEI Nº 1.533, DE 31 DE DEZEMBRO DE 1951

Altera disposições do Código do Processo Civil, relativas ao mandado de segurança.

O PRESIDENTE DA REPÚBLICA:

Faço saber que o Congresso Nacional decreta e eu sanciono a seguinte lei:

Art. 1º - Conceder-se-á mandado de segurança para proteger direito líquido e certo, não amparado por habeas-corpus, sempre que, ilegalmente ou com abuso do poder, alguém sofrer violação ou houver justo receio de sofre-la por parte de autoridade, seja de que categoria for e sejam quais forem as funções que exerça.

§ 1º - Consideram-se autoridades, para os efeitos desta lei, os representantes ou administradores das entidades autárquicas e das pessoas naturais ou jurídicas com funções delegadas do Poder Público, somente no que entender com essas funções. *(Redação dada pela Lei nº 9.259, de 09/01/96)*

§ 2º - Quando o direito ameaçado ou violado couber a varias pessoas, qualquer delas poderá requerer o mandado de segurança.

Art. 2º - Considerar-se-á federal a autoridade coatora se as conseqüências de ordem patrimonial do ato contra o qual se requer o mandado houverem de ser suportadas pela união federal ou pelas entidades autárquicas federais.

Art. 3º - O titular de direito liquido e certo decorrente de direito, em condições idênticas, de terceiro, poderá impetrar mandado de segurança a favor do direito originário, se o seu titular não o fizer, em prazo razoável, apesar de para isso notificado judicialmente.

Art. 4º - Em caso de urgência, é permitido, observados os requisitos desta lei, impetrar o mandado de segurança por telegrama ou radiograma ao juiz competente, que poderá determinar seja feita pela mesma forma a notificação a autoridade coatora.

Diagnose da Contribuição Sindical Rural

Art. 5º - Não se dará mandado de segurança quando se tratar:

I - de ato de que caiba recurso administrativo com efeito suspensivo, independente de caução.

II - de despacho ou decisão judicial, quando haja recurso previsto nas leis processuais ou possa ser modificado por via de correção.

III - de ato disciplinar, salvo quando praticado por autoridade incompetente ou com inobservância de formalidade essencial.

Art. 6º - A petição inicial, que deverá preencher os requisitos dos artigos 158 e 159 do Código do Processo Civil, será apresentada em duas vias e os documentos, que instruírem a primeira, deverão ser reproduzidos, por cópia, na segunda.

Parágrafo único. No caso em que o documento necessário a prova do alegado se acha em repartição ou estabelecimento publico, ou em poder de autoridade que recuse fornece-lo por certidão, o juiz ordenará, preliminarmente, por oficio, a exibição desse documento em original ou em cópia autêntica e marcará para cumprimento da ordem o prazo de dez dias. Se a autoridade que tiver procedido dessa maneira for a própria coatora, a ordem far-se-á no próprio instrumento da notificação. O escrivão extrairá cópias do documento para juntá-las à segunda via da petição. *(Redação dada pela Lei nº 4.166, de 04/12/62)*

Art. 7º - Ao despachar a inicial, o juiz ordenará:

I - que se notifique o coator do conteúdo da petição entregando-se-lhe a segunda via apresentada pelo requerente com as cópias dos documentos a fim de que, no prazo de quinze dias, preste as informações que achar necessárias. *(Redação dada pela Lei nº 4.166, de 04/12/62)*

II - que se suspenda o ato que deu motivo ao pedido quando for relevante o fundamento e do ato impugnado puder resultar a ineficácia da medida, caso seja deferida.

Art. 8º - A inicial será desde logo indeferida quando não for caso de mandado de segurança ou lhe faltar algum dos requisitos desta lei.

Parágrafo único. De despacho de indeferimento caberá o recurso previsto no art. 12.

Art. 9º - Feita a notificação, o serventuário em cujo cartório corra o feito juntará aos autos cópia autêntica do ofício endereçado ao coator, bem como a prova da entrega a este ou da sua recusa em aceitá-lo ou dar recibo.

Art. 10 - Findo o prazo a que se refere o item I do art. 7º e ouvido o representante do Ministério Público dentro em cinco dias, os autos serão conclusos ao juiz, independente de solicitação da parte, para a decisão, a qual deverá ser proferida em cinco dias, tenham sido ou não prestadas as informações pela autoridade coatora.

Art. 11 - Julgado procedente o pedido, o juiz transmitirá em ofício, por mão do oficial do juízo ou pelo correio, mediante registro com recibo de volta, ou por telegrama, radiograma ou telefonema, conforme o requerer o peticionário, o inteiro teor da sentença a autoridade coatora.

Parágrafo único. Os originais, no caso de transmissão telegráfica, radiofônica ou telefônica, deverão ser apresentados a agência expedidora com a firma do juiz devidamente reconhecida.

Art. 12 - Da sentença, negando ou concedendo o mandato cabe apelação. *(Redação dada pela Lei nº 6.014, de 27/12/73)*

Parágrafo único. A sentença, que conceder o mandato, fica sujeita ao duplo grau de jurisdição, podendo, entretanto, ser executada provisoriamente. *(Redação dada pela Lei nº 6.071, de 03/07/74)*

Art. 13 - Quando o mandato for concedido e o Presidente do Tribunal, ao qual competir o conhecimento do recurso, ordenar ao juiz a suspensão da execução da sentença, desse seu ato caberá agravo para o Tribunal a que presida. *(Redação dada pela Lei nº 6.014, de 27/12/73)*

Art. 14 - Nos casos de competência do Supremo Tribunal Federal e dos demais tribunais caberá ao relator a instrução do processo.

Art. 15 - A decisão do mandado de segurança não impedirá que o requerente, por ação própria, pleiteie os seus direitos e os respectivos efeitos patrimoniais.

Art. 16 - O pedido de mandado de segurança poderá ser renovado se a decisão denegatória não lhe houver apreciado o mérito.

Art. 17 - Os processos de mandado de segurança terão prioridade sobre todos os atos judiciais, salvo habeas-corpus. Na instância superior deverão ser levados a julgamento na primeira sessão que se seguir a data em que, feita a distribuição, forem conclusos ao relator.

Parágrafo único. O prazo para conclusão não poderá exceder de vinte e quatro horas, a contar da distribuição.

Art. 18 - O direito de requerer mandado de segurança extinguir-se-á decorridos cento e vinte dias contados da ciência, pela interessado, do ato impugnado.

Art. 19 - Aplicam-se ao processo do mandado de segurança os artigos do Código de Processo Civil que regulam o litisconsórcio. *(Redação dada pela Lei nº 6.071, de 03/07/74)*

Art. 20 - Revogam-se os dispositivos do Código do Processo Civil sobre o assunto e mais disposições em contrario.

Art. 21 - Esta lei entrará em vigor na data da sua publicação.

Rio de Janeiro, 31 de dezembro de 1951; 130º da Independência e 63º da República.

6.6. LEI Nº 5.889, DE 8 DE JUNHO DE 1973
Estatui normas reguladoras do trabalho rural.

O PRESIDENTE DA REPÚBLICA Faço saber que o Congresso Nacional decreta e eu sanciono a seguinte Lei:

Art. 1º As relações de trabalho rural serão reguladas por esta Lei e, no que com ela não colidirem, pelas normas da Consolidação das Leis do Trabalho, aprovada pelo Decreto-lei nº 5.452, de 01/05/1943.

Parágrafo único. Observadas as peculiaridades do trabalho rural, a ele também se aplicam as leis nºs 605, de 05/01/1949, 4090, de 13/07/1962; 4725, de 13/07/1965, com as alterações da Lei nº 4903, de 16/12/1965 e os Decretos-Leis nºs 15, de 29/07/1966; 17, de 22/08/1966 e 368, de 19/12/1968.

Art. 2º Empregado rural é toda pessoa física que, em propriedade rural ou prédio rústico, presta serviços de natureza não eventual a empregador rural, sob a dependência deste e mediante salário.

Art. 3º - Considera-se empregador, rural, para os efeitos desta Lei, a pessoa física ou jurídica, proprietário ou não, que explore atividade agro-econômica, em caráter permanente ou temporário, diretamente ou através de prepostos e com auxílio de empregados.

§ 1º Inclui-se na atividade econômica, referida no *caput* deste artigo, a exploração industrial em estabelecimento agrário não compreendido na Consolidação das Leis do Trabalho.

§ 2º Sempre que uma ou mais empresas, embora tendo cada uma delas personalidade jurídica própria, estiverem sob direção, controle ou administração de outra, ou ainda quando, mesmo guardando cada uma sua autonomia, integrem grupo econômico ou financeiro rural, serão responsáveis solidariamente nas obrigações decorrentes da relação de emprego.

Art. 4º - Equipara-se ao empregador rural, a pessoa física ou jurídica que, habitualmente, em caráter profissional, e por conta de terceiros, execute serviços de natureza agrária, mediante utilização do trabalho de outrem.

6.7. LEI Nº 6.830, DE 22 DE SETEMBRO DE 1980
Dispõe sobre a cobrança judicial da Dívida Ativa da Fazenda Pública, e dá outras providências.

O PRESIDENTE DA REPÚBLICA: Faço saber que o Congresso Nacional decreta e eu sanciono a seguinte Lei:

Art. 1º - A execução judicial para cobrança da Dívida Ativa da União, dos Estados, do Distrito Federal, dos Municípios e respectivas autarquias será regida por esta Lei e, subsidiariamente, pelo Código de Processo Civil.

Art. 2º - Constitui Dívida Ativa da Fazenda Pública aquela definida como tributária ou não tributária na Lei nº 4.320, de 17 de março de 1964, com as alterações posteriores, que estatui normas gerais de direito financeiro para elaboração e controle dos orçamentos e balanços da União, dos Estados, dos Municípios e do Distrito Federal.

§ 1º - Qualquer valor, cuja cobrança seja atribuída por lei às entidades de que trata o artigo 1º, será considerado Dívida Ativa da Fazenda Pública.

Diagnose da Contribuição Sindical Rural

§ 2º - A Dívida Ativa da Fazenda Pública, compreendendo a tributária e a não tributária, abrange atualização monetária, juros e multa de mora e demais encargos previstos em lei ou contrato.

§ 3º - A inscrição, que se constitui no ato de controle administrativo da legalidade, será feita pelo órgão competente para apurar a liquidez e certeza do crédito e suspenderá a prescrição, para todos os efeitos de direito, por 180 dias, ou até a distribuição da execução fiscal, se esta ocorrer antes de findo aquele prazo.

§ 4º - A Dívida Ativa da União será apurada e inscrita na Procuradoria da Fazenda Nacional.

§ 5º - O Termo de Inscrição de Dívida Ativa deverá conter:

I - o nome do devedor, dos co-responsáveis e, sempre que conhecido, o domicílio ou residência de um e de outros;

II - o valor originário da dívida, bem como o termo inicial e a forma de calcular os juros de mora e demais encargos previstos em lei ou contrato;

III - a origem, a natureza e o fundamento legal ou contratual da dívida;

IV - a indicação, se for o caso, de estar a dívida sujeita à atualização monetária, bem como o respectivo fundamento legal e o termo inicial para o cálculo;

V - a data e o número da inscrição, no Registro de Dívida Ativa; e

VI - o número do processo administrativo ou do auto de infração, se neles estiver apurado o valor da dívida.

§ 6º - A Certidão de Dívida Ativa conterá os mesmos elementos do Termo de Inscrição e será autenticada pela autoridade competente.

§ 7º - O Termo de Inscrição e a Certidão de Dívida Ativa poderão ser preparados e numerados por processo manual, mecânico ou eletrônico.

§ 8º - Até a decisão de primeira instância, a Certidão de Dívida Ativa poderá ser emendada ou substituída, assegurada ao executado a devolução do prazo para embargos.

§ 9º - O prazo para a cobrança das contribuições previdenciárias continua a ser o estabelecido no artigo 144 da Lei nº 3.807, de 26 de agosto de 1960.

Art. 3º - A Dívida Ativa regularmente inscrita goza da presunção de certeza e liquidez.

Parágrafo Único - A presunção a que se refere este artigo é relativa e pode ser ilidida por prova inequívoca, a cargo do executado ou de terceiro, a quem aproveite.

Art. 4º - A execução fiscal poderá ser promovida contra:

I - o devedor;

II - o fiador;

III - o espólio;

IV - a massa;

V - o responsável, nos termos da lei, por dívidas, tributárias ou não, de pessoas físicas ou pessoas jurídicas de direito privado; e

VI - os sucessores a qualquer título.

§ 1º - Ressalvado o disposto no artigo 31, o síndico, o comissário, o liquidante, o inventariante e o administrador, nos casos de falência, concordata, liquidação, inventário, insolvência ou concurso de credores, se, antes de garantidos os créditos da Fazenda Pública, alienarem ou derem em garantia quaisquer dos bens administrados, respondem, solidariamente, pelo valor desses bens.

§ 2º - À Dívida Ativa da Fazenda Pública, de qualquer natureza, aplicam-se as normas relativas à responsabilidade prevista na legislação tributária, civil e comercial.

§ 3º - Os responsáveis, inclusive as pessoas indicadas no § 1º deste artigo, poderão nomear bens livres e desembaraçados do devedor, tantos quantos bastem para pagar a dívida. Os bens dos responsáveis ficarão, porém, sujeitos à execução, se os do devedor forem insuficientes à satisfação da dívida.

§ 4º - Aplica-se à Dívida Ativa da Fazenda Pública de natureza não tributária o disposto nos artigos 186 e 188 a 192 do Código Tributário Nacional.

Art. 5º - A competência para processar e julgar a execução da Dívida Ativa da Fazenda Pública exclui a de qualquer outro Juízo, inclusive o da falência, da concordata, da liquidação, da insolvência ou do inventário.

Art. 6º - A petição inicial indicará apenas:

I - o Juiz a quem é dirigida;

II - o pedido; e

III - o requerimento para a citação.

§ 1º - A petição inicial será instruída com a Certidão da Dívida Ativa, que dela fará parte integrante, como se estivesse transcrita.

§ 2º - A petição inicial e a Certidão de Dívida Ativa poderão constituir um único documento, preparado inclusive por processo eletrônico.

§ 3º - A produção de provas pela Fazenda Pública independe de requerimento na petição inicial.

§ 4º - O valor da causa será o da dívida constante da certidão, com o encargos legais.

Art. 7º - O despacho do Juiz que deferir a inicial importa em ordem para:

I - citação, pelas sucessivas modalidades previstas no artigo 8º;

II - penhora, se não for paga a dívida, nem garantida a execução, por meio de depósito ou fiança;

III - arresto, se o executado não tiver domicílio ou dele se ocultar;

IV - registro da penhora ou do arresto, independentemente do pagamento de custas ou outras despesas, observado o disposto no artigo 14; e

V - avaliação dos bens penhorados ou arrestados.

Art. 8º - O executado será citado para, no prazo de 5 (cinco) dias, pagar a dívida com os juros e multa de mora e encargos indicados na Certidão de Dívida Ativa, ou garantir a execução, observadas as seguintes normas:

I - a citação será feita pelo correio, com aviso de recepção, se a Fazenda Pública não a requerer por outra forma;

II - a citação pelo correio considera-se feita na data da entrega da carta no endereço do executado, ou, se a data for omitida, no aviso de recepção, 10 (dez) dias após a entrega da carta à agência postal;

III - se o aviso de recepção não retornar no prazo de 15 (quinze) dias da entrega da carta à agência postal, a citação será feita por Oficial de Justiça ou por edital;

IV - o edital de citação será afixado na sede do Juízo, publicado uma só vez no órgão oficial, gratuitamente, como expediente judiciário, com o prazo de 30 (trinta) dias, e conterá, apenas, a indicação da exeqüente, o nome do devedor e dos co-responsáveis, a quantia devida, a natureza da dívida, a data e o número da inscrição no Registro da Dívida Ativa, o prazo e o endereço da sede do Juízo.

§ 1º - O executado ausente do País será citado por edital, com prazo de 60 (sessenta) dias.

§ 2º - O despacho do Juiz, que ordenar a citação, interrompe a prescrição.

Art. 9º - Em garantia da execução, pelo valor da dívida, juros e multa de mora e encargos indicados na Certidão de Dívida Ativa, o executado poderá:

I - efetuar depósito em dinheiro, à ordem do Juízo em estabelecimento oficial de crédito, que assegure atualização monetária;

II - oferecer fiança bancária;

III - nomear bens à penhora, observada a ordem do artigo 11; ou

IV - indicar à penhora bens oferecidos por terceiros e aceitos pela Fazenda Pública.

§ 1º - O executado só poderá indicar e o terceiro oferecer bem imóvel à penhora com o consentimento expresso do respectivo cônjuge.

§ 2º - Juntar-se-á aos autos a prova do depósito, da fiança bancária ou da penhora dos bens do executado ou de terceiros.

§ 3º - A garantia da execução, por meio de depósito em dinheiro ou fiança bancária, produz os mesmos efeitos da penhora.

§ 4º - Somente o depósito em dinheiro, na forma do artigo 32, faz cessar a responsabilidade pela atualização monetária e juros de mora.

§ 5º - A fiança bancária prevista no inciso II obedecerá às condições pré-estabelecidas pelo Conselho Monetário Nacional.

§ 6º - O executado poderá pagar parcela da dívida, que julgar incontroversa, e garantir a execução do saldo devedor.

Diagnose da Contribuição Sindical Rural

Art. 10 - Não ocorrendo o pagamento, nem a garantia da execução de que trata o artigo 9º, a penhora poderá recair em qualquer bem do executado, exceto os que a lei declare absolutamente impenhoráveis.

Art. 11 - A penhora ou arresto de bens obedecerá à seguinte ordem:

I - dinheiro;

II - título da dívida pública, bem como título de crédito, que tenham cotação em bolsa;

III - pedras e metais preciosos;

IV - imóveis;

V - navios e aeronaves;

VI - veículos;

VII - móveis ou semoventes; e

VIII - direitos e ações.

§ 1º - Excepcionalmente, a penhora poderá recair sobre estabelecimento comercial, industrial ou agrícola, bem como em plantações ou edifícios em construção.

§ 2º - A penhora efetuada em dinheiro será convertida no depósito de que trata o inciso I do artigo 9º.

§ 3º - O Juiz ordenará a remoção do bem penhorado para depósito judicial, particular ou da Fazenda Pública exeqüente, sempre que esta o requerer, em qualquer fase do processo.

Art. 12 - Na execução fiscal, far-se-á a intimação da penhora ao executado, mediante publicação, no órgão oficial, do ato de juntada do termo ou do auto de penhora.

§ 1º - Nas Comarcas do interior dos Estados, a intimação poderá ser feita pela remessa de cópia do termo ou do auto de penhora, pelo correio, na forma estabelecida no artigo 8º, incisos I e II, para a citação.

§ 2º - Se a penhora recair sobre imóvel, far-se-á a intimação ao cônjuge, observadas as normas previstas para a citação.

§ 3º - Far-se-á a intimação da penhora pessoalmente ao executado se, na citação feita pelo correio, o aviso de recepção não contiver a assinatura do próprio executado, ou de seu representante legal.

Art. 13 - O termo ou auto de penhora conterá, também, a avaliação dos bens penhorados, efetuada por quem o lavrar.

§ 1º - Impugnada a avaliação, pelo executado, ou pela Fazenda Pública, antes de publicado o edital de leilão, o Juiz, ouvida a outra parte, nomeará avaliador oficial para proceder a nova avaliação dos bens penhorados.

§ 2º - Se não houver, na Comarca, avaliador oficial ou este não puder apresentar o laudo de avaliação no prazo de 15 (quinze) dias, será nomeada pessoa ou entidade habilitada a critério do Juiz.

§ 3º - Apresentado o laudo, o Juiz decidirá de plano sobre a avaliação.

Art. 14 - O Oficial de Justiça entregará contrafé e cópia do termo ou do auto de penhora ou arresto, com a ordem de registro de que trata o artigo 7º, inciso IV:

I - no Ofício próprio, se o bem for imóvel ou a ele equiparado;

II - na repartição competente para emissão de certificado de registro, se for veículo;

III - na Junta Comercial, na Bolsa de Valores, e na sociedade comercial, se forem ações, debênture, parte beneficiária, cota ou qualquer outro título, crédito ou direito societário nominativo.

Art. 15 - Em qualquer fase do processo, será deferida pelo Juiz:

I - ao executado, a substituição da penhora por depósito em dinheiro ou fiança bancária; e

II - à Fazenda Pública, a substituição dos bens penhorados por outros, independentemente da ordem enumerada no artigo 11, bem como o reforço da penhora insuficiente.

Art. 16 - O executado oferecerá embargos, no prazo de 30 (trinta) dias, contados:

I - do depósito;

II - da juntada da prova da fiança bancária;

III - da intimação da penhora.

§ 1º - Não são admissíveis embargos do executado antes de garantida a execução.

§ 2º - No prazo dos embargos, o executado deverá alegar toda matéria útil à defesa, requerer provas e juntar aos autos os documentos e rol de testemunhas, até três, ou, a critério do juiz, até o dobro desse limite.

§ 3º - Não será admitida reconvenção, nem compensação, e as exceções, salvo as de suspeição, incompetência e impedimentos, serão argüidas como matéria preliminar e serão processadas e julgadas com os embargos.

Art. 17 - Recebidos os embargos, o Juiz mandará intimar a Fazenda, para impugná-los no prazo de 30 (trinta) dias, designando, em seguida, audiência de instrução e julgamento.

Parágrafo Único - Não se realizará audiência, se os embargos versarem sobre matéria de direito, ou, sendo de direito e de fato, a prova for exclusivamente documental, caso em que o Juiz proferirá a sentença no prazo de 30 (trinta) dias.

Art. 18 - Caso não sejam oferecidos os embargos, a Fazenda Pública manifestar-se-á sobre a garantia da execução.

Art. 19 - Não sendo embargada a execução ou sendo rejeitados os embargos, no caso de garantia prestada por terceiro, será este intimado, sob pena de contra ele prosseguir a execução nos próprios autos, para, no prazo de 15 (quinze) dias:

I - remir o bem, se a garantia for real; ou

II - pagar o valor da dívida, juros e multa de mora e demais encargos, indicados na Certidão de Divida Ativa pelos quais se obrigou se a garantia for fidejussória.

Art. 20 - Na execução por carta, os embargos do executado serão oferecidos no Juízo deprecado, que os remeterá ao Juízo deprecante, para instrução e julgamento.

Parágrafo Único - Quando os embargos tiverem por objeto vícios ou irregularidades de atos do próprio Juízo deprecado, caber-lhe -á unicamente o julgamento dessa matéria.

Art. 21 - Na hipótese de alienação antecipada dos bens penhorados, o produto será depositado em garantia da execução, nos termos previstos no artigo 9º, inciso I.

Art. 22 - A arrematação será precedida de edital, afixado no local de costume, na sede do Juízo, e publicado em resumo, uma só vez, gratuitamente, como expediente judiciário, no órgão oficial.

§ 1º - O prazo entre as datas de publicação do edital e do leilão não poderá ser superior a 30 (trinta), nem inferior a 10 (dez) dias.

§ 2º - O representante judicial da Fazenda Pública, será intimado, pessoalmente, da realização do leilão, com a antecedência prevista no parágrafo anterior.

Art. 23 - A alienação de quaisquer bens penhorados será feita em leilão público, no lugar designado pelo Juiz.

§ 1º - A Fazenda Pública e o executado poderão requerer que os bens sejam leiloados englobadamente ou em lotes que indicarem.

§ 2º - Cabe ao arrematante o pagamento da comissão do leiloeiro e demais despesas indicadas no edital.

Art. 24 - A Fazenda Pública poderá adjudicar os bens penhorados:

I - antes do leilão, pelo preço da avaliação, se a execução não for embargada ou se rejeitados os embargos;

II - findo o leilão:

a) se não houver licitante, pelo preço da avaliação;

b) havendo licitantes, com preferência, em igualdade de condições com a melhor oferta, no prazo de 30 (trinta) dias.

Parágrafo Único - Se o preço da avaliação ou o valor da melhor oferta for superior ao dos créditos da Fazenda Pública, a adjudicação somente será deferida pelo Juiz se a diferença for depositada, pela exeqüente, à ordem do Juízo, no prazo de 30 (trinta) dias.

Art. 25 - Na execução fiscal, qualquer intimação ao representante judicial da Fazenda Pública será feita pessoalmente.

Parágrafo Único - A intimação de que trata este artigo poderá ser feita mediante vista dos autos, com imediata remessa ao representante judicial da Fazenda Pública, pelo cartório ou secretaria.

Art. 26 - Se, antes da decisão de primeira instância, a inscrição de Divida Ativa for, a qualquer título, cancelada, a execução fiscal será extinta, sem qualquer ônus para as partes.

Art. 27 - As publicações de atos processuais poderão ser feitas resumidamente ou reunir num só texto os de diferentes processos.

Diagnose da Contribuição Sindical Rural

Parágrafo Único - As publicações farão sempre referência ao número do processo no respectivo Juízo e ao número da correspondente inscrição de Dívida Ativa, bem como ao nome das partes e de seus advogados, suficientes para a sua identificação.

Art. 28 - O Juiz, a requerimento das partes, poderá, por conveniência da unidade da garantia da execução, ordenar a reunião de processos contra o mesmo devedor.

Parágrafo Único - Na hipótese deste artigo, os processos serão redistribuídos ao Juízo da primeira distribuição.

Art. 29 - A cobrança judicial da Dívida Ativa da Fazenda Pública não é sujeita a concurso de credores ou habilitação em falência, concordata, liquidação, inventário ou arrolamento

Parágrafo Único - O concurso de preferência somente se verifica entre pessoas jurídicas de direito público, na seguinte ordem:

I - União e suas autarquias;

II - Estados, Distrito Federal e Territórios e suas autarquias, conjuntamente e *pro rata*;

III - Municípios e suas autarquias, conjuntamente e *pro rata*.

Art. 30 - Sem prejuízo dos privilégios especiais sobre determinados bens, que sejam previstos em lei, responde pelo pagamento da Dívida Ativa da Fazenda Pública a totalidade dos bens e das rendas, de qualquer origem ou natureza, do sujeito passivo, seu espólio ou sua massa, inclusive os gravados por ônus real ou cláusula de inalienabilidade ou impenhorabilidade, seja qual for a data da constituição do ônus ou da cláusula, excetuados unicamente os bens e rendas que a lei declara absolutamente impenhoráveis.

Art. 31 - Nos processos de falência, concordata, liquidação, inventário, arrolamento ou concurso de credores, nenhuma alienação será judicialmente autorizada sem a prova de quitação da Dívida Ativa ou a concordância da Fazenda Pública.

Art. 32 - Os depósitos judiciais em dinheiro serão obrigatoriamente feitos:

I - na Caixa Econômica Federal, de acordo com o Decreto-lei nº 1.737, de 20 de dezembro de 1979, quando relacionados com a execução fiscal proposta pela União ou suas autarquias;

II - na Caixa Econômica ou no banco oficial da unidade federativa ou, à sua falta, na Caixa Econômica Federal, quando relacionados com execução fiscal proposta pelo Estado, Distrito Federal, Municípios e suas autarquias.

§ 1º - Os depósitos de que trata este artigo estão sujeitos à atualização monetária, segundo os índices estabelecidos para os débitos tributários federais.

§ 2º - Após o trânsito em julgado da decisão, o depósito, monetariamente atualizado, será devolvido ao depositante ou entregue à Fazenda Pública, mediante ordem do Juízo competente.

Art. 33 - O Juízo, do Ofício, comunicará à repartição competente da Fazenda Pública, para fins de averbação no Registro da Dívida Ativa, a decisão final, transitada em julgado, que der por improcedente a execução, total ou parcialmente.

Art. 34 - Das sentenças de primeira instância proferidas em execuções de valor igual ou inferior a 50 (cinqüenta) Obrigações Reajustáveis do Tesouro Nacional - ORTN, só se admitirão embargos infringentes e de declaração.

§ 1º - Para os efeitos deste artigo considerar-se-á o valor da dívida monetariamente atualizado e acrescido de multa e juros de mora e de mais encargos legais, na data da distribuição.

§ 2º - Os embargos infringentes, instruídos, ou não, com documentos novos, serão deduzidos, no prazo de 10 (dez) dias perante o mesmo Juízo, em petição fundamentada.

§ 3º - Ouvido o embargado, no prazo de 10 (dez) dias, serão os autos conclusos ao Juiz, que, dentro de 20 (vinte) dias, os rejeitará ou reformará a sentença.

Art. 35 - Nos processos regulados por esta Lei, poderá ser dispensada a audiência de revisor, no julgamento das apelações.

Art. 36 - Compete à Fazenda Pública baixar normas sobre o recolhimento da Dívida Ativa respectiva, em Juízo ou fora dele, e aprovar, inclusive, os modelos de documentos de arrecadação.

Art. 37 - O Auxiliar de Justiça que, por ação ou omissão, culposa ou dolosa, prejudicar a execução, será responsabilizado, civil, penal e administrativamente.

Parágrafo Único - O Oficial de Justiça deverá efetuar, em 10 (dez) dias, as diligências que lhe forem ordenadas, salvo motivo de força maior devidamente justificado perante o Juízo.

Art. 38 - A discussão judicial da Dívida Ativa da Fazenda Pública só é admissível em execução, na forma desta Lei, salvo as hipóteses de mandado de segurança, ação de repetição do indébito ou ação anulatória do ato declarativo da dívida, esta precedida do depósito preparatório do valor do débito, monetariamente corrigido e acrescido dos juros e multa de mora e demais encargos.

Parágrafo Único - A propositura, pelo contribuinte, da ação prevista neste artigo importa em renúncia ao poder de recorrer na esfera administrativa e desistência do recurso acaso interposto.

Art. 39 - A Fazenda Pública não está sujeita ao pagamento de custas e emolumentos. A prática dos atos judiciais de seu interesse independerá de preparo ou de prévio depósito.

Parágrafo Único - Se vencida, a Fazenda Pública ressarcirá o valor das despesas feitas pela parte contrária.

Art. 40 - O Juiz suspenderá o curso da execução, enquanto não for localizado o devedor ou encontrados bens sobre os quais possa recair a penhora, e, nesses casos, não correrá o prazo de prescrição.

§ 1º - Suspenso o curso da execução, será aberta vista dos autos ao representante judicial da Fazenda Pública.

§ 2º - Decorrido o prazo máximo de 1 (um) ano, sem que seja localizado o devedor ou encontrados bens penhoráveis, o Juiz ordenará o arquivamento dos autos.

§ 3º - Encontrados que sejam, a qualquer tempo, o devedor ou os bens, serão desarquivados os autos para prosseguimento da execução.

Art. 41 - O processo administrativo correspondente à inscrição de Dívida Ativa, à execução fiscal ou à ação proposta contra a Fazenda Pública será mantido na repartição competente, dele se extraindo as cópias autenticadas ou certidões, que forem requeridas pelas partes ou requisitadas pelo Juiz ou pelo Ministério Público.

Parágrafo Único - Mediante requisição do Juiz à repartição competente, com dia e hora previamente marcados, poderá o processo administrativo ser exibido na sede do Juízo, pelo funcionário para esse fim designado, lavrando o serventuário termo da ocorrência, com indicação, se for o caso, das peças a serem trasladadas.

Art. 42 - Revogadas as disposições em contrário, esta Lei entrará em vigor 90 (noventa) dias após a data de sua publicação.

Brasília, 22 de setembro de 1980; 159º da Independência e 92º da República.

6.8. LEI Nº 8.213, DE 24 DE JULHO DE 1991

Dispõe sobre os Planos de Benefícios da Previdência Social e dá outras providências.

Publicação consolidada da Lei nº 8.213, de 24 de julho de 1991, determinada pelo art. 12 da Lei nº 9.528, de 10 de dezembro de 1997

O PRESIDENTE DA REPÚBLICA Faço saber que o Congresso Nacional decreta e eu sanciono a seguinte Lei:

TÍTULO III
DO REGIME GERAL DE PREVIDÊNCIA SOCIAL
Capítulo I
DOS BENEFICIÁRIOS

Art. 10. Os beneficiários do Regime Geral de Previdência Social classificam-se como segurados e dependentes, nos termos das Seções I e II deste capítulo.

Seção I
Dos Segurados

Art. 11. São segurados obrigatórios da Previdência Social as seguintes pessoas físicas:
I - como empregado:

Diagnose da Contribuição Sindical Rural

a) aquele que presta serviço de natureza urbana ou rural à empresa, em caráter não eventual, sob sua subordinação e mediante remuneração, inclusive como diretor empregado;

b) aquele que, contratado por empresa de trabalho temporário, definida em legislação específica, presta serviço para atender a necessidade transitória de substituição de pessoal regular e permanente ou a acréscimo extraordinário de serviços de outras empresas;

c) o brasileiro ou o estrangeiro domiciliado e contratado no Brasil para trabalhar como empregado em sucursal ou agência de empresa nacional no exterior;

d) aquele que presta serviço no Brasil a missão diplomática ou a repartição consular de carreira estrangeira e a órgãos a elas subordinados, ou a membros dessas missões e repartições, excluídos o não-brasileiro sem residência permanente no Brasil e o brasileiro amparado pela legislação previdenciária do país da respectiva missão diplomática ou repartição consular;

e) o brasileiro civil que trabalha para a União, no exterior, em organismos oficiais brasileiros ou internacionais dos quais o Brasil seja membro efetivo, ainda que lá domiciliado e contratado, salvo se segurado na forma da legislação vigente do país do domicílio;

f) o brasileiro ou estrangeiro domiciliado e contratado no Brasil para trabalhar como empregado em empresa domiciliada no exterior, cuja maioria do capital votante pertença a empresa brasileira de capital nacional;

g) o servidor público ocupante de cargo em comissão, sem vínculo efetivo com a União, Autarquias, inclusive em regime especial, e Fundações Públicas Federais. *(Alínea incluída pela Lei nº 8.647, de 13.4.93)*

h) o exercente de mandato eletivo federal, estadual ou municipal, desde que não vinculado a regime próprio de previdência social; *(Alínea incluída pela Lei nº 9.506, de 30.10.97)*

i) o empregado de organismo oficial internacional ou estrangeiro em funcionamento no Brasil, salvo quando coberto por regime próprio de previdência social; *(Alínea incluída pela Lei nº 9.876, de 26.11.99)*

II - como empregado doméstico: aquele que presta serviço de natureza contínua a pessoa ou família, no âmbito residencial desta, em atividades sem fins lucrativos;

i) o empregado de organismo oficial internacional ou estrangeiro em funcionamento no Brasil, salvo quando coberto por regime próprio de previdência social; *(Alínea incluída pela Lei nº 9.876, de 26.11.99)*

III - *(Inciso revogado pela Lei nº 9.876, de 26.11.1999)*

IV - *(Inciso revogado pela Lei nº 9.876, de 26.11.1999)*

V - como contribuinte individual: *(Redação dada pela Lei nº 9.876, de 26.11.99)*

a) a pessoa física, proprietária ou não, que explora atividade agropecuária ou pesqueira, em caráter permanente ou temporário, diretamente ou por intermédio de prepostos e com auxílio de empregados, utilizados a qualquer título, ainda que de forma não contínua; *(Redação dada pela Lei nº 9.876, de 26.11.99)*

b) a pessoa física, proprietária ou não, que explora atividade de extração mineral - garimpo, em caráter permanente ou temporário, diretamente ou por intermédio de prepostos, com ou sem o auxílio de empregados, utilizados a qualquer título, ainda que de forma não contínua; *(Redação dada pela Lei nº 9.876, de 26.11.99)*

c) o ministro de confissão religiosa e o membro de instituto de vida consagrada, de congregação ou de ordem religiosa; *(Redação dada pela Lei nº 10.403, de 8.1.2002)*

d) *(Revogada pela Lei nº 9.876, de 26.11.99)*

e) o brasileiro civil que trabalha no exterior para organismo oficial internacional do qual o Brasil é membro efetivo, ainda que lá domiciliado e contratado, salvo quando coberto por regime próprio de previdência social;" *(Alínea realinhada pela Lei nº 9.528, de 10.12.97 e Alterada pela Lei nº 9.876, de 26.11.99)*

f) o titular de firma individual urbana ou rural, o diretor não empregado e o membro de conselho de administração de sociedade anônima, o sócio solidário, o sócio de indústria, o sócio gerente e o sócio cotista que recebam remuneração decorrente de seu trabalho em empresa urbana ou rural, e o associado eleito para cargo de direção em cooperativa, associação ou entidade de qualquer natureza ou finalidade, bem como o síndico ou administrador eleito para exercer atividade de direção condominial, desde que recebam remuneração; *(Alínea Incluída pela Lei nº 9.876, de 26.11.99)*

g) quem presta serviço de natureza urbana ou rural, em caráter eventual, a uma ou mais empresas, sem relação de emprego; *(Alínea Incluída pela Lei nº 9.876, de 26.11.99)*

h) a pessoa física que exerce, por conta própria, atividade econômica de natureza urbana, com fins lucrativos ou não; *(Alínea Incluída pela Lei nº 9.876, de 26.11.99)*

VI - como trabalhador avulso: quem presta, a diversas empresas, sem vínculo empregatício, serviço de natureza urbana ou rural definidos no Regulamento;

VII - como segurado especial: o produtor, o parceiro, o meeiro e o arrendatário rurais, o garimpeiro, o pescador artesanal e o assemelhado, que exerçam suas atividades, individualmente ou em regime de economia familiar, ainda que com o auxílio eventual de terceiros, bem como seus respectivos cônjuges ou companheiros e filhos maiores de 14 (quatorze) anos ou a eles equiparados, desde que trabalhem, comprovadamente, com o grupo familiar respectivo. *(O garimpeiro está excluído por força da Lei nº 8.398, de 7.1.92, que alterou a redação do inciso VII do art. 12 da Lei nº 8.212 de 24.7.91).*

§ 1º Entende-se como regime de economia familiar a atividade em que o trabalho dos membros da família é indispensável à própria subsistência e é exercido em condições de mútua dependência e colaboração, sem a utilização de empregados.

§ 2º Todo aquele que exercer, concomitantemente, mais de uma atividade remunerada sujeita ao Regime Geral de Previdência Social é obrigatoriamente filiado em relação a cada uma delas.

§ 3º O aposentado pelo Regime Geral de Previdência Social–RGPS que estiver exercendo ou que voltar a exercer atividade abrangida por este Regime é segurado obrigatório em relação a essa atividade, ficando sujeito às contribuições de que trata a Lei nº 8.212, de 24 de julho de 1991, para fins de custeio da Seguridade Social. *(Parágrafo incluída pela Lei nº 9.032, de 28.4.95)*

§ 4º O dirigente sindical mantém, durante o exercício do mandato eletivo, o mesmo enquadramento no Regime Geral de Previdência Social-RGPS de antes da investidura. *(Parágrafo incluída pela Lei nº 9.528, de 10.12.97)*

§ 5º Aplica-se o disposto na alínea *g* do inciso I do *caput* ao ocupante de cargo de Ministro de Estado, de Secretário Estadual, Distrital ou Municipal, sem vínculo efetivo com a União, Estados, Distrito Federal e Municípios, suas autarquias, ainda que em regime especial, e fundações. *(Parágrafo Incluído pela Lei nº 9.876, de 26.11.99)*

Art. 12. O servidor civil ocupante de cargo efetivo ou o militar da União, dos Estados, do Distrito Federal ou dos Municípios, bem como o das respectivas autarquias e fundações, são excluídos do Regime Geral de Previdência Social consubstanciado nesta Lei, desde que amparados por regime próprio de previdência social. *(Redação dada pela Lei nº 9.876, de 26.11.99)*

§ 1º Caso o servidor ou o militar venham a exercer, concomitantemente, uma ou mais atividades abrangidas pelo Regime Geral de Previdência Social, tornar-se-ão segurados obrigatórios em relação a essas atividades." *(Parágrafo Incluído pela Lei nº 9.876, de 26.11.99)*

§ 2º Caso o servidor ou o militar, amparados por regime próprio de previdência social, sejam requisitados para outro órgão ou entidade cujo regime previdenciário não permita a filiação, nessa condição, permanecerão vinculados ao regime de origem, obedecidas as regras que cada ente estabeleça acerca de sua contribuição. *(Parágrafo Incluído pela Lei nº 9.876, de 26.11.99)*

Art. 13. É segurado facultativo o maior de 14 (quatorze) anos que se filiar ao Regime Geral de Previdência Social, mediante contribuição, desde que não incluído nas disposições do art. 11.

Art. 14. Consideram-se:

I - empresa - a firma individual ou sociedade que assume o risco de atividade econômica urbana ou rural, com fins lucrativos ou não, bem como os órgãos e entidades da administração pública direta, indireta ou fundacional;

II - empregador doméstico - a pessoa ou família que admite a seu serviço, sem finalidade lucrativa, empregado doméstico.

Parágrafo único. Equipara-se a empresa, para os efeitos desta Lei, o contribuinte individual em relação a segurado que lhe presta serviço, bem como a cooperativa, a associação ou entidade de

Diagnose da Contribuição Sindical Rural

qualquer natureza ou finalidade, a missão diplomática e a repartição consular de carreira estrangeiras. *(Redação dada pela Lei nº 9.876, de 26.11.99)*

Art. 15. Mantém a qualidade de segurado, independentemente de contribuições:

I - sem limite de prazo, quem está em gozo de benefício;

II - até 12 (doze) meses após a cessação das contribuições, o segurado que deixar de exercer atividade remunerada abrangida pela Previdência Social ou estiver suspenso ou licenciado sem remuneração;

III - até 12 (doze) meses após cessar a segregação, o segurado acometido de doença de segregação compulsória;

IV - até 12 (doze) meses após o livramento, o segurado retido ou recluso;

V - até 3 (três) meses após o licenciamento, o segurado incorporado às Forças Armadas para prestar serviço militar;

VI - até 6 (seis) meses após a cessação das contribuições, o segurado facultativo.

§ 1º O prazo do inciso II será prorrogado para até 24 (vinte e quatro) meses se o segurado já tiver pago mais de 120 (cento e vinte) contribuições mensais sem interrupção que acarrete a perda da qualidade de segurado.

§ 2º Os prazos do inciso II ou do § 1º serão acrescidos de 12 (doze) meses para o segurado desempregado, desde que comprovada essa situação pelo registro no órgão próprio do Ministério do Trabalho e da Previdência Social.

§ 3º Durante os prazos deste artigo, o segurado conserva todos os seus direitos perante a Previdência Social.

§ 4º A perda da qualidade de segurado ocorrerá no dia seguinte ao do término do prazo fixado no Plano de Custeio da Seguridade Social para recolhimento da contribuição referente ao mês imediatamente posterior ao do final dos prazos fixados neste artigo e seus parágrafos.

6.9. LEI Nº 8.847, DE 28 DE JANEIRO DE 1994

Dispõe sobre o Imposto sobre a Propriedade Territorial Rural (ITR) e dá outras providências.

O PRESIDENTE DA REPÚBLICA

Faço saber que o Congresso Nacional decreta e eu sanciono a seguinte Lei:

Artigos 1º a 22 - *(Artigos revogados pela Lei nº 9.393, de 19.12.96)*

Art. 23. É transferida para o Instituto Nacional de Colonização e Reforma Agrária (Incra) a administração e cobrança da Taxa de Serviços Cadastrais, de que trata o art. 5º do Decreto-Lei nº 57, de 18 de novembro de 1966, com as alterações do art. 2º da Lei nº 6.746, de 10 de dezembro de 1979, e do Decreto-Lei nº 1.989, de 28 de dezembro de 1982.

Parágrafo único. Compete ao Incra a apuração, inscrição e cobrança da Dívida Ativa, relativamente à Taxa de Serviços Cadastrais.

Art. 24. A competência de administração das seguintes receitas, atualmente arrecadadas pela Secretaria da Receita Federal por força do art. 1º da Lei nº 8.022, de 12 de abril de 1990, cessará em 31 de dezembro de 1996:

I - Contribuição Sindical Rural, devida à Confederação Nacional da Agricultura (CNA) e à Confederação Nacional dos Trabalhadores na Agricultura (Contag), de acordo com o art. 4º do Decreto-Lei nº 1.166, de 15 de abril de 1971, e art. 580 da Consolidação das Leis do Trabalho (CLT);

II - Contribuição ao Serviço Nacional de Aprendizagem Rural (Senar), prevista no item VII do art. 3º da Lei nº 8.315, de 23 de dezembro de 1991.

Art. 25.

Art. 26. Esta lei entra em vigor na data de sua publicação.

Brasília, 28 de janeiro de 1994, 173º da Independência e 106º da República.

6.10. LEI Nº 9.701, DE 17 DE NOVEMBRO DE 1998.

Dispõe sobre a base de cálculo da Contribuição para o Programa de Integração Social - PIS devida pelas pessoas jurídicas a que se refere o § 1º do art. 22 da Lei nº 8.212, de 24 de julho de 1991, e dá outras providências.

Faço saber que o Presidente da República, adotou a Medida Provisória nº 1.674-57, de 1998, que o Congresso Nacional aprovou, e eu, Antonio Carlos Magalhães, Presidente, para os efeitos do disposto no parágrafo único do art. 62 da Constituição Federal, promulgo a seguinte Lei:

Art. 5º O art. 1º do Decreto-Lei nº 1.166, de 15 de abril de 1971, passa a vigorar com a seguinte redação:

"Art. 1º Para efeito da cobrança da contribuição sindical rural prevista nos arts. 149 da Constituição Federal e 578 a 591 da Consolidação das Leis do Trabalho, considera-se:

I - trabalhador rural:

a) a pessoa física que presta serviço a empregador rural mediante remuneração de qualquer espécie;

b) quem, proprietário ou não, trabalhe individualmente ou em regime de economia familiar, assim entendido o trabalho dos membros da mesma família, indispensável à própria subsistência e exercido em condições de mútua dependência e colaboração, ainda que com ajuda eventual de terceiros;

II - empresário ou empregador rural:

a) a pessoa física ou jurídica que, tendo empregado, empreende, a qualquer título, atividade econômica rural;

b) quem, proprietário ou não, e mesmo sem empregado, em regime de economia familiar, explore imóvel rural que lhe absorva toda a força de trabalho e lhe garanta a subsistência e progresso social e econômico em área superior a dois módulos rurais da respectiva região;

c) os proprietários de mais de um imóvel rural, desde que a soma de suas áreas seja superior a dois módulos rurais da respectiva região."

Art. 6º Ficam convalidados os atos praticados com base na Medida Provisória nº 1.674-56, de 25 de setembro de 1998.

Art. 7º Esta Lei entra em vigor na data de sua publicação.

Art. 8º Ficam revogados o art. 5º da Lei nº 7.691, de 15 de dezembro de 1988, e os arts. 1º, 2º e 3º da Lei nº 8.398, de 7 de janeiro de 1992.

Congresso Nacional, em 17 de novembro de 1998; 177º da Independência e 110º da República.

6.11. LEI Nº 9.784, DE 29 DE JANEIRO DE 1999

Regula o processo administrativo no âmbito da Administração Pública Federal.

O PRESIDENTE DA REPÚBLICA Faço saber que o Congresso Nacional decreta e eu sanciono a seguinte Lei:

CAPÍTULO I
DAS DISPOSIÇÕES GERAIS

Art. 1º Esta Lei estabelece normas básicas sobre o processo administrativo no âmbito da Administração Federal direta e indireta, visando, em especial, à proteção dos direitos dos administrados e ao melhor cumprimento dos fins da Administração.

§ 1º Os preceitos desta Lei também se aplicam aos órgãos dos Poderes Legislativo e Judiciário da União, quando no desempenho de função administrativa.

§ 2º Para os fins desta Lei, consideram-se:

I - órgão - a unidade de atuação integrante da estrutura da Administração direta e da estrutura da Administração indireta;

Diagnose da Contribuição Sindical Rural

II - entidade - a unidade de atuação dotada de personalidade jurídica;

III - autoridade - o servidor ou agente público dotado de poder de decisão.

Art. 2º A Administração Pública obedecerá, dentre outros, aos princípios da legalidade, finalidade, motivação, razoabilidade, proporcionalidade, moralidade, ampla defesa, contraditório, segurança jurídica, interesse público e eficiência.

Parágrafo único. Nos processos administrativos serão observados, entre outros, os critérios de:

I - atuação conforme a lei e o Direito;

II - atendimento a fins de interesse geral, vedada a renúncia total ou parcial de poderes ou competências, salvo autorização em lei;

III - objetividade no atendimento do interesse público, vedada a promoção pessoal de agentes ou autoridades;

IV - atuação segundo padrões éticos de probidade, decoro e boa-fé;

V - divulgação oficial dos atos administrativos, ressalvadas as hipóteses de sigilo previstas na Constituição;

VI - adequação entre meios e fins, vedada a imposição de obrigações, restrições e sanções em medida superior àquelas estritamente necessárias ao atendimento do interesse público;

VII - indicação dos pressupostos de fato e de direito que determinarem a decisão;

VIII – observância das formalidades essenciais à garantia dos direitos dos administrados;

IX - adoção de formas simples, suficientes para propiciar adequado grau de certeza, segurança e respeito aos direitos dos administrados;

X - garantia dos direitos à comunicação, à apresentação de alegações finais, à produção de provas e à interposição de recursos, nos processos de que possam resultar sanções e nas situações de litígio;

XI - proibição de cobrança de despesas processuais, ressalvadas as previstas em lei;

XII - impulsão, de ofício, do processo administrativo, sem prejuízo da atuação dos interessados;

XIII - interpretação da norma administrativa da forma que melhor garanta o atendimento do fim público a que se dirige, vedada aplicação retroativa de nova interpretação.

CAPÍTULO II
DOS DIREITOS DOS ADMINISTRADOS

Art. 3º O administrado tem os seguintes direitos perante a Administração, sem prejuízo de outros que lhe sejam assegurados:

I - ser tratado com respeito pelas autoridades e servidores, que deverão facilitar o exercício de seus direitos e o cumprimento de suas obrigações;

II - ter ciência da tramitação dos processos administrativos em que tenha a condição de interessado, ter vista dos autos, obter cópias de documentos neles contidos e conhecer as decisões proferidas;

III - formular alegações e apresentar documentos antes da decisão, os quais serão objeto de consideração pelo órgão competente;

IV - fazer-se assistir, facultativamente, por advogado, salvo quando obrigatória a representação, por força de lei.

CAPÍTULO III
DOS DEVERES DO ADMINISTRADO

Art. 4º São deveres do administrado perante a Administração, sem prejuízo de outros previstos em ato normativo:

I - expor os fatos conforme a verdade;

II - proceder com lealdade, urbanidade e boa-fé;

III - não agir de modo temerário;

IV - prestar as informações que lhe forem solicitadas e colaborar para o esclarecimento dos fatos.

CAPÍTULO IV
DO INÍCIO DO PROCESSO

Art. 5º O processo administrativo pode iniciar-se de ofício ou a pedido de interessado.

Art. 6º O requerimento inicial do interessado, salvo casos em que for admitida solicitação oral, deve ser formulado por escrito e conter os seguintes dados:

I - órgão ou autoridade administrativa a que se dirige;

II - identificação do interessado ou de quem o represente;

III - domicílio do requerente ou local para recebimento de comunicações;

IV - formulação do pedido, com exposição dos fatos e de seus fundamentos;

V - data e assinatura do requerente ou de seu representante.

Parágrafo único. É vedada à Administração a recusa imotivada de recebimento de documentos, devendo o servidor orientar o interessado quanto ao suprimento de eventuais falhas.

Art. 7º Os órgãos e entidades administrativas deverão elaborar modelos ou formulários padronizados para assuntos que importem pretensões equivalentes.

Art. 8º Quando os pedidos de uma pluralidade de interessados tiverem conteúdo e fundamentos idênticos, poderão ser formulados em um único requerimento, salvo preceito legal em contrário.

CAPÍTULO V
DOS INTERESSADOS

Art. 9º São legitimados como interessados no processo administrativo:

I - pessoas físicas ou jurídicas que o iniciem como titulares de direitos ou interesses individuais ou no exercício do direito de representação;

II - aqueles que, sem terem iniciado o processo, têm direitos ou interesses que possam ser afetados pela decisão a ser adotada;

III - as organizações e associações representativas, no tocante a direitos e interesses coletivos;

IV - as pessoas ou as associações legalmente constituídas quanto a direitos ou interesses difusos.

Art. 10. São capazes, para fins de processo administrativo, os maiores de dezoito anos, ressalvada previsão especial em ato normativo próprio.

CAPÍTULO VI
DA COMPETÊNCIA

Art. 11. A competência é irrenunciável e se exerce pelos órgãos administrativos a que foi atribuída como própria, salvo os casos de delegação e avocação legalmente admitidos.

Art. 12. Um órgão administrativo e seu titular poderão, se não houver impedimento legal, delegar parte da sua competência a outros órgãos ou titulares, ainda que estes não lhe sejam hierarquicamente subordinados, quando for conveniente, em razão de circunstâncias de índole técnica, social, econômica, jurídica ou territorial.

Parágrafo único. O disposto no *caput* deste artigo aplica-se à delegação de competência dos órgãos colegiados aos respectivos presidentes.

Art. 13. Não podem ser objeto de delegação:

I - a edição de atos de caráter normativo;

II - a decisão de recursos administrativos;

III - as matérias de competência exclusiva do órgão ou autoridade.

Art. 14. O ato de delegação e sua revogação deverão ser publicados no meio oficial.

§ 1º O ato de delegação especificará as matérias e poderes transferidos, os limites da atuação do delegado, a duração e os objetivos da delegação e o recurso cabível, podendo conter ressalva de exercício da atribuição delegada.

§ 2º O ato de delegação é revogável a qualquer tempo pela autoridade delegante.

§ 3º As decisões adotadas por delegação devem mencionar explicitamente esta qualidade e considerar-se-ão editadas pelo delegado.

Diagnose da Contribuição Sindical Rural

Art. 15. Será permitida, em caráter excepcional e por motivos relevantes devidamente justificados, a avocação temporária de competência atribuída a órgão hierarquicamente inferior.

Art. 16. Os órgãos e entidades administrativas divulgarão publicamente os locais das respectivas sedes e, quando conveniente, a unidade fundacional competente em matéria de interesse especial.

Art. 17. Inexistindo competência legal específica, o processo administrativo deverá ser iniciado perante a autoridade de menor grau hierárquico para decidir.

CAPÍTULO VII
DOS IMPEDIMENTOS E DA SUSPEIÇÃO

Art. 18. É impedido de atuar em processo administrativo o servidor ou autoridade que:

I - tenha interesse direto ou indireto na matéria;

II - tenha participado ou venha a participar como perito, testemunha ou representante, ou se tais situações ocorrem quanto ao cônjuge, companheiro ou parente e afins até o terceiro grau;

III - esteja litigando judicial ou administrativamente com o interessado ou respectivo cônjuge ou companheiro.

Art. 19. A autoridade ou servidor que incorrer em impedimento deve comunicar o fato à autoridade competente, abstendo-se de atuar.

Parágrafo único. A omissão do dever de comunicar o impedimento constitui falta grave, para efeitos disciplinares.

Art. 20. Pode ser argüida a suspeição de autoridade ou servidor que tenha amizade íntima ou inimizade notória com algum dos interessados ou com os respectivos cônjuges, companheiros, parentes e afins até o terceiro grau.

Art. 21. O indeferimento de alegação de suspeição poderá ser objeto de recurso, sem efeito suspensivo.

CAPÍTULO VIII
DA FORMA, TEMPO E LUGAR DOS ATOS DO PROCESSO

Art. 22. Os atos do processo administrativo não dependem de forma determinada senão quando a lei expressamente a exigir.

§ 1º Os atos do processo devem ser produzidos por escrito, em vernáculo, com a data e o local de sua realização e a assinatura da autoridade responsável.

§ 2º Salvo imposição legal, o reconhecimento de firma somente será exigido quando houver dúvida de autenticidade.

§ 3º A autenticação de documentos exigidos em cópia poderá ser feita pelo órgão administrativo.

§ 4º O processo deverá ter suas páginas numeradas seqüencialmente e rubricadas.

Art. 23. Os atos do processo devem realizar-se em dias úteis, no horário normal de funcionamento da repartição na qual tramitar o processo.

Parágrafo único. Serão concluídos depois do horário normal os atos já iniciados, cujo adiamento prejudique o curso regular do procedimento ou cause dano ao interessado ou à Administração.

Art. 24. Inexistindo disposição específica, os atos do órgão ou autoridade responsável pelo processo e dos administrados que dele participem devem ser praticados no prazo de cinco dias, salvo motivo de força maior.

Parágrafo único. O prazo previsto neste artigo pode ser dilatado até o dobro, mediante comprovada justificação.

Art. 25. Os atos do processo devem realizar-se preferencialmente na sede do órgão, cientificando-se o interessado se outro for o local de realização.

CAPÍTULO IX
DA COMUNICAÇÃO DOS ATOS

Art. 26. O órgão competente perante o qual tramita o processo administrativo determinará a intimação do interessado para ciência de decisão ou a efetivação de diligências.

§ 1º A intimação deverá conter:

I - identificação do intimado e nome do órgão ou entidade administrativa;

II - finalidade da intimação;

III - data, hora e local em que deve comparecer;

IV - se o intimado deve comparecer pessoalmente, ou fazer-se representar;

V - informação da continuidade do processo independentemente do seu comparecimento;

VI - indicação dos fatos e fundamentos legais pertinentes.

§ 2º A intimação observará a antecedência mínima de três dias úteis quanto à data de comparecimento.

§ 3º A intimação pode ser efetuada por ciência no processo, por via postal com aviso de recebimento, por telegrama ou outro meio que assegure a certeza da ciência do interessado.

§ 4º No caso de interessados indeterminados, desconhecidos ou com domicílio indefinido, a intimação deve ser efetuada por meio de publicação oficial.

§ 5º As intimações serão nulas quando feitas sem observância das prescrições legais, mas o comparecimento do administrado supre sua falta ou irregularidade.

Art. 27. O desatendimento da intimação não importa o reconhecimento da verdade dos fatos, nem a renúncia a direito pelo administrado.

Parágrafo único. No prosseguimento do processo, será garantido direito de ampla defesa ao interessado.

Art. 28. Devem ser objeto de intimação os atos do processo que resultem para o interessado em imposição de deveres, ônus, sanções ou restrição ao exercício de direitos e atividades e os atos de outra natureza, de seu interesse.

CAPÍTULO X
DA INSTRUÇÃO

Art. 29. As atividades de instrução destinadas a averiguar e comprovar os dados necessários à tomada de decisão realizam-se de ofício ou mediante impulsão do órgão responsável pelo processo, sem prejuízo do direito dos interessados de propor atuações probatórias.

§ 1º O órgão competente para a instrução fará constar dos autos os dados necessários à decisão do processo.

§ 2º Os atos de instrução que exijam a atuação dos interessados devem realizar-se do modo menos oneroso para estes.

Art. 30. São inadmissíveis no processo administrativo as provas obtidas por meios ilícitos.

Art. 31. Quando a matéria do processo envolver assunto de interesse geral, o órgão competente poderá, mediante despacho motivado, abrir período de consulta pública para manifestação de terceiros, antes da decisão do pedido, se não houver prejuízo para a parte interessada.

§ 1º A abertura da consulta pública será objeto de divulgação pelos meios oficiais, a fim de que pessoas físicas ou jurídicas possam examinar os autos, fixando-se prazo para oferecimento de alegações escritas.

§ 2º O comparecimento à consulta pública não confere, por si, a condição de interessado do processo, mas confere o direito de obter da Administração resposta fundamentada, que poderá ser comum a todas as alegações substancialmente iguais.

Art. 32. Antes da tomada de decisão, a juízo da autoridade, diante da relevância da questão, poderá ser realizada audiência pública para debates sobre a matéria do processo.

Art. 33. Os órgãos e entidades administrativas, em matéria relevante, poderão estabelecer outros meios de participação de administrados, diretamente ou por meio de organizações e associações legalmente reconhecidas.

Art. 34. Os resultados da consulta e audiência pública e de outros meios de participação de administrados deverão ser apresentados com a indicação do procedimento adotado.

Art. 35. Quando necessária à instrução do processo, a audiência de outros órgãos ou entidades administrativas poderá ser realizada em reunião conjunta, com a participação de titulares ou representantes dos órgãos competentes, lavrando-se a respectiva ata, a ser juntada aos autos.

Art. 36. Cabe ao interessado a prova dos fatos que tenha alegado, sem prejuízo do dever atribuído ao órgão competente para a instrução e do disposto no art. 37 desta Lei.

Diagnose da Contribuição Sindical Rural

Art. 37. Quando o interessado declarar que fatos e dados estão registrados em documentos existentes na própria Administração responsável pelo processo ou em outro órgão administrativo, o órgão competente para a instrução proverá, de ofício, à obtenção dos documentos ou das respectivas cópias.

Art. 38. O interessado poderá, na fase instrutória e antes da tomada da decisão, juntar documentos e pareceres, requerer diligências e perícias, bem como aduzir alegações referentes à matéria objeto do processo.

§ 1º Os elementos probatórios deverão ser considerados na motivação do relatório e da decisão.

§ 2º Somente poderão ser recusadas, mediante decisão fundamentada, as provas propostas pelos interessados quando sejam ilícitas, impertinentes, desnecessárias ou protelatórias.

Art. 39. Quando for necessária a prestação de informações ou a apresentação de provas pelos interessados ou terceiros, serão expedidas intimações para esse fim, mencionando-se data, prazo, forma e condições de atendimento.

Parágrafo único. Não sendo atendida a intimação, poderá o órgão competente, se entender relevante a matéria, suprir de ofício a omissão, não se eximindo de proferir a decisão.

Art. 40. Quando dados, atuações ou documentos solicitados ao interessado forem necessários à apreciação de pedido formulado, o não atendimento no prazo fixado pela Administração para a respectiva apresentação implicará arquivamento do processo.

Art. 41. Os interessados serão intimados de prova ou diligência ordenada, com antecedência mínima de três dias úteis, mencionando-se data, hora e local de realização.

Art. 42. Quando deva ser obrigatoriamente ouvido um órgão consultivo, o parecer deverá ser emitido no prazo máximo de quinze dias, salvo norma especial ou comprovada necessidade de maior prazo.

§ 1º Se um parecer obrigatório e vinculante deixar de ser emitido no prazo fixado, o processo não terá seguimento até a respectiva apresentação, responsabilizando-se quem der causa ao atraso.

§ 2º Se um parecer obrigatório e não vinculante deixar de ser emitido no prazo fixado, o processo poderá ter prosseguimento e ser decidido com sua dispensa, sem prejuízo da responsabilidade de quem se omitiu no atendimento.

Art. 43. Quando por disposição de ato normativo devam ser previamente obtidos laudos técnicos de órgãos administrativos e estes não cumprirem o encargo no prazo assinalado, o órgão responsável pela instrução deverá solicitar laudo técnico de outro órgão dotado de qualificação e capacidade técnica equivalentes.

Art. 44. Encerrada a instrução, o interessado terá o direito de manifestar-se no prazo máximo de dez dias, salvo se outro prazo for legalmente fixado.

Art. 45. Em caso de risco iminente, a Administração Pública poderá motivadamente adotar providências acauteladoras sem a prévia manifestação do interessado.

Art. 46. Os interessados têm direito à vista do processo e a obter certidões ou cópias reprográficas dos dados e documentos que o integram, ressalvados os dados e documentos de terceiros protegidos por sigilo ou pelo direito à privacidade, à honra e à imagem.

Art. 47. O órgão de instrução que não for competente para emitir a decisão final elaborará relatório indicando o pedido inicial, o conteúdo das fases do procedimento e formulará proposta de decisão, objetivamente justificada, encaminhando o processo à autoridade competente.

CAPÍTULO XI
DO DEVER DE DECIDIR

Art. 48. A Administração tem o dever de explicitamente emitir decisão nos processos administrativos e sobre solicitações ou reclamações, em matéria de sua competência.

Art. 49. Concluída a instrução de processo administrativo, a Administração tem o prazo de até trinta dias para decidir, salvo prorrogação por igual período expressamente motivada.

CAPÍTULO XII
DA MOTIVAÇÃO

Art. 50. Os atos administrativos deverão ser motivados, com indicação dos fatos e dos fundamentos jurídicos, quando:

I - neguem, limitem ou afetem direitos ou interesses;
II - imponham ou agravem deveres, encargos ou sanções;
III - decidam processos administrativos de concurso ou seleção pública;
IV - dispensem ou declarem a inexigibilidade de processo licitatório;
V - decidam recursos administrativos;
VI - decorram de reexame de ofício;
VII - deixem de aplicar jurisprudência firmada sobre a questão ou discrepem de pareceres, laudos, propostas e relatórios oficiais;
VIII - importem anulação, revogação, suspensão ou convalidação de ato administrativo.

§ 1º A motivação deve ser explícita, clara e congruente, podendo consistir em declaração de concordância com fundamentos de anteriores pareceres, informações, decisões ou propostas, que, neste caso, serão parte integrante do ato.

§ 2º Na solução de vários assuntos da mesma natureza, pode ser utilizado meio mecânico que reproduza os fundamentos das decisões, desde que não prejudique direito ou garantia dos interessados.

§ 3º A motivação das decisões de órgãos colegiados e comissões ou de decisões orais constará da respectiva ata ou de termo escrito.

CAPÍTULO XIII
DA DESISTÊNCIA E OUTROS CASOS DE EXTINÇÃO DO PROCESSO

Art. 51. O interessado poderá, mediante manifestação escrita, desistir total ou parcialmente do pedido formulado ou, ainda, renunciar a direitos disponíveis.

§ 1º Havendo vários interessados, a desistência ou renúncia atinge somente quem a tenha formulado.

§ 2º A desistência ou renúncia do interessado, conforme o caso, não prejudica o prosseguimento do processo, se a Administração considerar que o interesse público assim o exige.

Art. 52. O órgão competente poderá declarar extinto o processo quando exaurida sua finalidade ou o objeto da decisão se tornar impossível, inútil ou prejudicado por fato superveniente.

CAPÍTULO XIV
DA ANULAÇÃO, REVOGAÇÃO E CONVALIDAÇÃO

Art. 53. A Administração deve anular seus próprios atos, quando eivados de vício de legalidade, e pode revogá-los por motivo de conveniência ou oportunidade, respeitados os direitos adquiridos.

Art. 54. O direito da Administração de anular os atos administrativos de que decorram efeitos favoráveis para os destinatários decai em cinco anos, contados da data em que foram praticados, salvo comprovada má-fé.

§ 1º No caso de efeitos patrimoniais contínuos, o prazo de decadência contar-se-á da percepção do primeiro pagamento.

§ 2º Considera-se exercício do direito de anular qualquer medida de autoridade administrativa que importe impugnação à validade do ato.

Art. 55. Em decisão na qual se evidencie não acarretarem lesão ao interesse público nem prejuízo a terceiros, os atos que apresentarem defeitos sanáveis poderão ser convalidados pela própria Administração.

CAPÍTULO XV
DO RECURSO ADMINISTRATIVO E DA REVISÃO

Art. 56. Das decisões administrativas cabe recurso, em face de razões de legalidade e de mérito.

§ 1º O recurso será dirigido à autoridade que proferiu a decisão, a qual, se não a reconsiderar no prazo de cinco dias, o encaminhará à autoridade superior.

§ 2º Salvo exigência legal, a interposição de recurso administrativo independe de caução.

Art. 57. O recurso administrativo tramitará no máximo por três instâncias administrativas, salvo disposição legal diversa.

Art. 58. Têm legitimidade para interpor recurso administrativo:

I - os titulares de direitos e interesses que forem parte no processo;

II - aqueles cujos direitos ou interesses forem indiretamente afetados pela decisão recorrida;

III - as organizações e associações representativas, no tocante a direitos e interesses coletivos;

IV - os cidadãos ou associações, quanto a direitos ou interesses difusos.

Art. 59. Salvo disposição legal específica, é de dez dias o prazo para interposição de recurso administrativo, contado a partir da ciência ou divulgação oficial da decisão recorrida.

§ 1º Quando a lei não fixar prazo diferente, o recurso administrativo deverá ser decidido no prazo máximo de trinta dias, a partir do recebimento dos autos pelo órgão competente.

§ 2º O prazo mencionado no parágrafo anterior poderá ser prorrogado por igual período, ante justificativa explícita.

Art. 60. O recurso interpõe-se por meio de requerimento no qual o recorrente deverá expor os fundamentos do pedido de reexame, podendo juntar os documentos que julgar convenientes.

Art. 61. Salvo disposição legal em contrário, o recurso não tem efeito suspensivo.

Parágrafo único. Havendo justo receio de prejuízo de difícil ou incerta reparação decorrente da execução, a autoridade recorrida ou a imediatamente superior poderá, de ofício ou a pedido, dar efeito suspensivo ao recurso.

Art. 62. Interposto o recurso, o órgão competente para dele conhecer deverá intimar os demais interessados para que, no prazo de cinco dias úteis, apresentem alegações.

Art. 63. O recurso não será conhecido quando interposto:

I - fora do prazo;

II - perante órgão incompetente;

III - por quem não seja legitimado;

IV - após exaurida a esfera administrativa.

§ 1º Na hipótese do inciso II, será indicada ao recorrente a autoridade competente, sendo-lhe devolvido o prazo para recurso.

§ 2º O não conhecimento do recurso não impede a Administração de rever de ofício o ato ilegal, desde que não ocorrida preclusão administrativa.

Art. 64. O órgão competente para decidir o recurso poderá confirmar, modificar, anular ou revogar, total ou parcialmente, a decisão recorrida, se a matéria for de sua competência.

Parágrafo único. Se da aplicação do disposto neste artigo puder decorrer gravame à situação do recorrente, este deverá ser cientificado para que formule suas alegações antes da decisão.

Art. 65. Os processos administrativos de que resultem sanções poderão ser revistos, a qualquer tempo, a pedido ou de ofício, quando surgirem fatos novos ou circunstâncias relevantes suscetíveis de justificar a inadequação da sanção aplicada.

Parágrafo único. Da revisão do processo não poderá resultar agravamento da sanção.

CAPÍTULO XVI
DOS PRAZOS

Art. 66. Os prazos começam a correr a partir da data da cientificação oficial, excluindo-se da contagem o dia do começo e incluindo-se o do vencimento.

§ 1º Considera-se prorrogado o prazo até o primeiro dia útil seguinte se o vencimento cair em dia em que não houver expediente ou este for encerrado antes da hora normal.

§ 2º Os prazos expressos em dias contam-se de modo contínuo.

§ 3º Os prazos fixados em meses ou anos contam-se de data a data. Se no mês do vencimento não houver o dia equivalente àquele do início do prazo, tem-se como termo o último dia do mês.

Art. 67. Salvo motivo de força maior devidamente comprovado, os prazos processuais não se suspendem.

CAPÍTULO XVII
DAS SANÇÕES

Art. 68. As sanções, a serem aplicadas por autoridade competente, terão natureza pecuniária ou consistirão em obrigação de fazer ou de não fazer, assegurado sempre o direito de defesa.

CAPÍTULO XVIII
DAS DISPOSIÇÕES FINAIS

Art. 69. Os processos administrativos específicos continuarão a reger-se por lei própria, aplicando-se-lhes apenas subsidiariamente os preceitos desta Lei.

Art. 70. Esta Lei entra em vigor na data de sua publicação.

Brasília 29 de janeiro de 1999; 178º da Independência e 111º da República.

FERNANDO HENRIQUE CARDOSO
Renan Calheiros
Paulo Paiva
Este texto não substitui o publicado no D.O.U. de 1.2.1999

6.12. DECRETO-LEI Nº 789, DE 26 DE AGOSTO DE 1969

Dispõe sobre o enquadramento sindical rural e sobre o lançamento e recolhimento da contribuição sindical rural.

O PRESIDENTE DA REPÚBLICA, no uso das atribuições que lhe confere o § 1º do art. 2º, do Ato Institucional nº 5, de 13 de dezembro de 1968 decreta:

Art. 1º - Para efeito de enquadramento sindical, considera-se:

1 - trabalhador rural:

a) a pessoa física que presta serviços a empregador rural, mediante remuneração de qualquer espécie;

b) quem, proprietário ou não, trabalhe, individualmente ou em regime de economia familiar, assim entendido o trabalho dos membros da mesma família indispensável à própria subsistência e exercício em condições de mútua dependência e colaboração, ainda que com a ajuda eventual de terceiros;

II - empregador rural:

a) a pessoa física ou jurídica que, tendo empregado, empreende a qualquer título atividade econômica rural;

b) quem mesmo em regime de economia familiar, e ainda que sem empregado, explora área que exceda o módulo rural ou outro limite que venha a ser fixado, para cada região, pelo Ministério do Trabalho e Previdência Social.

Art. 2º - Em caso de dúvida na aplicação do disposto no artigo anterior, o trabalhador, o empregador ou a entidade sindical interessada poderão suscitá-la perante o Delegado Regional do Trabalho, que decidirá após as diligências necessárias e ouvida uma comissão permanente constituída do responsável pelo setor sindical da Delegacia, o qual a presidirá, de um representante dos trabalhadores rurais e de um representante dos empregadores rurais, indicados pelas respectivas federações ou, em sua falta, pelas confederações pertinentes.

§ 1º O trabalhador ou o empregador poderão, no curso do processo de que trata este artigo, recolher a contribuição sindical à entidade a que entenderem ser devida ou ao Ministério do Trabalho e Previdência Social (Conta Emprego e Salário), fazendo-se posteriormente o estorno, compensação ou repasse cabível.

§ 2º Da decisão do Delegado Regional do Trabalho caberá recurso para o Ministro do Trabalho e Previdência Social, no prazo de quinze dias.

Art. 3º - A partir da publicação deste Decreto-lei, o Ministério do Trabalho e Previdência Social somente reconhecerá para a mesma base territorial, um sindicato de trabalhadores rurais e outro de empregadores rurais, sem especificação de profissão ou de atividade, ressalvado às entidades já reconhecidas o direito à representação constante da respectiva carta sindical.

Art. 4º - A partir do exercício de 1970, caberá ao Instituto Brasileiro de Reforma Agrária (IBRA) proceder ao lançamento e cobrança da contribuição sindical devida pelos integrantes das categorias profissionais e econômicas da agricultura, obedecido o disposto no artigo 5º deste Decreto-lei e no artigo 1º da Lei nº 4.755, de 18 de agosto de 1965.

Diagnose da Contribuição Sindical Rural

Parágrafo único. Em pagamento dos serviços e despesas relativos aos encargos decorrentes deste artigo, caberão no IBRA quinze por cento das importâncias arrecadadas, que lhe serão creditadas diretamente pelo órgão arrecadador.

Art. 5º - A contribuição devida às entidades sindicais da categoria profissional será lançada e cobrada dos empregadores rurais, tomando-se por base um dia do salário-mínimo regional por módulo e fração contidos no imóvel rural objeto do lançamento.

Parágrafo único. A contribuição nos termos deste artigo será devida sem prejuízo da obrigação do recolhimento, pelo empregador na mesma ocasião, da contribuição referente aos demais empregados, se for o caso, na forma dos artigos 582 e 602 da Consolidação das Leis do Trabalho (Decreto-lei nº 5.452, de 1º de maio de 1943).

Art. 6º - A contribuição sindical de que trata este Decreto-lei será paga juntamente com o imposto territorial rural do imóvel a que se referir.

Art. 7º - As guias de lançamento da contribuição sindical, emitidas pelo IBRA na forma deste Decreto-lei, constituem documento hábil para a cobrança judicial da dívida, na forma do artigo 606 da Consolidação das Leis do Trabalho.

Parágrafo único. O recolhimento amigável ou judicial das contribuições sindicais em atraso somente poderá ser feito diretamente no órgão arrecadador, que providenciará as transferências e créditos na forma dos artigos 8º e 9º deste Decreto-lei.

Art. 8º - O produto da arrecadação da contribuição sindical, depois de deduzida a percentagem de que trata o parágrafo único do artigo 4º será transferido diretamente, pela agência bancária centralizadora da arrecadação, até o décimo dia útil do mês seguinte ao do recebimento, obedecida a seguinte distribuição:

I - vinte por cento para a conta do Ministério do Trabalho e Previdência Social (Conta Emprego e Salário):

II - sessenta por cento para a conta do sindicato da categoria correspondente com jurisdição na área de localização do imóvel rural a que se referir a contribuição;

III - quinze por cento para a conta (la federação respectiva:

IV - cinco por cento para a conta da confederação respectiva.

§ 1º - As transferências previstas neste artigo serão feitas para a conta corrente das entidades credoras na agência do Banco do Brasil.

§ 2º - Se não existir agência local do Banco do transferências serão feitas para a conta-corrente no estabelecimento bancário aprovado pelo Delegado Regional do Trabalho, obedecido o disposto no Decreto-lei nº 151, de 9 de fevereiro de 1967.

§ 3º Se não existir entidade representativa ou coordenadora das categorias respectivas com jurisdição na área de localização do imóvel rural de que trata, será observado o disposto no artigo 591 e seus parágrafos da Consolidação das Leis do Trabalho.

Art. 9º Aplicam-se aos infratores deste Decreto-lei as penalidades previstas no artigo 598 da Consolidação das Leis do Trabalho.

Art. 10. Compete ao Ministério do Trabalho e Previdência Social dirimir as dúvidas referentes ao lançamento, recolhimento e distribuição da contribuição sindical de que trata este Decreto-lei, expedindo, para esse efeito, as normas que se fizerem necessárias e podendo estabelecer o processo previsto no artigo 2º e avocar a seu exame e decisão os casos pendentes.

Art. 11. A contribuição rural devida até a data da publicação deste Decreto-lei poderá ser recolhida sem multa até 31 de dezembro de 1969, nas condições que forem estabelecidas pelo Ministério do Trabalho e Previdência Social.

Art. 12. Este Decreto-lei entrará em vigor na data de sua publicação, revogadas as disposições em contrário.

Brasília, 26 de agosto de 1969: 148ºda Independência e 81º da República.

A. COSTA E SILVA

Jarbas G. Passarinho

6.13. DECRETO-LEI Nº 1.166, DE 15 DE ABRIL DE 1971
Dispõe sobre enquadramento e contribuição sindical rural.

O PRESIDENTE DA REPÚBLICA, usando da atribuição que lhe confere o artigo 55, item II, da Constituição, decreta:

Art. 1º Para efeito do enquadramento sindical, considera-se:

I - trabalhador rural:

a) a pessoa física que presta serviço a empregador rural mediante remuneração de qualquer espécie;

b) quem, proprietário ou não, trabalhe individualmente ou em regime de economia familiar, assim entendido o trabalho dos membros da mesma família, indispensável à própria subsistência e exercido em condições de mútua dependência e colaboração, ainda, que com ajuda eventual de terceiros;

II - empresário ou empregador rural:

a) a pessoa física ou jurídica que tendo empregado, empreende, a qualquer título, atividade econômica rural;

b) quem, proprietário ou não e mesmo sem empregado, em regime de economia familiar, explore imóvel rural que lhe absorva toda a força de trabalho e lhe garanta a subsistência e progresso social e econômico em área igual ou superior à dimensão do módulo rural da respectiva região;'"

c) os proprietários de mais de um imóvel rural, desde que a soma de suas áreas seja igual ou superior à dimensão do módulo rural da respectiva região.

Art. 2º - Em caso de dúvida na aplicação do disposto no artigo anterior, os interessados, inclusive a entidade sindical, poderão suscitá-la perante o Delegado Regional do Trabalho que decidirá após as diligências necessárias e ouvida uma comissão permanente constituída do responsável pelo setor sindical da Delegacia, que a presidirá, de um representante dos empregados e de um representante dos empregadores rurais, indicados pelas respectivas federações ou, em sua falta, pelas Confederações pertinentes.

§ 1º As pessoas de que tratam as letras b, do item 1, e b e c, do item II, do art. 1º, poderão, no curso do processo referido neste artigo, recolher a contribuição sindical à entidade a que entenderem ser devida ou ao Instituto Nacional de Colonização e Reforma Agrária - INCRA, fazendo-se, posteriormente, o estorno, a compensação ou repasse cabível.

§ 2º Da decisão do Delegado Regional do Trabalho caberá recurso para o Ministro do Trabalho e Previdên• cia Social, no prazo de quinze dias.

Art. 3º Somente será reconhecido para a mesma base territorial um sindicato de empregados e outro de empregadores rurais, sem específicação de atividades ou profissão, ressalvado às entidades já reconhecidas o direito à representação constante da respectiva carta sindical.

Art. 4º Caberá ao Instituto Nacional de Colonização e Reforma Agrária (INCRA) proceder ao lançamento e cobrança da contribuição sindical devida pelos integrantes das categorias profissionais e econômicas da agricultura, na conformidade do disposto no presente Decreto-lei.

§ 1º Para efeito de cobrança da contribuição sindical dos empregadores rurais organizados em empresas ou firmas, a contribuição sindical será lançada e cobrada proporcionalmente ao capital social, e para os não organizados dessa forma, entender-se-á como capital o valor adotado para o lançamento do imposto territorial do imóvel explorado, fixado pelo INCRA, aplicando-se em ambos os casos as percentagens previstas no artigo 580, letra c, da Consolidação das Leis do Trabalho.

§ 2º - A contribuição devida às entidades sindicais da categoria profissional será lançada e cobrada dos empregadores rurais e por estes descontada dos respectivos salários, tomando-se por base um dia de salário mínimo regional pelo número máximo de assalariados que trabalhem nas épocas de maiores serviços, conforme declarado no cadastramento do imóvel.

§ 3º A contribuição dos trabalhadores referidos no item I, letra b, do art. 1º será lançada na forma do disposto no art. 580, letra b, da Consolidação das Leis do Trabalho e recolhi da diretamente pelo devedor, incidindo, porém, a contribuição apenas sobre um imóvel.

§ 4º. Em pagamento dos serviços e reembolso de despesas relativas aos encargos decorrentes deste artigo, caberão ao Instituto Nacional de Colonização e Reforma Agrária (INCRA) 15% (quinze por cento) das importâncias arrecadadas, que lhe serão creditadas diretamente pelo órgão arrecadador.

Diagnose da Contribuição Sindical Rural

Art. 5º A contribuição sindical de que trata este Decreto-lei será paga juntamente com o imposto territorial rural do imóvel a que se referir.

Art. 6º As guias de lançamento da contribuição sindical emitidas pelo Instituto Nacional de Colonização e Reforma Agrária (INCRA) na forma deste Decreto-lei, constituem documento hábil para a cobrança judicial da dívida nos termos do artigo 606 da Consolidação das Leis do Trabalho.

Parágrafo único. O recolhimento amigável ou judicial das contribuições sindicais em atraso somente poderá ser feito diretamente no órgão arrecadador, que providenciará as transferências e créditos na forma dos artigos 7º e 9º deste Decreto-lei.

Art. 7º O produto da arrecadação da contribuição sindical rural, depois de deduzida a percentagem de que trata o § 4º do art. 4º, será transferido, diretamente, pela agência centralizadora da arrecadação, à respectiva entidade, obedecidas a distribuição e as normas fixadas em instruções baixadas pelos Ministros do Trabalho e Previdência Social e da Agricultura.

§ 1º A aplicação da contribuição sindical rural, objetivando o desenvolvimento setorial e atendidas as peculiaridades de cada categoria, será feita pelas respectivas entidades, nos termos de instruções baixadas pelos Ministros do Trabalho e Previdência Social e da Agricultura, que estabelecerão normas visando a harmonizar as atividades sindicais com os propósitos sociais, econômicos e técnicos da agricultura.

§ 2º As transferências previstas neste artigo serão feitas para a conta corrente das entidades credoras na Agência do Banco do Brasil.

§ 3º - Se não existir agência local do Banco do Brasil, as transferências serão feitas para a conta corrente no estabelecimento bancário aprovado pelo Delegado Regional do Trabalho, obedecido o disposto no Decreto-lei nº 151, de 9 de fevereiro de 1967.

§ 4º Se não existir entidade representativa ou coordenadora das categorias respectivas com jurisdição na área de localização do imóvel rural de que se trata, proceder-se-á de acordo com o disposto na Consolidação das Leis do Trabalho sobre a matéria.

Art. 8º Compete ao Ministro do Trabalho e Previdência Social dirimir as dúvidas referentes ao lançamento, recolhimento e distribuição de contribuição sindical de que trata este Decreto-lei, expedindo, para esse efeito, as normas que se fizerem necessárias podendo estabelecer o processo previsto no artigo 2º e avocar a seu exame e decisão os casos pendentes.

Art. 9º Aplicam-se aos infratores deste Decreto-lei as penalidades previstas nos arts. 598 e 600 da Consolidação das Leis do Trabalho.

Art. 10º Este Decreto-lei entrará em vigor na data de sua publicação, revogadas as disposições em contrário.

Brasília, 15 de abril de 1971; 150º da Independência e 83º da República.

EMÍLIO G. MÉDICI

L. F. Cirne Lima Júlio Barata

6.14. DECRETO Nº 70.235, DE 6 DE MARÇO DE 1972.

Dispõe sobre o processo administrativo fiscal, e dá outras providências

O PRESIDENTE DA REPÚBLICA, usando das atribuições que lhe confere o artigo 81, item III, da Constituição e tendo em vista o disposto no artigo 2º do Decreto-Lei n. 822, de 5 de setembro de 1969, decreta:

DISPOSIÇÃO PRELIMINAR

Art. 1º Este Decreto rege o processo administrativo de determinação e exigência dos créditos tributários da União e o de consulta sobre a aplicação da legislação tributária federal.

CAPÍTULO I
Do Processo Fiscal
SEÇÃO I
Dos Atos e Termos Processuais

Art. 2º Os atos e termos processuais, quando a lei não prescrever forma determinada, conterão somente o indispensável à sua finalidade, sem espaço em branco, e sem entrelinhas, rasuras ou emendas não ressalvadas.

Art. 3º A autoridade local fará realizar, no prazo de trinta dias, os atos processuais que devam ser praticados em sua jurisdição, por solicitação de outra autoridade preparadora ou julgadora.

Art. 4º Salvo disposição em contrário, o servidor executará os atos processuais no prazo de oito dias.

SEÇÃO II
Dos Prazos

Art. 5º Os prazos serão contínuos, excluindo-se na sua contagem o dia do início e incluindo-se o do vencimento.

Parágrafo único. Os prazos só se iniciam ou vencem no dia de expediente normal no órgão em que corra o processo ou deva ser praticado o ato.

Art. 6º A autoridade preparadora, atendendo a circunstâncias especiais, poderá, em despacho fundamentado:

I - acrescer de metade o prazo para a impugnação da exigência;

II - prorrogar, pelo tempo necessário, o prazo para a realização de diligência.

SEÇÃO III
Do Procedimento

Art. 7º O procedimento fiscal tem início com:

I - o primeiro ato de ofício, escrito, praticado por servidor competente, cientificado o sujeito passivo da obrigação tributária ou seu preposto;

II - a apreensão de mercadorias, documentos ou livros;

III - o começo de despacho aduaneiro de mercadoria importada.

§ 1º O início do procedimento exclui a espontaneidade do sujeito passivo em relação aos atos anteriores e, independentemente de intimação a dos demais envolvidos nas infrações verificadas.

§ 2º Para os efeitos do disposto no § 1º, os atos referidos nos incisos I e II valerão pelo prazo de sessenta dias, prorrogável, sucessivamente, por igual período, com qualquer outro ato escrito que indique o prosseguimento dos trabalhos.

Art. 8º Os termos decorrentes de atividade fiscalizadora serão lavrados, sempre que possível, em livro fiscal, extraindo-se cópia para anexação ao processo; quando não lavrados em livro, entregar-se-á cópia autenticada à pessoa sob fiscalização.

Art. 9º A exigência do crédito tributário será formalizada em auto de infração ou notificação de lançamento, distinto para cada tributo.

§ 1º Quando mais de uma infração à legislação de um tributo decorrer do mesmo fato e a comprovação dos ilícitos depender dos mesmos elementos de convicção, a exigência será formalizada em um só instrumento, no local a verificação da falta, e alcançará todas as infrações e infratores.

§ 2º A formalização da exigência, nos termos do parágrafo anterior, previne a jurisdição e prorroga a competência da autoridade que dela primeiro conhecer.

Art. 10. O auto de infração será lavrado por servidor competente, no local da verificação da falta, e conterá obrigatoriamente:

I - a qualificação do autuado;

II - o local, a data e a hora da lavratura;

III - a descrição do fato;

IV - a disposição legal infringida e a penalidade aplicável;

V - a determinação da exigência e a intimação para cumpri-la ou impugná-la no prazo de trinta dias;

VI - a assinatura do autuante e a indicação de seu cargo ou função e o número de matrícula.

Art. 11. A notificação de lançamento será expedida pelo órgão que administra o tributo e conterá obrigatoriamente:

Diagnose da Contribuição Sindical Rural

I - a qualificação do notificado;

II - o valor do crédito tributário e o prazo para recolhimento ou impugnação;

III - a disposição legal infringida, se for o caso;

IV - a assinatura do chefe do órgão expedidor ou de outro servidor autorizado e a indicação de seu cargo ou função e o número de matrícula.

Parágrafo único. Prescinde de assinatura a notificação de lançamento emitida por processo eletrônico.

Art. 12. O servidor que verificar a ocorrência de infração à legislação tributária federal e não for competente para formalizar a exigência, comunicará o fato, em representação circunstanciada, a seu chefe imediato, que adotará as providências necessárias.

Art. 13. A autoridade preparadora determinará que seja informado, no processo, se o infrator é reincidente, conforme definição da lei específica, se essa circunstância não tiver sido declarada na formalização da exigência.

Art. 14. A impugnação da exigência instaura a fase litigiosa do procedimento.

Art. 15. A impugnação, formalizada por escrito e instruída com os documentos em que se fundamentar, será apresentada ao órgão preparador no prazo de trinta dias, contados da data em que for feita a intimação da exigência.

Parágrafo único. Ao sujeito passivo é facultada vista do processo, no órgão preparador, dentro do prazo fixado neste artigo.

Art. 16. A impugnação mencionará:

I - a autoridade julgadora a quem é dirigida;

II - a qualificação do impugnante;

III - os motivos de fato e de direito em que se fundamenta;

IV - as diligências que o impugnante pretenda sejam efetuada, expostos os motivos que as justifiquem.

Art. 17. A autoridade preparadora determinará, de ofício ou a requerimento do sujeito passivo, a realização de diligências, inclusive perícias quando entendê-las necessárias, indeferindo as que considerar prescindíveis ou impraticáveis.

Parágrafo único. O sujeito passivo apresentará os pontos de discordância e as razões e provas que tiver e indicará, no caso de perícia, o nome e endereço do seu perito.

Art. 18. Se deferido o pedido de perícia, a autoridade designará servidor para, como perito da União, proceder, juntamente com o perito do sujeito passivo, ao exame requerido.

§ 1º Se as conclusões dos peritos forem divergentes, prevalecerá a que coincidir com o exame impugnado; não havendo coincidência, a autoridade designará outro servidor para desempatar.

§ 2º A autoridade preparadora fixará prazo para realização da perícia, atendido o grau de complexidade da mesma e o valor do crédito tributário em litígio.

Art. 19. O autor do procedimento ou outro servidor designado falará sobre o pedido de diligências, inclusive perícias e, encerrando o preparo do processo, sobre a impugnação.

Art. 20. Será reaberto o prazo para impugnação se da realização de diligência resultar agravada a exigência inicial e quando o sujeito passivo for declarado reincidente na hipótese prevista no artigo 13.

Art. 21. Não sendo cumprida nem impugnada a exigência, será declarada à revelia e permanecerá o processo no órgão preparador, pelo prazo de trinta dias, para cobrança amigável do crédito tributário.

§ 1º A autoridade preparadora poderá discordar da exigência não impugnada, em despacho fundamentado, o qual será submetido à autoridade julgadora.

§ 2º A autoridade julgadora resolverá, no prazo de cinco dias, a objeção referida no parágrafo anterior e determinará, se for o caso, a retificação da exigência.

§ 3º Esgotado o prazo de cobrança amigável sem que tenha sido pago o crédito tributário, o órgão preparador declarará o sujeito passivo devedor remisso e encaminhará o processo à autoridade competente para promover a cobrança executiva.

§ 4º O disposto no parágrafo anterior aplicar-se-á aos casos em que o sujeito passivo não cumprir as condições estabelecidas para a concessão de moratória.

§ 5º A autoridade preparadora, após a declaração de revelia e findo o prazo previsto no *caput* deste artigo, procederá, em relação às mercadorias ou outros bens perdidos em razão de exigência não impugnada, na forma do artigo 63.

Art. 22. O processo será organizado em ordem cronológica e terá suas folhas numeradas e rubricadas.

SEÇÃO IV
Da Intimação

Art. 23. Far-se-á a intimação:

I - pelo autor do procedimento ou por agente do órgão preparador, provada com a assinatura do sujeito passivo, seu mandatário ou preposto, ou, no caso de recusa, com declaração escrita de quem o intimar;

II - por via postal ou telegráfica, com prova de recebimento;

III - por edital, quando resultarem improfícuos os meios referidos nos incisos I e II.

§ 1º O edital será publicado, uma única vez, em órgão de imprensa oficial local, ou afixado em dependência, franqueada ao público, do órgão encarregado da intimação.

§ 2º Considera-se feita a intimação:

I - na data da ciência do intimado ou da declaração de quem fizer a intimação, se pessoal;

II - na data do recebimento, por via postal ou telegráfica; se a data for omitida, quinze dias após a entrega da intimação à agência postal-telegráfica;

III - trinta dias após a publicação ou a afixação do edital, se este for o meio utilizado.

SEÇÃO V
Da Competência

Art. 24. O preparo do processo compete à autoridade local do órgão encarregado da administração do tributo.

Art. 25. O julgamento do processo compete:

I - em primeira instância:

a) aos Delegados da Receita Federal, quanto aos tributos administrados pela Secretaria da Receita Federal do Ministério da Fazenda;

b) às autoridades mencionadas na legislação de cada um dos demais tributos ou, na falta dessa indicação, aos chefes da projeção regional ou local da entidade que administra o tributo, conforme for por ela estabelecido.

II - em segunda instância, aos Conselhos de Contribuintes do Ministério da Fazenda, com a ressalva prevista no inciso III do § 1º.

§ 1º Os Conselhos de Contribuintes julgarão os recursos, de ofício e voluntário, de decisão de primeira instância, observada a seguinte competência por matéria:

I - 1º Conselho de Contribuintes: Imposto sobre a Renda e proventos de qualquer natureza;

II - 2º Conselho de Contribuintes: Imposto sobre Produtos Industrializados;

III - 3º Conselho de Contribuintes: tributos estaduais e municipais que competem à União nos Territórios e demais tributos federais, salvo os incluídos na competência julgadora de outro órgão da administração federal;

IV - 4º Conselho de Contribuintes: Imposto sobre a Importação, Imposto sobre a Exportação e demais tributos aduaneiros, e infrações cambiais relacionadas com a importação ou a exportação.

§ 2º Cada Conselho julgará ainda a matéria referente a adicionais e empréstimos compulsórios arrecadados com os tributos de sua competência.

§ 3º O 4º Conselho de Contribuintes terá sua competência prorrogada para decidir matéria relativa ao Imposto sobre Produtos Industrializados, quando se tratar de recursos que versem falta de pagamento desse imposto, apurada em despacho aduaneiro ou em ato de revisão de declaração de importação.

Art. 26. Compete ao Ministro da Fazenda, em instância especial:

I - julgar recursos de decisões dos Conselhos de Contribuintes, interpostos pelos Procuradores Representantes da Fazenda junto aos mesmos Conselhos;

II - decidir sobre as propostas de aplicação de equidade apresentadas pelos Conselhos de Contribuintes.

SEÇÃO VI
Do Julgamento em Primeira Instância

Art. 27. O processo será julgado no prazo de trinta dias, a partir de sua entrada no órgão incumbido do julgamento.

Art. 28. Na decisão em que for julgada questão preliminar será também julgado o mérito, salvo quando incompatíveis.

Art. 29. Na apreciação da prova, a autoridade julgadora formará livremente sua convicção, podendo determinar as diligências que entender necessárias.

Art. 30. Os laudos ou pareceres do Laboratório Nacional de Análises, do Instituto Nacional de Tecnologia e de outros órgãos federais congêneres serão adotados nos aspectos técnicos de sua competência, salvo se comprovada a improcedência desses laudos ou pareceres.

§ 1º Não se considera como aspecto técnico a classificação fiscal de produtos.

§ 2º A existência no processo de laudos ou pareceres técnicos não impede a autoridade julgadora de solicitar outros a qualquer dos órgãos referidos neste artigo.

Art. 31. A decisão conterá relatório resumido do processo, fundamentos legais, conclusão e ordem de intimação.

Parágrafo único. O órgão preparador dará ciência da decisão ao sujeito passivo, intimando-o, quando for o caso, a cumpri-la, no prazo de trinta dias, ressalvado o disposto no artigo 33.

Art. 32. As inexatidões materiais devidas a lapso manifesto e os erros de escrita ou de cálculos existentes na decisão poderão ser corrigidos de ofício ou a requerimento do sujeito passivo.

Art. 33. Da decisão caberá recurso voluntário, total ou parcial, com efeito suspensivo, dentro dos trinta dias seguintes à ciência da decisão.

Art. 34. A autoridade de primeira instância recorrerá de ofício sempre que a decisão:

I - exonerar o sujeito passivo do pagamento de tributo ou de multa de valor originário, não corrigido monetariamente, superior a vinte vezes o maior salário mínimo vigente no País;

II - deixar de aplicar pena de perda de mercadorias ou outros bens cominada à infração denunciada na formalização da exigência.

§ 1º O recurso será interposto mediante declaração na própria decisão.

§ 2º Não sendo interposto o recurso, o servidor que verificar o fato representará à autoridade julgadora, por intermédio de seu chefe imediato, no sentido de que seja observada aquela formalidade.

Art. 35. O recurso, mesmo perempto, será encaminhado ao órgão de segunda instância, que julgará a perempção.

Art. 36. Da decisão de primeira instância não cabe pedido de reconsideração.

SEÇÃO VII
Do Julgamento em Segunda Instância

Art. 37. O julgamento nos Conselhos de Contribuintes far-se-á conforme dispuserem seus regimentos internos.

§ 1º Os Procuradores Representantes da Fazenda recorrerão ao Ministro da Fazenda, no prazo de trinta dias, de decisão não unânime, quando a entenderem contrária à lei ou à evidência da prova.

§ 2º O órgão preparador dará ciência ao sujeito passivo da decisão do Conselho de Contribuintes, intimando-o, quando for o caso, a cumpri-la, no prazo de trinta dias, ressalvado o disposto no parágrafo seguinte.

§ 3º Caberá pedido de reconsideração, com efeito suspensivo, no prazo de trinta dias, contados da ciência:

I - de decisão que der provimento a recurso de ofício;

II - de decisão que negar provimento, total ou parcialmente, a recurso voluntário.

Art. 38. O julgamento em outros órgãos da administração federal far-se-á de acordo com a legislação própria, ou, na sua falta, conforme dispuser o órgão que administra o tributo.

SEÇÃO VIII
Do Julgamento em Instância Especial

Art. 39. Não cabe pedido de reconsideração de ato do Ministro da Fazenda que julgar ou decidir as matérias de sua competência.

Art. 40. As propostas de aplicação de equidade apresentadas pelos Conselhos de Contribuintes atenderão às características pessoais ou materiais da espécie julgada e serão restritas à dispensa total ou parcial de penalidade pecuniária, nos casos em que não houver reincidência nem sonegação, fraude ou conluio.

Art. 41. O órgão preparador dará ciência ao sujeito passivo da decisão do Ministro da Fazenda, intimando-o, quando for o caso, a cumprí-la, no prazo de trinta dias.

SEÇÃO IX
Da Eficácia e Execução das Decisões

Art. 42. São definitivas as decisões:

I- de primeira instância esgotado o prazo para recurso voluntário sem que este tenha sido interposto;

II - de segunda instância de que não caiba recurso ou, se cabível, quando decorrido o prazo sem sua interposição;

III - de instância especial.

Parágrafo único. Serão também definitivas as decisões de primeira instância na parte que não for objeto de recurso voluntário ou não estiver sujeita a recurso de ofício.

Art. 43. A decisão definitiva contrária ao sujeito passivo será cumprida no prazo para cobrança amigável fixado no artigo 21, aplicando-se, no caso de descumprimento, o disposto no § 3º do mesmo artigo.

§ 1º A quantia depositada para evitar a correção monetária do crédito tributário ou para liberar mercadorias será convertida em renda se o sujeito passivo não comprovar, no prazo legal, a propositura de ação judicial.

§ 2º Se o valor depositado não for suficiente para cobrir o crédito tributário, aplicar-se-á à cobrança do restante o disposto no caput deste artigo; se exceder o exigido, a autoridade promoverá a restituição da quantia excedente, na forma da legislação específica.

Art. 44. A decisão que declarar a perda de mercadoria ou outros bens será executada pelo órgão preparador, findo o prazo previsto no artigo 21, segundo dispuser a legislação aplicável.

Art. 45. No caso de decisão definitiva favorável ao sujeito passivo, cumpre à autoridade preparadora exonerá-lo, de ofício, dos gravames decorrentes do litígio.

CAPÍTULO II
Do Processo da Consulta

Art. 46. O sujeito passivo poderá formular consulta sobre dispositivos da legislação tributária aplicáveis a fato determinado.

Parágrafo único. Os órgãos da administração pública e as entidades representativas de categorias econômicas ou profissionais também poderão formular consulta.

Art. 47. A consulta deverá ser apresentada por escrito, no domicílio tributário do consulente, ao órgão local da entidade incumbida de administrar o tributo sobre que versa.

Art. 48. Salvo o disposto no artigo seguinte, nenhum procedimento fiscal será instaurado contra o sujeito passivo relativamente à espécie consultada, a partir da apresentação da consulta até o trigésimo dia subseqüente à data da ciência:

I - de decisão de primeira instância da qual não haja sido interposto recurso;

II - de decisão de segunda instância.

Art. 49. A consulta não suspende o prazo para recolhimento de tributo, retido na fonte ou autolançado antes ou depois de sua apresentação, nem o prazo para apresentação de declaração de rendimentos.

Diagnose da Contribuição Sindical Rural

Art. 50. A decisão de segunda instância não obriga ao recolhimento de tributo que deixou de ser retido ou autolançado após a decisão reformada e de acordo com a orientação desta, no período compreendido entre as datas de ciência das duas decisões.

Art. 51. No caso de consulta formulada por entidade representativa de categoria econômica ou profissional, os efeitos referidos no artigo 48 só alcançam seus associados ou filiados depois de cientificado o consulente da decisão.

Art. 52. Não produzirá efeito a consulta formulada:

I - em desacordo com os artigos 46 e 47;

II - por quem tiver sido intimado a cumprir obrigação relativa ao fato objeto da consulta;

III - por quem estiver sob procedimento fiscal iniciado para apurar fatos que se relacionem com a matéria consultada;

IV - quando o fato já houver sido objeto de decisão anterior, ainda não modificada, proferida em consulta ou litígio em que tenha sido parte o consulente;

V - quando o fato estiver disciplinado em ato normativo, publicado antes de sua apresentação;

VI - quando o fato estiver definido ou declarado em disposição literal de lei;

VII - quando o fato for definido como crime ou contravenção penal;

VIII - quando não descrever, completa ou exatamente, a hipótese a que se referir, ou não contiver os elementos necessários à sua solução salvo se a inexatidão ou omissão for escusável, a critério da autoridade julgadora.

Art. 53. O preparo do processo compete ao órgão local da entidade encarregada da administração do tributo.

Art. 54. O julgamento compete:

I - Em primeira instância:

a) aos Superintendentes Regionais da Receita Federal, quanto aos tributos administrados pela Secretaria da Receita Federal, atendida, no julgamento, a orientação emanada dos atos normativos da Coordenação do Sistema de Tributação;

b) às autoridades referidas na alínea b do inciso I do artigo 25.

II - Em segunda instância:

a) ao Coordenador do Sistema de Tributação, da Secretaria da Receita Federal, salvo quanto aos tributos incluídos na competência julgadora de outro órgão da administração federal;

b) à autoridade mencionada na legislação dos tributos, ressalvados na alínea precedente ou, na falta dessa indicação, à que for designada pela entidade que administra o tributo.

III - Em instância única, ao Coordenador do Sistema de Tributação, quanto às consultas relativas aos tributos administrados pela Secretaria da Receita Federal e formuladas:

a) sobre classificação fiscal de mercadorias;

b) pelos órgãos centrais da administração pública;

c) por entidades representativas de categorias econômicas ou profissionais, de âmbito nacional.

Art. 55. Compete à autoridade julgadora declarar a ineficácia da Consulta.

Art. 56. Cabe recurso voluntário, com efeito suspensivo, de decisão de primeira instância, dentro de trinta dias contados da ciência.

Art. 57. A autoridade de primeira instância recorrerá de ofício de decisão favorável ao consulente.

Art. 58. Não cabe pedido de reconsideração de decisão proferida em processo de consulta, inclusive da que declarar a sua ineficácia.

CAPÍTULO III
Das Nulidades

Art. 59. São nulos:

I - os atos e termos lavrados por pessoa incompetente;

II - os despachos e decisões proferidos por autoridade incompetente ou com preterição do direito de defesa.

§ 1º A nulidade de qualquer ato só prejudica os posteriores que dele diretamente dependam ou sejam conseqüência.

§ 2º Na declaração de nulidade, a autoridade dirá os atos alcançados, e determinará as providências necessárias ao prosseguimento ou solução do processo.

Art. 60. As irregularidades, incorreções e omissões diferentes das referidas no artigo anterior não importarão em nulidade e serão sanadas quando resultarem em prejuízo para o sujeito passivo, salvo se este lhes houver dado causa, ou quando não influírem na solução do litígio.

Art. 61. A nulidade será declarada pela autoridade competente para praticar o ato ou julgar a sua legitimidade.

CAPÍTULO IV
Disposições Finais e Transitórias

Art. 62. Durante a vigência de medida judicial que determinar a suspensão da cobrança, do tributo não será instaurado procedimento fiscal contra o sujeito passivo favorecido pela decisão, relativamente, à matéria sobre que versar a ordem de suspensão.

Parágrafo único. Se a medida referir-se a matéria objeto de processo fiscal, o curso deste não será suspenso, exceto quanto aos atos executórios.

Art. 63. A destinação de mercadorias ou outros bens apreendidos ou dados em garantia de pagamento do crédito tributário obedecerá às normas estabelecidas na legislação aplicável.

Art. 64. Os documentos que instruem o processo poderão ser restituídos, em qualquer fase, a requerimento do sujeito passivo, desde que a medida não prejudique a instrução e deles fique cópia autenticada no processo.

Art. 65. O disposto neste Decreto não prejudicará a validade dos atos praticados na vigência da legislação anterior.

§ 1º O preparo dos processos em curso, até a decisão de primeira instância, continuará regido pela legislação precedente.

§ 2º Não se modificarão os prazos iniciados antes da entrada em vigor deste Decreto.

Art. 66. O Conselho Superior de Tarifa passa a denominar-se 4º Conselho de Contribuintes.

Art. 67. Os Conselhos de Contribuintes, no prazo de noventa dias, adaptarão seus regimentos internos às disposições deste Decreto.

Art. 68. Revogam-se as disposições em contrário.

Brasília, 6 de março de 1972; 151º da Independência e 84º da República.

6.15. DECRETO Nº 82.935, DE 26 DE DEZEMBRO DE 1978

Dispõe sobre o dimensionamento do módulo rural, para efeito de enquadramento sindical, e dá outras providências.

O PRESIDENTE DA REPÚBLICA, usando das atribuições que lhe confere o artigo 81, item III, da Constituição, decreta:

Art. 1º - O dimensionamento do módulo rural regional, para efeito do enquadramento sindical rural, é o fixado pela Instrução Especial INCRA nº 5A, aprovada pela Portaria nº 196, de 7 de junho de 1973, expedida pelo Ministério da Agricultura.

Art. 2º As entidades sindicais poderão firmar convênio com o INCRA com o objetivo de deferir à autarquia, em caso de falta de pagamento da contribuição sindical rural, a cobrança judicial dos débitos, valendo as guias de lançamento por ela emitidas como documento hábil para execução, na forma do estabelecido no art. 6º do Decreto-lei número 1.166, de 15 de abril de 1971.

Parágrafo único. A dívida ativa resultante da contribuição sindical rural poderá ser incorporada, com os acréscimos legais, às guias de cobrança do Imposto Territorial Rural.

Art. 3 O presente Decreto entrará em vigor da data de sua publicação, revogadas as disposições em contrário.

Brasília, 26 de dezembro de 1978; 157º da Independência e 90º da República.

ERNESTO GEISEL

Alysson Paulinelli

6.16. DECRETO 1.703, DE 17 DE NOVEMBRO DE 1995

Art. 1º - A Convenção número 141, da Organização Internacional do Trabalho, relativa às Organizações de Trabalhadores Rurais e sua Função no Desenvolvimento Econômico e Social, adotada em Genebra, em 23 de junho de 1975, apensa por cópia a este Decreto, deverá ser cumprida tão inteiramente como nela se contém.

Anexo ao Decreto que promulga a Convenção nº 141, da Organização Internacional do Trabalho, sobre as organizações de trabalhadores rurais e seu papel no desenvolvimento econômico e social, adotada em 23 de junho de 1975 e assinada em 26 de junho de 1975, em Genebra/MRE

Convenção 141- Convençao sobre as Organizações de Trabalhadores Rurais e seu papel no desenvolvimento econômico e social.
(adotada em 23 de junho de 1975, em Genebra)

Artigo 1
A presente Convenção aplica-se a todos os tipos de organizações de trabalhadores rurais, inclusive as que não se restringem a esses trabalhadores, mas que os representem.

Artigo 2
Para os fins da presente convenção, o termo "trabalhadores rurais" significa quaisquer pessoas que se dediquem em áreas rurais, as atividades agrícolas, artesanais ou outras conexas ou assemelhadas, que como assalariados, quer como pessoas que trabalhem por conta própria, tais como parceiros-cessionários, meeiros e pequenos proprietários residentes.
A presente Convenção aplica-se somente aos parceiros-cessionários, meeiros ou pequenos proprietários residentes, cuja principal fonte de renda seja a agricultura e que trabalhem eles próprios a terra, com ajuda apenas da família ou, ocasionalmente, de terceiros, e que:
a) não empreguem mão de obra permanente,ou
b) não empreguem mão-de-obra sazonal numerosa, ou
c)não tenham suas terras cultivadas por meeiros ou parceiros-cessionários.

Artigo 3
1.Todas as categorias de trabalhadores rurais, tanto de assalariados como pessoas que trabalhem por conta própria deverão ter o direito de constituir, sem autorização prévia, organizações de sua própria escolha, assim como o de se afiliar a essas organizações, com a única condição de se sujeitarem aos estatutos das mesmas.
2. Os princípios da liberdade sindical deverão ser respeitados plenamente, as organizações de trabalhadores rurais deverão ser independentes e de caráter voluntário e não deverão ser submetidas a qualquer ingerência, coação ou medida repressiva.
3. A aquisição de personalidade jurídica pelas organizações de trabalhadores rurais não poderá estar subordinada a condições de tal natureza que restrinjam a aplicação das disposições dos parágrafos 1 e 2 do presente artigo.
4. No exercício dos direitos que lhes são reconhecidos pelo presente artigo, os trabalhadores rurais e suas organizações deverão respeitar a legislação local como as outras pessoas ou coletividades organizadas.
5. A legislação nacional não deverá prejudicar, nem ser aplicada de modo a prejudicar as garantias previstas no presente artigo.

Arnaldo Prieto

Bibliografia

ALAN, Martins; MARCHETTO, Eduardo. *Contribuição Sindical Rural?* Síntese Trabalhista, nº 142, abril de 200l.

BARROS, Wellington Pacheco. *Curso de Direito Agrário*, 1º volume, 4ª ed. Porto Alegre: Livraria do Advogado, 2002

BASTOS, Celso Ribeiro. *Comentários á Constituição do Brasil*. 2º vol. São Paulo: Saraiva, 1989

BRITO FILHO, José Cláudio Monteiro de. *Direito Sindical*. São Paulo: LTr, 2000.

CARVALHO, Paulo de Barros. *Curso de Direito Tributário*. São Paulo: Saraiva, 2002.

GOMES, Orlando; GOTTSCHALK, Élson. *Curso de Direito do Trabalho*. 5ª ed Rio de Janeiro: Forense.

JARDIM, Eduardo Marcial Ferreira. *Manual de Direito Tributário*. São Paulo: Saraiva, 2000.

MENDES, Gisele Santoro Trigueiro. Contribuição Sindical e Confederativa – Art 8º, Inciso IV, da CF, Estudos da Consultoria Legislativa da Câmara dos Deputados.

MARTINS, Sérgio Pinto. *Contribuição Confederativa*. São Paulo: LTr, 1996.

NASCIMENTO, Amauri Mascaro. Compêndio de Direito Sindical. 2ª ed. São Paulo: 2000.

PRADO, Roberto Barreto. Curso de Direito Sindical. São Paulo: LTr, 1991.

RODRIGUES, José Augusto. *Direito Sindical e Coletivo do Trabalho*. São Paulo: LTr, 1998.

RUSSOMANO, Victor. *Direito Sindical, princípios gerais*. Rio de Janeiro: Konfino, 1975.

SADY, João José. *Curso de Direito Sindical*. São Paulo: LTr, 1998;

VIANA, José Segadas. *Instituições de Direito do Trabalho*. vol II. São Paulo: LTr, 1991.

VILELA, Gilberto Etchaluz. *Teoria da Exibilidade da Obrigação Tributária*. Porto Alegre: Síntese, 1999.

O maior acervo de livros jurídicos nacionais e importados

Rua Riachuelo 1338
Fone/fax: (51) 3225-3311
90010-273 Porto Alegre RS
E-mail: livraria@doadvogado.com.br
Internet: www.doadvogado.com.br

Entre para o nosso *mailing-list*

e mantenha-se atualizado com as novidades editoriais na área jurídica

Remetendo o cupom abaixo pelo correio ou fax, periodicamente lhe será enviado gratuitamente material de divulgação das publicações jurídicas mais recentes.

✂ --

✓ Sim, quero receber, sem ônus, material promocional das NOVIDADES E REEDIÇÕES na área jurídica.

Nome: _____

End.: _____

CEP: _____-_____ Cidade _____ UF:____

Fone/Fax: _____ Ramo do Direito em que atua: _____

Para receber pela Internet, informe seu **E-mail**: _____

_____
assinatura

260-5

Visite nosso
site

www.doadvogado.com.br

DR-RS
Centro de Triagem
ISR 247/81

CARTÃO RESPOSTA
NÃO É NECESSÁRIO SELAR

O SELO SERÁ PAGO POR

LIVRARIA DO ADVOGADO LTDA.

90012-999   Porto Alegre   RS